AF665534

Edmund Bulanda

Bogen und Pfeil bei den Völkern des Altertums

Verlag
der
Wissenschaften

Edmund Bulanda

Bogen und Pfeil bei den Völkern des Altertums

ISBN/EAN: 9783957004062

Auflage: 1

Erscheinungsjahr: 2015

Erscheinungsort: Norderstedt, Deutschland

Hergestellt in Europa, USA, Kanada, Australien, Japan
Verlag der Wissenschaften in Hansebooks GmbH, Norderstedt

Verlag
der
Wissenschaften

ABHANDLUNGEN
DES
ARCHÄOLOGISCH-EPIGRAPHISCHEN SEMINARS DER UNIVERSITÄT WIEN
HERAUSGEGEBEN VON
E. BORMANN UND E. REISCH.
XV. HEFT.
(NEUE FOLGE. II. HEFT.)

BOGEN UND PFEIL

BEI DEN

VÖLKERN DES ALTERTUMS

VON

EDMUND BULANDA

MIT 85 ABBILDUNGEN

WIEN UND LEIPZIG
ALFRED HÖLDER
K. U. K. HOF- UND UNIVERSITÄTS-BUCHHÄNDLER
BUCHHÄNDLER DER KAISERLICHEN AKADEMIE DER WISSENSCHAFTEN
1913

Alfred Hölder, k. u. k. Hof- und Universitäts-Buchhändler, Buchhändler der Kaiserl. Akademie der Wissenschaften in Wien.

Abhandlungen des archäologisch-epigraphischen Seminars der Universität Wien. Herausgegeben von *O. Benndorf* und *E. Bormann.*

Heft XII. **Über antike Turngeräte.** Von *Julius Jüthner* Mit 75 Abbildungen im Texte. *K* 7.20 = M. 6.—

Heft XIII. **Die Inschriften und Münzen der griechischen Städte Dalmatiens.** Von *Josef Brunšmid.* Mit 7 Lichtdrucktafeln. *K* 7.20 M. 6.-

Herausgegeben von *E. Bormann* und *E. Reisch.*

Heft XIV. Neue Folge. 1 Heft. **Der Ohrschmuck der Griechen und Etrusker.** Von *Karl Hadaczek.* Mit 157 Abbildungen. *K* 6.— = M. 5.20

Heberdey, Rudolf. **Opramoas. Inschriften vom Heroon zu Rhodiapolis.** Im Auftrage der kleinasiatischen Kommission der Kaiserlichen Akademie der Wissenschaften neu bearbeitet. *K* 6.— = M. 5.—

Reichel, Wolfgang. **Homerische Waffen.** Archäologische Untersuchungen. Zweite, völlig umgearbeitete und erweiterte Auflage. Mit 92 Abbildungen im Texte. *K* 8.— = M. 7.

Tocilesco, Gr. G. **Das Monument von Adamklissi Tropaeum Traiani.** Unter Mitwirkung von *Otto Benndorf* und *George Niemann* herausgegeben. Mit 3 Tafeln und 134 Abbildungen im Texte. *K* 40.— = M. 40.—

JAHRESHEFTE DES ÖSTERREICHISCHEN ARCHÄOLOGISCHEN INSTITUTS IN WIEN.

Herausgegeben von der Direktion.

Band I IX	à *K* 18. = M. 15.-
Band X XV	à *K* 21.— = M. 18.—
Indices zu den Bänden VI X	*K* 5. = M. 4.20

FORSCHUNGEN IN EPHESOS.

Veröffentlicht vom Österreichischen archäologischen Institut.

Band I. Mit 9 Tafeln in Heliogravüre, einer angehängten Karte und 206 Textabbildungen. Geb. *K* 94.— = M. 80.—

Band II. Mit 9 Tafeln in Heliogravüre, 197 Textabbildungen und einer Beilage. Geb. *K* 94.— M. 80.

TITULI ASIAE MINORIS.

Conlecti et editi auspiciis Caesareae academiae litterarum Vindobonensis.

Volumen I:

TITULI LYCIAE, LINGUA LYCIA CONSCRIPTI.

Enarravit *Ernestus Kalinka.* Tabulam ad *Henrici Kiepert* exemplum redactum adiecit *Rudolfus Heberdey.*

Geb. *K* 46.50 = M. 40.—

DER PALAST DIOKLETIANS IN SPALATO.

Von GEORGE NIEMANN.

Im Auftrage des k. k. Ministeriums für Kultus und Unterricht aufgenommen und beschrieben. Herausgegeben vom k. k. Österreichischen archäologischen Institut. 23 Tafeln 162 Textabbildungen und Initialen.

Geb. *K* 140.— = M 120.—

ABHANDLUNGEN
DES
ARCHÄOLOGISCH-EPIGRAPHISCHEN SEMINARS DER UNIVERSITÄT WIEN
HERAUSGEGEBEN VON
E. BORMANN UND E. REISCH.
XV. HEFT.
(NEUE FOLGE, II. HEFT.)

BOGEN UND PFEIL

BEI DEN

VÖLKERN DES ALTERTUMS

VON

EDMUND BULANDA

MIT 85 ABBILDUNGEN

WIEN UND LEIPZIG
ALFRED HÖLDER
K. U. K. HOF- UND UNIVERSITÄTS-BUCHHÄNDLER
BUCHHÄNDLER DER KAISERLICHEN AKADEMIE DER WISSENSCHAFTEN
1913

Untersuchungen über den Bogen und sein Zubehör sind vom allgemeinen, kulturgeschichtlichen Standpunkt aus schon vielfach geführt worden, da die verschiedenen Abarten dieser fast über die ganze Erde verbreiteten Waffe als besonders geeignete Behelfe erscheinen, um einerseits verschiedene Völkergruppen zu scheiden, andererseits ihre gegenseitigen Einwirkungen und Beziehungen in den einzelnen Epochen festzustellen.

Bei diesen über weite Gebiete sich erstreckenden Untersuchungen [1]) konnte der antike Bogen nur wenig und flüchtig berücksichtigt werden, die wenigen Spezialarbeiten [2]) aber, die sich mit dem griechischen Bogen allein beschäftigen, haben sich nur auf eine einzelne Epoche erstreckt oder doch die Entwicklung des Bogens nicht in dem größeren Zusammenhange, aus dem heraus sie beurteilt werden muß, behandelt, so daß ihre Ergebnisse weder erschöpfend noch auch im einzelnen einwandfrei sind.

Die Absicht der vorliegenden Untersuchung ist es, für die Völker des alten Orients sowohl wie für die Griechen den Sachverhalt auf Grund der Schriftquellen und Denkmäler möglichst vollständig vorzulegen, um so einen Überblick über die Geschichte der antiken Bogen- und Pfeilformen und des Bogenschießens in der antiken Welt zu ermöglichen.

Die erste Anregung zur Beschäftigung mit diesem Stoffe verdanke ich Herrn Professor Peter R. v. Bieńkowski, und eine dem antiken Bogen gewidmete Dissertation, die eine seither in der Zeitschrift »Eos«, Bd. XIV, S. 159 ff. abgedruckte Studie über den Meisterschuß des Odysseus mitumfaßte, hat der philosophischen Fakultät der Jagellonischen Universität in Krakau im Jahre 1908 vorgelegen.

---

[1]) D. N. Anuczin, Über antike Bogen und Pfeile in den Arbeiten des 5. archäologischen Kongresses in Tyflis 1881, Moskau 1887, S. 33 f. (Russisch.) — Fr. Ratzel, Die afrikanischen Bogen, ihre Verbreitung und Verwandtschaften, Abhandlungen der Königl. sächsischen Gesellschaft der Wissenschaften, phil.-hist. Klasse, Bd. XIII, Nr. 3. — A. Hansard, The book of achery, London 1845 — C. J. Longmann and Col. Walrond, Achery, London 1894. — M. Jähns, Entwicklungsgeschichte der alten Trutzwaffen mit einem Anhange über die Feuerwaffen, Berlin 1899.

[2]) W Reichel, Homerische Waffen, II. Aufl. Wien 1901. — A. Schaumberg, Bogen und Bogenschütze bei den Griechen mit besonderer Rücksicht auf die Denkmäler bis zum Ausgang des archaischen Stiles, Inauguraldissertation, Nürnberg 1910.

Ich habe dann diese Studien im Wiener archäologisch-epigraphischen Seminar fortgeführt und auf Reisen in Italien und Griechenland, die mir eine gütige Unterstützung des k. k. Ministeriums für Kultus und Unterricht ermöglichte, das Material wesentlich vervollständigen können. Indem ich nunmehr die Arbeit in bedeutend erweiterter und gänzlich veränderter Gestalt vorlege, sehe ich mich gedrängt, insbesondere meinen archäologischen Lehrern in Krakau und Wien für vielfältige Unterstützung und Anregung herzlichst zu danken. Sehr verbunden bin ich Herrn Professor Flinders Petrie für freundliche Mitteilungen über die ägyptischen Hornbogen, den Vorständen der Museen und der Bibliotheken in Wien, Rom, Neapel und Athen für gefälliges Entgegenkommen. Endlich danke ich noch meinen Freunden und Kollegen C. Praschniker, A. Schober und O. Walter, die mir während der Arbeit oder beim Druck helfend zur Seite standen.

Wien, im Februar 1913.

Edmund Bulanda.

Inhaltsverzeichnis.

BOGEN UND PFEIL

BEI DEN

VÖLKERN DES ALTERTUMS.

Die Grundformen von Bogen und Pfeil.

Die Frage, wann und wo zum erstenmal der Bogen verwendet wurde und auf welche Weise der Urmensch auf diese Erfindung kam, läßt sich kaum beantworten.[1]) Es scheint, daß der Pfeil aus einem Wurfstocke entstanden ist[2]), denn er ist in Wirklichkeit nichts anderes als ein kleinerer Speer; der Bogen vertritt dabei die Kraft des Armes; er bedingt die Ansammlung verschiedener Kräfte, um sie auf den Abschluß zu konzentrieren.[3]) Damit ist die Frage, auf welche Weise der Urmensch auf die Idee des Bogens kam, freilich nicht völlig gelöst, denn der Bogen setzt sich aus zwei Stücken, dem eigentlichen elastischen Bogen, der den Arm vertritt, und der Sehne zusammen. Woher hat der Erfinder des Bogens diese genommen? Dafür fehlt noch eine ausreichende Aufklärung. Ebensowenig können wir die Frage, wann der Bogen erfunden wurde, beantworten. In der ältesten Steinzeit war der Bogen wahrscheinlich noch unbekannt.[4]) Für die neolithische Epoche haben wir schon positive Beweise, daß der Bogen in ganz Europa, wie auch in Asien und Nordafrika, im Gebrauch war.[5]) Aus dieser Epoche sind uns aus dem westlichen Europa noch einige Bogen erhalten[6]), die alle aus dem Holze

[1]) Vgl. darüber H. Schurtz, Urgeschichte der Kultur, 1900, S. 344—346. — D N. Anuczin, a. a. O. S. 339—341. — M. Jähns, a. a. O. S. 280—281. — M. Hoernes, Natur- und Urgeschichte des Menschen, 1909, Bd. II, S. 197.

[2]) H. Schurtz, a. a. O. S. 347. — D. N. Anuczin, a. a. O. S. 339—340.

[3]) H. Schurtz, a. a. O. S. 344. — A. Schaumberg, a. a. O. S. 2.

[4]) D N. Anuczin, a. a O. S. 341 und 351. — M. Hoernes, Natur- und Urgeschichte des Menschen, Bd. II, S. 195f. — M. Jähns, a. a. O. S. 279.

[5]) J. de Morgan, Les premières civilisations. Paris 1909, S. 144. — A. J. Reinach, La flèche en Gaule, ses poisons et ses contrepoisons, in L'Anthropologie, Bd. XX, S. 68. — Sophus Müller, Urgeschichte Europas, deutsch von L. Jiriczek, 1905, S. 18.

[6]) R. Munro, Les stations lacustres d'Europe aux âges de la pierre et du bronce, trad. franç. par Dr. P. Rodet, Paris 1908, S. 18 (Wollishoffen), S. 30 (Sutz), S. 115 (Clairvaux), S. 125 (Châlain), S. 130 (Robenhausen), S. 236 (Féuil). — Vgl. auch J. Dechelette, Manuel d'Archéologie, Paris 1908, Bd. I, S. 367 (Clairvaux), S. 536 (Robenhausen). — de Nadaillac, Moeurs et monuments des peuples préhist. Paris 1888, S. 75 (Sutz). — G. und A. de Mortillet, Musée préhistorique, Paris 1903, Taf. XLIX, No. 523 (Robenhausen). — A. J. Reinach, a. a. O. in L'Anthropologie, Bd. XX, S. 68. — M. Jähns, a. a. O. S. 296ff. — Zeitschrift für Ethnologie, Bd. V (1873), S. 109.

der Eibe verfertigt sind.[1]) Aus Nordeuropa sind zwar bisher keine Bogen auf uns gekommen, aber wir finden dafür ein sicheres und lebendiges Zeugnis ihrer Existenz in den Zeichnungen des Urmenschen und den zahllosen Pfeilspitzen.[2]) Auch in Südeuropa wurden bisher noch keine Bogen gefunden und als Beweis ihres Gebrauches muß uns das Vorhandensein von Pfeilspitzen genügen.[3]) Daß der älteste Bogen Europas aus dem Holze der Eibe (taxus) verfertigt war, bezeugen auch die sprachvergleichenden Untersuchungen.[4])

Wir haben schon erwähnt, daß der Bogen sich aus zwei Hauptstücken, dem eigentlichen elastischen Bogen und der Sehne, zusammensetzt. Alle Bogen, von den ältesten uns bekannten bis zu unseren jetzigen, können, wenn wir von der Sehne absehen und die kleinen lokalen Verschiedenheiten übergehen[5]), in zwei Gruppen geschieden werden, in einfache und zusammengesetzte[6]). Einfache Bogen nennen wir diejenigen, die aus nur einem Material, aus einem Baumzweige oder Holzstücke verfertigt werden. Diese Art der Bogen ist ohne Zweifel die ursprünglichste und älteste. Es ist dies der eigentlich europäische und afrikanische Bogen, der Typus, der seine höchste Blüte im Mittelalter in Westeuropa erreicht hat.[7])

Zusammengesetzte Bogen sind diejenigen, die bis auf unsere Zeiten (bei den russischen Baschkiren, Arabern, Persern, Eskimos u. a.) aus mehreren Stoffen, wie Holz, Horn, Knochen, tierischem Faser-

---

[1]) V. Hehn, Kulturpflanzen und Haustiere, VIII. Aufl. von O. Schrader, Berlin 1911, S. 15 und Anmerkung zu dieser Stelle, S. 531. — A. J. Reinach, a. a. O. in L'Anthropologie, Bd. XX, S. 68. Anmerkung 3.

[2]) J. de Morgan, a. a. O. S. 146. — O. Montelius, Die Kultur Schwedens, deutsch von C. Appel. II. Aufl., Berlin 1885, S. 69. — G. und A. Mortillet, a. a. O. Taf. XLVII—XLVIII. — A. Schaumberg, a. a. O. S. 4.

[3]) Albert Dumont, Mélanges d'archéologie et d'épigraphie, Paris 1892, S. 23f. — H. Schliemann, Mykenae, Leipzig 1878, S 311—313.

[4]) O. Schrader, Sprachvergleichung und Urgeschichte, Jena 1906—1907, III. Aufl., Bd. II, S. 104. — O. Schrader. Reallexikon der indogermanischen Altertumskunde, Straßburg 1901, S. 620. — A. Schaumberg, a. a. O. S. 68f.

[5]) Diese Verschiedenheiten beschränken sich bei den einfachen Bogen hauptsächlich auf die Art des Holzes, aus welchem sie verfertigt werden, und auf die Art der Herstellung, bei den zusammengesetzten Bogen auf die Auswahl der Stoffe und ihre Zusammensetzung und Bearbeitung.

[6]) v. Luschan, Über einen zusammengesetzten Bogen aus der Zeit Rhamses II., in Zeitschrift für Ethnologie, Bd. XXV (1893), Verhandlungen S. 269. — Derselbe, Über den antiken Bogen, in Festschrift für O. Benndorf, Wien 1898, S. 189; vgl. auch Berliner philologische Wochenschrift 1899, S. 411f.; Zeitschrift für Ethnologie, Bd. XXXI (1899), Verhandlungen S. 232ff. — H. Balfour, On the structure and affinities of the composite bow, in Journ. of the Anthr. Inst. Bd XIX (1890), S. 220ff. — Einige Gelehrte nehmen auch als eine dritte Abart des Bogens die Armbrust an. Vgl. darüber D. N. Anuczin, a. a. O. S. 342. und H. Schurtz, a. a. O. S. 347.

[7]) M. Jähns, a. a. O. S. 282. — D. N. Anuczin, a. a. O. S. 342.

gewebe oder ähnlichem verfertigt werden.[1]) Diese einzelnen Teile sind durch Klebstoff oder andere Mittel sehr fest miteinander verbunden und äußerlich mit Rinde, Lack oder anderem Material so gänzlich bedeckt, daß die Bestandteile nicht erkennbar sind.[2]) Zu den zusammengesetzten Bogen zählen wir auch jene, die aus zwei Hörnern des Bergbockes zusammengesetzt und in der Mitte mittels eines anderen Materials verbunden sind.[3]) Wir nennen sie Hornbogen.

Der Pfeil ist in seiner einfachen Form ein vorn zugespitzter, hinten gerade abgeschnittener oder mit einer Kerbe versehener Stab, der vom Bogen als Geschoß geschleudert wird. Erst mit der Zeit ist er durch besonders sorgfältige Ausgestaltung der Spitze und des Schaftes technisch weiter ausgebildet worden. Zunächst erhielt der Pfeilschaft unten eine Fiederung und Einkerbung der Basis. Um ein weiteres Aufspalten des Schaftes zu verhüten, wurde er oft dicht oberhalb der Einkerbung umwickelt. Die Befiederung sollte dem Pfeilflug eine größere Stabilität verleihen, die Einkerbung wiederum ein sichereres Auflegen auf die Bogensehne ermöglichen.[4]) In manchen Ländern der antiken Welt pflegte man durch Vergiftung der Pfeilspitze den Pfeilschuß wirksamer zu machen.[5])

Die unumgängliche Notwendigkeit, mehrere Pfeile, im Kriege wie auch auf der Jagd, mit sich zu führen, die in der Hand zu tragen (speziell bei vergifteten Pfeilen) sehr unbequem war, führte den Menschen zur Erfindung des Köchers. Dieser war begreiflicherweise um so wichtiger, als er dem Bogenschützen nicht nur mehrere Pfeile mitzunehmen erlaubt, sondern ihm auch beim Schießen freie Hand läßt.

---

[1]) H. Balfour. Journal of the Arthr. Inst. Bd. XIX (1890). S. 220–246. — v. Luschan. a. a. O. — M. Jähns, a. a. O. S. 287–289. — G. Klemm. Allgemeine Kultur-Geschichte der Menschheit, Leipzig 1843. Bd. II, S. 281. und Bd. VII (Leipzig 1849). S. 334f. — A. Schaumberg, a. a. O. S. 8.

[2]) M. Jähns, a a. O. S. 287.

[3]) D. N. Anuczin. a. a. O. S. 351, berichtet, daß die Indianer Nordamerikas sich ähnlicher Bogen bedienen.

[4]) H. Schurtz, a. a. O. S. 347.

[5]) A. J. Reinach, a. a. O in L'Anthropologie Bd XX, S. 53ff.

I. Bogen und Pfeil bei den Völkern des alten Orients.

1. Die Ägypter.

Originale antiker Bogen sind nur aus Ägypten auf uns gekommen, und zwar sowohl solche einfacher wie auch solche zusammengesetzter Art. Die einfachen »haben die Form eines drehrunden, an beiden Enden gleichmäßig verjüngten schlanken Stabes (Fig. 1) und gleichen den modernen afrikanischen Bogen, am meisten denen der Wanyamwesi« [1]).

Fig. 1.

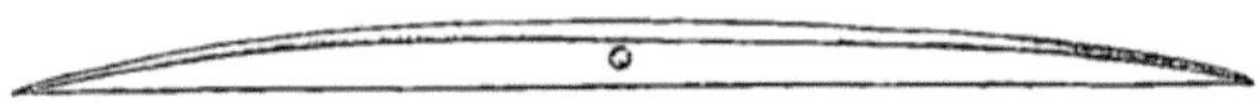

Von den zusammengesetzten sind bis jetzt nur drei etwas besser erhaltene zum Vorschein gekommen: der eine, gefunden in einem thebanischen Massengrabe aus der Zeit Rhamses II. (XIII. Jahrhundert v. Chr.), befindet sich jetzt in Berlin unter Nr. 4712 der ägyptischen Abteilung, der zweite, gleichfalls in Theben gefundene, stammt aus der Zeit der XXVI. Dynastie und wird heute im Universitätsmuseum zu Oxford aufbewahrt. In einem sehr schlechten Zustand ist uns der dritte Bogen aus der Zeit Amenophis II. (XVIII. Dynastie) erhalten [2]), der sich heute im Museum zu Kairo befindet. Die drei Bogen sind ohne jeden Zweifel asiatischer Herkunft; v. Luschan [3]) meint, der Berliner Bogen sei mit

---

[1]) v. Luschan, a. a. O. in Zeitschrift für Ethnologie, Bd. XXV, Verhandlungen S. 266. Vgl. H. Balfour, On a remarkable ancient bow and arrows believed to be of Assyrian origin, in Journ. of the Anthr. Inst. Bd. XXVI (1897), S. 211. — G. Wilkinson, Manners and Customs of the ancient Egyptians, II. Aufl. von S. Birch, London 1878, Bd. I, S. 202, Fig. 31. — M. Jähns, a. a. O. S. 300. — Heuzey, Bull. de la Soc. des antiquaires de France 1890, S. 182.

[2]) Catalogue général d. Mus., Fouilles de la vallée des rois, Taf. XIX, n. 24.120.

[3]) v. Luschan, a. a. O. in Zeitschrift für Ethnologie, Bd. XXV, Verhandlungen S. 270. — v. Luschan, a. a. O. in Festschrift für O. Benndorf, S. 193. — C. J. Longman, Archery (Badminton Series), London 1894, S 63ff. Vgl. dazu die Anmerkung M. Jähns, a. a. O. S. 301.

den Hettitern nach Ägypten gekommen und H. Balfour[1]) schreibt den zweiten den Assyrern zu; ob mit Recht, vermögen wir nicht zu sagen, denn die Beziehungen der Völker der antiken Welt untereinander waren nach den neuesten Forschungen seit frühester Zeit so rege[2]), daß man bei derartigen Übertragungen nur in den seltensten Fällen ein bestimmtes Volk mit Sicherheit nennen kann. Es konnten sowohl die Hettiter und Assyrer, wie auch die Chaldäer, Babylonier oder andere Völker Asiens sein, die ja alle den zusammengesetzten Bogen führten. Dafür allerdings, daß die zusammengesetzten Bogen nicht erst mit den Hettitern nach Ägypten kamen, haben wir ein Zeugnis in den Hieroglyphen, unter denen der Bogen seit den ältesten Zeiten, und zwar in verschiedenen Zeichen vorkommt. Wir können diese Zeichen in zwei Hauptgruppen teilen, *pizet* für den zusammengesetzten und *chent* für den einfachen Bogen.[3]) Die Ägypter mußten also seit frühester Zeit mit dem zusammengesetzten Bogen in Berührung gekommen sein.[4]) Der Umstand aber, daß sie in der alten Völkerliste alle ihnen bekannten Völker[5]) mit dem *pizet*-Bogen bezeichneten, läßt vermuten, daß sie sich selbst eines anderen, also des einfachen Bogens, bedienten. Einen Beweis für das Gesagte finden wir in den ältesten Darstellungen des Bogens auf der sogenannten Skorpionvase[6]) und auf den Paletten mit Jagddarstellungen.[7]) Ohne jeden Zweifel haben wir es hier mit einem einfachen Bogen zu tun, den wir auch in den ältesten Graffiti[8]) finden, demselben, der uns aus der prähistorischen Zeit Europas schon bekannt ist.[9]) Es ist recht merkwürdig, daß wir ihn in der älteren Zeit nie als Kriegs-, sondern nur als Jagdwaffe finden; erst als die Pharaonen gezwungen waren, der unkriegerischen Natur der Ägypter wegen[10]), große Scharen von nubischen Söldnern zu halten, verbreitete sich der Bogen als ausgeprägte Kriegs-

[1]) H. Balfour, in Journ. of the Anthr. Inst. Bd. XXVI, S. 215ff.

[2]) J. de Morgan, Les premières civilisations, Paris 1909, passim. — G. Maspero, Histoire ancienne des peuples de l'orient classique, Paris 1905, passim. — W. Max Müller, Asien und Europa nach altägyptischen Denkmälern, Leipzig 1893, S. 2ff.

[3]) R. Lepsius, Der Bogen in der Hieroglyphik, in Zeitschrift für ägyptische Sprache und Altertumskunde, Leipzig 1872, S. 79ff.; auch E. Meyer, Geschichte des Altertums, Bd. I², S. 48 (§ 167).

[4]) M. Jähns, a. a. O. S. 301.

[5]) E. Meyer, a. a. O. Bd. I², S. 153ff. (§ 227). — W. M. Müller, a. a. O. S. 11ff.

[6]) J. E. Quibell, Hierakonpolis, London 1900, Bd. I, Taf. XIX, XX.

[7]) Jean Capart, Primitive Art in Egypt, translated by A. S. Griffith, London 1905, Fig. 170, S. 230ff. Vgl. Mon. Piot X, S. 112, Fig, 5. — H. Schurtz. a. a. O. S. 345, der die Palette als »assyrisch« bezeichnet.

[8]) Jean Capart, a. a. O. Fig. 161, S. 211.

[9]) A. J. Reinach, a. a. O. in L'Anthropologie, Bd. XX, S. 69.

[10]) A. Erman, Ägypten und ägyptisches Leben, Tübingen, S. 686ff.

waffe.[1]) Ferner sehen wir den Bogen in den Händen der Götter[2]), — für uns ein Zeugnis, daß er seit urältester Zeit bekannt war, denn alle Völker des Altertums schrieben bekanntlich die Erfindung der ihnen besonders wichtigen Gegenstände und so auch des Bogens, dessen sie sich seit prähistorischen Zeiten bedienten, den Göttern zu. Wenn also schon im alten Reich der Bogen sicher bekannt war[3]), so finden wir ihn seit dem mittleren Reich in den Händen der Menschen fast aus allen Ständen, von den Pharaonen[4]) angefangen bis zu den niedrigsten Kriegern.[5])

Er blieb jetzt die ganze Zeit hindurch die vornehmste und beliebteste Waffe der Ägypter[6]), er war, wenn wir einen Ausdruck von Jähns gebrauchen dürfen, die Königswaffe.[7]) Seine Größe erreichte 1 *m*, manchmal sogar noch viel mehr[8]), wie uns ägyptische Denkmäler aus dem mittleren[9]) und neuen Reich[10]) zeigen. Je nach dem Besitzer, war er mehr oder weniger geschmückt. Der gemeine Krieger begnügte sich mit einer einfachen Waffe, während die Würdenträger, vornehmlich aber die Pharaonen, überaus schön gezierte, zusammengesetzte Bogen führten, die zum Teil mit goldenen Beschlägen überzogen und dabei auch verstärkt oder mit verschiedenen Holzarten ausgelegt waren.[11])

Wir haben schon am Anfang unserer Besprechung der ägyptischen Bogen zwei Arten erwähnt, den einfachen und den zusammengesetzten, wobei wir diese zweite Bogengattung als für Ägypten nicht heimisch bezeichneten. Auf den Denkmälern läßt sich fast immer mit Sicherheit erkennen, zu welcher Gattung die dargestellten Bogen gehören, denn

[1]) J. H. Breasted, Geschichte Ägyptens, deutsch von H. Ranke, Berlin 1910, S. 348. — E. Meyer, a. a. O. Bd. I², S. 254 ff. (§ 287).

[2]) Lepsius, Denkmäler aus Ägypten, Berlin 1849, IV, 49. — A. Erman, Die ägyptische Religion, II. Aufl. Berlin 1909, S. 17.

[3]) Lepsius, Denkmäler, II, 108. Das Relief stammt aus dem zweiten Grab von Saniet-el-Meitin, aus der Zeit der sechsten Dynastie. Vgl. auch die Holzbogen aus der Zeit zwischen dem alten und dem mittleren Reich, die gegenwärtig in der Berliner Sammlung ägyptischer Altertümer aufbewahrt werden. Ausführliches Verzeichnis der ägyptischen Altertümer, II Aufl. Herausgegeben von der Generalverwaltung, Berlin 1899, S 74. Nr. 8662; S. 103. Nr. 13 741 usw.

[4]) Lepsius, Denkmäler, III, 126, 127, 128, 130, 188 usw.

[5]) Lepsius, Denkmäler, III. 153, 154.

[6]) G. Maspero, a. a O. Bd. I. S. 58.

[7]) M. Jähns, a. a. O. S. 302.

[8]) A. Erman, Ägypten und ägyptisches Leben, S. 332. — Vgl. auch die Maßangaben der einfachen Bogen des Berliner ägyptischen Museums, in Ausführliches Verzeichnis der ägyptischen Altertümer S. 74, 103. — A. Schaumberg, a. a. O. S. 22.

[9]) Lepsius, Denkmäler, III, 141. — Newberry, Beni-Hasan, London 1891—1892, Bd. I, Taf. XIV, XVI. — A. Schaumberg, a a. O. S. 21.

[10]) Lepsius, Denkmäler, III, 81. — G. Maspero, a. a. O. Bd. II, S. 215—225; A Schaumberg, a. a. O. S. 23 ff.

[11]) W. Max Müller, a. a. O. S. 204. — G. Wilkinson, a. a. O. Bd. I², S. 203.

wir finden zwei Hauptformen, eine, die dem einfachen, modernen Bogen entspricht[1]), und eine zweite, die als eine Angularform erscheint.[2]) Letztere halten wir für die Darstellung des zusammengesetzten Bogens, wie wir bei Besprechung des assyrischen Bogens eingehender darlegen werden.

In den ägyptischen Bogendarstellungen finden wir noch eine dritte Form, die der des griechischen Hornbogens entspricht.[3]) Auch sie ist uns durch Funde gesichert[4]) Stücke dieser Art stammen aus einem Privatgrab in Abydos, welches neben dem des Den Setui (I. Dynastie) gelegen war[5]) (Fig. 2). Prof. W. M. Flinders Petrie schreibt von diesem Fund: »A group of bows and arrows was found in one of the private graves west of that of Den. The bows are formed of two long straight horns of the oryx, fastened together by a tapered plug of wood in the cores; doubtless binding round the horns secured them from splitting. The wooden plug is seen just below the two top horns.« Da dieser Fund von größter Wichtigkeit für das Studium des griechi-

Fig. 2.

schen Hornbogens — besonders des bei Homer vorkommenden — ist, so werden wir ihn bei dessen Besprechung noch genauer würdigen.

Die Sehne war wie bei allen anderen Völkern der antiken und modernen Welt aus ungegerbtem (weißgarem) Leder, Darm, tierischem oder pflanzlichem Fasergewebe bereitet.[6]) Um sie zu verstärken, pflegte man mehrere Stücke zusammenzudrehen, wie wir es auf Darstellungen genau beobachten können.[7]) An einem Ende des Bogens war sie stets,

---

1) G. Maspero, a. a. O. Bd. I. S. 309; Bd. II. S. 357, 399. 469 usw.

2) Vereinigt sehen wir diese zwei Formen und zugleich Gattungen auf einem Relief aus der Zeit Amenophis IV (XVIII. Dynastie), vgl. A. Moret, Stèle de la XVIIIe Dynastie, in Revue arch. Bd. XXXIV (1899), S. 237.

3) Lepsius, Denkmäler, II, 136. — G. Maspero, a. a. O. Bd. I. S. 104, 213.

4) W. M. Flinders Petrie, The royal tombs of the first Dynasty, London 1900. Bd. II, S. 26, Taf. VIIa n. 7.

5) Wir verdanken die Photographie dieser Bogen Prof. Flinders Petrie. In dem begleitenden Brief hebt der Gelehrte nochmals hervor, daß die Bogen aus der Zeit der ersten Dynastie stammen »from the tomb of Den Setui 1st Dynasty. Abydos.«

6) G. Wilkinson, a. a. O. Bd. I' S. 205.

7) G. Maspero, a. a. O. Bd. I, S. 59. — J. Rosellini, Monumenti dell' Egitto della Nubia, Pisa 1832—1834, Bd. II, Taf. CXVII. 1, 2. 8; Taf. CXVIII. 1.

oft sehr kunstreich, durch Umschnürung oder Verknotung befestigt. Da die Sehne an den glatten Enden des Bogens, auch wenn sie sehr fest umgewickelt oder verknotet war, keinen genügenden Halt fand, mußten ihr besondere Stützpunkte, durch Einkerbungen oder vielleicht durch Hornhaken, geschaffen werden.[1]) Um die Sehne an dem zweiten Ende fest zu machen und so die Bespannung herzustellen, stemmten die Bogenschützen das eine Bogenende gegen die Erde und preßten, sitzend oder stehend, das Knie an die Innenseite des Bogens; dann drückten sie mit der linken Hand das andere Bogenende gegen die Brust und befestigten mit der rechten das freie Ende der Sehne an demselben[2]) (Fig. 3). Es gab auch eine andere Art der Bespannung, wobei der Bogen an die Schulter gelehnt wurde und der Bogenschütze ihn mit der linken Hand

Fig. 3.

Fig. 4.

krümmte, während er mit der rechten die Sehne anzubringen suchte (Fig. 4). Wenn wir auch eine Darstellung des abgespannten Bogens selten finden, werden wir doch annehmen dürfen, daß er nach dem Gebrauch wieder abgespannt wurde, damit sowohl der Bogen, wie auch die Sehne nicht durch dauernde Spannung an Elastizität verliere.[3])

Beim Spannen des Bogens bedienten sich die Ägypter entweder des Daumens und des Zeigefingers oder des zweiten und dritten Fingers[4]),

---

[1]) G. Wilkinson, a. a. O. Bd. I[2], S. 202. — M. Jähns, a. a. O. S. 291.

[2]) Vgl. die Abbildungen bei Rosellini, a. a. O. Bd. II. Taf. CXVII, 1, 2. 6. — Auch G. Maspero, a. a. O. Bd. I, S. 309. — Vgl. darüber auch M. Jähns, a. a. O. S. 301. — A. Schaumberg, a. a. O. S. 28 f.

[3]) Herodot II, 173.

[4]) Über die verschiedenen Methoden des Spannens vgl. E. Morse, Ancient and modern methods of arrowrelease, in Bulletin of the Essex Institute, Bd. XVII (1885), S. 123 ff. Auszugsweise wiederholt von F. v. Luschan, Über das Bogenspannen, in Zeitschrift für Ethnologie, Bd. XXIII (1891), Verhandlungen S. 670 ff. und M. Jähns, a. a. O. 292 f.

wobei der Daumen leicht auf den Pfeil drückt.[1]) Morse hat mit Recht auch die »Mittelmeerspannung« (v. Luschan) bei den ägyptischen Bogenschützen festgestellt[2]) (Fig. 5), d. h. die Sehne wird mit den drei mittleren Fingern gespannt, der Pfeil liegt leicht zwischen Zeige- und Mittelfinger auf der Sehne, während der Daumen dabei gänzlich untätig bleibt. Damit sind aber noch nicht alle Spannungsmethoden erschöpft, denn die ägyptischen Bildwerke zeigen in vielen Fällen verschiedene Abweichungen[3]); allerdings wird die Darstellung manchmal in dieser Hinsicht so mangelhaft, daß sich weder die eine noch die andere Spannungsmethode mit Bestimmtheit erkennen läßt.

Nebenbei wollen wir hier noch bemerken, daß die Ägypter während des Schießens den Bogen mit der linken Hand hielten. Zum Schutze

Fig. 5.

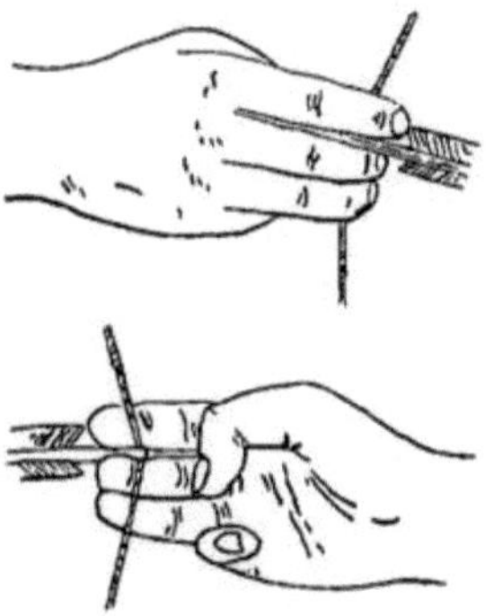

Fig. 6.

dieser Hand gegen den Anprall der zurückkehrenden Sehne, die eine schmerzhafte Wunde erzeugen konnte, hatten die Bogenschützen besondere Schutzvorrichtungen, wie wir es z. B. auf unserer Fig. 6 sehen können.[4]) Man spannte die Bogen so überaus stark, daß der eigentliche Bogen fast einen Halbkreis bildete und die Sehne entweder bis zum Ohr (Fig. 7) oder zur Brust reichte.[5]) Diese starke Spannung können wir besonders bei den Kriegsbogen beobachten[6]), dagegen reichte bei

---

[1]) G. Wilkinson, a. a. O. Bd. I², S. 204.

[2]) E. Morse, a. a. O. S. 171 (»Mediterranean release«).

[3]) Vgl. bei E. Morse, a. a. O. Fig. 34—41. — Lepsius, Denkmäler, III, 36b.

[4]) G. Wilkinson, a. a. O. Bd. I², Fig. 34 und 35, S. 203. Eine erhaltene Schutzvorrichtung — eine Ledermanschette — vgl. bei L. Borchardt, Kunstwerke aus dem ägyptischen Museum zu Cairo, Cairo-Dresden, Taf. 37.

[5]) Lepsius, Denkmäler, III, 127a, 132, 160, 166.

[6]) Lepsius, Denkmäler, III, 126, 127. — Vgl. auch G. Maspero, a. a. O. die Figuren auf S. 387, 399, 452, 453, 473 usw.

dem Jagdbogen, der nicht so viel leisten mußte, die Sehne im gespannten Zustande nur bis ein wenig hinter dem Ellbogen oder höchstens bis zur Brust.[1])

Die Pfeile, deren Länge zwischen 80 und 90 *cm* schwankte[2]), waren aus vollem Holze oder Rohr verfertigt[3]); das unterste Schaftende war natürlich wie überall mit einer Kerbe versehen (Fig. 8), mittels welcher der Pfeil auf die Sehne gesetzt wurde. Über diesem Einschnitte des unteren Schaftendes saßen immer drei buntfarbige Federn. Am oberen Schaftende war stets eine Pfeilspitze angebracht, nur bei jenen Pfeilen, die zur Vogeljagd verwendet wurden, können wir am oberen Ende bloß eine stumpfe Verdickung bemerken.[4]) Bei den Rohrpfeilen pflegte man ein Stück vollen Holzes einzusetzen, welches erst die Pfeilspitze trug. In den Darstellungen sehen wir die Pfeilspitzen fast immer nur breitschneidig[5]), aber die Ausgrabungen brachten uns die verschiedensten Formen, von der Dünne einer Nadel bis zu breiten dreieckigen, mit Widerhaken versehenen. Als Material wurden Holz, Knochen, Stein und Metall verwendet. Besonders die Feuersteinpfeilspitzen sind mit äußerster Feinheit, fast vollständig gleichmäßig, dünn geschliffen und scharf zugehauen. Sie waren stets im Gebrauch, auch in späterer Zeit, als bereits die Verarbeitung des Metalls erfunden war[6]); nur ist dabei hervorzuheben, daß die Spitzen aus der prähistorischen Zeit viel feiner ausgearbeitet sind, als die, welche gleichzeitig mit metallenen in Verwendung standen.

Fig. 7.

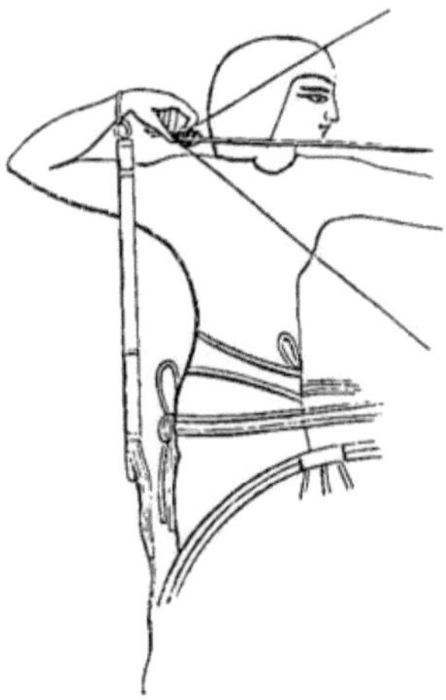

Fig. 8.

[1]) Lepsius, Denkmäler, III. 132. — G. Wilkinson, a. O. Bd. I². Fig. 34, 35.

[2]) Vgl. z. B. S. 103 des oben genannten Verzeichnisses des Berliner ägyptischen Museums.

[3]) G. Wilkinson, a. a. O. Bd. I². 1, S. 205. Fig 37.

[4]) L. Borchardt, a. a. O. Taf. 37, Text. S. 16.

[5]) Vgl. z. B. Rosellini, a. a. O. Bd. II. Taf. CXVII, 1. 2. 6; auch W. M. Müller, a. a. O. S. 7.

[6]) Sir J. Evans, The ancient stone implements of Great Britain. II ed. London 1897, S 9. — M. Jähns, a. a. O. S. 298.

Der Entwicklungsgang der Pfeilspitzformen[1]) ist schon längst bearbeitet, und wir wiederholen ihn kurz nach Flinders Petries und Quibells Arbeiten. Am einfachsten sind die keulen- und keilförmigen Holzspitzen. Die gleichen Formen finden sich auch bei den aus Feuerstein gemachten. Dann kommen die blattförmigen, es folgen die rautenförmigen, die an einem Ende in den Schaft gesteckt wurden. Einen ziemlich großen Fortschritt bilden die Pfeilspitzen mit Widerhaken und einem Fuß zum Einsetzen (Fig. 9). Ebenso lassen sich auch bei den metallenen Pfeilspitzen mehrere Formen unterscheiden; besonders zu bemerken sind blattförmige mit oder ohne Tülle und mit einem Fuß zum Einsetzen, und dreieckige mit derselben Vorrichtung zum Befestigen am Schaftende. Am gefährlichsten waren natürlich die metallenen Pfeilspitzen, die noch mit Widerhaken versehen waren. Eine Auswahl aller dieser Formen bietet unsere Fig. 10 nach Flinders Petries »Tanis.«

Fig. 9.

Was die Verwendung des Köchers bei den Ägyptern betrifft, so läßt sich folgendes sagen: auf den Denkmälern aus dem alten Reich sehen wir nirgends einen Köcher. Wir finden zwar überhaupt keine Kriegsdarstellungen aus dieser Epoche, aber auch als Hieroglyphenzeichen kommt der Köcher nicht vor.[2]) Er ist also, wie G. Maspero mit Recht behauptet[3]), erst in den Zeiten des mittleren Reiches aus Asien nach Ägypten gekommen.

Im mittleren Reich, also zu einer Zeit, in welcher der Bogen schon gewissermaßen eine Nationalwaffe war, begegnet uns auch der Köcher[4]).

[1]) Von den Arbeiten über die ägyptischen Pfeilspitzen vgl. folgende: W. M. Flinders Petrie and J. E. Quibell, Naqada and Ballas, London 1896, S. 21, 46, 56, Taf. XLI, LXXII, LXXIII; Flinders Petrie, Medum, London 1892, Taf. XXIX. — Flinders Petrie, Diospolis parva, London 1901, S. 23, Taf IV. — J. E. Quibell, Hierakonpolis, I, Taf. XXIV. — Flinders Petrie, The royal tombs of the first dynasty, London 1900, Bd. I, S. 28, Taf. XXXVII; Bd. II, Taf. IV VI, S. 22, 23, 34, 35. — E. A. Budge Wallis, Egypt in the Neolithic and archaic periods, London 1902, Bd. I, S. 84. — Flinders Petrie, Tanis, London 1883, Bd. II, Taf XXXIX, 8—16, 20. — J. de Morgan, Recherches sur les Origines de l'Egypte, Paris 1896, Bd. I, S. 127 bis 132, 209—210, Fig. 138—238; Bd. II (1897), S. 81—84, Fig. 196—225.

[2]) Vgl. z B. Lepsius, Denkmäler, II, 20—22. — Flinders Petrie, Medum, Taf. IX usw.

[3]) G. Maspero, Notes au jour le jour, in Proceedings of the Society of biblical archeology, Bd. XIV (London 1892), § 18 (S. 184—187).

[4]) Vgl. z. B. Lepsius, Denkmäler, II, 131—133; Rosellini, a. a. O. Bd. I. Taf. XXVI—XXVIII (aus dem mittleren Reich).

Vorher pflegte man wahrscheinlich die Vorratspfeile einfach in der rechten Hand zu tragen[1]) (vgl. Fig. 6), manchmal auch, z. B. während des Bespannens des Bogens, in die Erde zu stecken.[2])

In späteren Zeiten war jeder ägyptische Bogenschütze mit einem Köcher versehen, in welchem er einen genügenden Vorrat an Pfeilen mitführen konnte. Der Köcher wurde meist mittels eines Riemens, der über die rechte Schulter und quer über die Brust lief, getragen, so daß er an der linken Körperseite hing,[3]) und dies war wahrscheinlich der Brauch bei den Fußtruppen während des Kampfes. Sonst finden wir den Köcher auch häufig über die rechte Schulter getragen.[4]) Die Pharaonen, die ihre Pfeile von den Wagen abschossen, hatten ihre Köcher meistens an der äußeren Seite des Wagenkastens befestigt.[5]) Die Köcher waren meist aus Leder gearbeitet und vielfach mit schönen Verzierungen oder

Fig. 10.

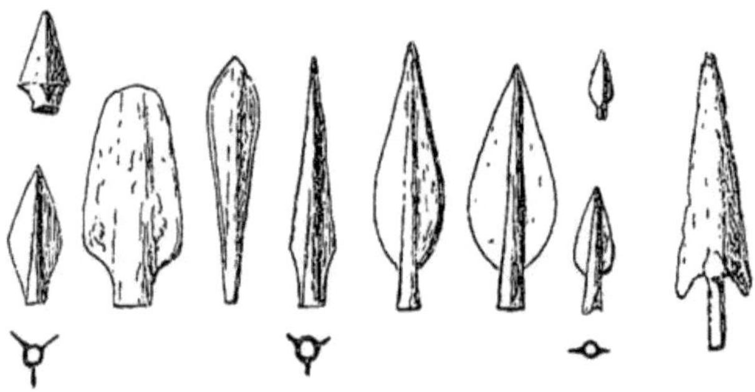

Malereien geschmückt[6]); die der Angesehensten im Heere zeichneten sich, ebenso wie die Bogenbehälter, natürlich durch Goldschmiedearbeit und buntfarbige Schmelzmalereien aus. Jeder Köcher war mit einem Deckel versehen, der, wie der Köcher selbst, manchmal prächtig dekoriert war.[7]) Statt des eigentlichen Bogenbehälters bedienten sich die Bogenschützen zu Fuß, also den niedrigen Klassen entstammende Krieger,

[1]) Lepsius, Denkmäler, II, 132, 136.

[2]) Rosellini, a. a. O. Bd. II. CXVII, 1. 2, 6. — Newberry, Beni Hasan, Bd. I, Taf. 14. — Auch G. Maspero, a. a. O. Bd. I, S. 309 und 452.

[3]) G. Wilkinson, a. a. O. Bd. I². S. 207, Fig. 85. — Rosellini, a. a. O. Bd. I, Taf. LXXXIII. — Lepsius, Denkmäler, III. 127, 130, 166.

[4]) Lepsius, Denkmäler, III, 160.

[5]) v. Bissing-Bruckmann, Denkmäler ägyptischer Skulptur, Taf. 91, 92. — D. N. Anuczin, a. a. O. Fig. 29.

[6]) Einen prächtigen Köcher aus Leder mit Deckel vgl. bei L. Borchardt, a. a. O. Taf. 37, Text. S. 16.

[7]) Rosellini, a. a. O. Bd. II, Taf. CXXI, 23, 26.

eines merkwürdigen Futterals, einer Bogentasche, die bloß die Mitte des Bogens bedeckte. Diese Tasche aus Leder war natürlich viel billiger als ein schön verzierter Bogenbehälter und sollte nach Anuczins Meinung den Bogen nicht so sehr vor Regen, als vielmehr vor dem Schweiß der Hand schützen.[1])

Im allgemeinen haben die ägyptischen Bogenschützen anscheinend niemals selbst einen Schild benutzt. Doch konnten sie unter Umständen von ihren Gefährten mit einem Schild gedeckt werden. Wahrscheinlich aber geschah dies nur bei den Pharaonen, die fast immer ihre Pfeile auf den Wagen fahrend abschossen.[2]) Daß der Wagenkampf erst seit der Zeit der Hyksos begonnen hat, mit denen die Pferde nach Ägypten kamen, brauchen wir hier nicht besonders hervorheben.[3])

2. Die Äthiopier.

Der Einfluß der ägyptischen Kultur auf Äthiopien ist eine allgemein bekannte Tatsache.[4]) Es scheint uns aber fraglich, ob auch der äthiopische Bogen diesem Einfluß unterlag, denn der war ein einfacher Holzbogen und kam im Gegenteil vielleicht eben gerade durch die nubischen Söldner in Ägypten in allgemeinen Gebrauch.[5]) Nach den übereinstimmenden Zeugnissen Herodots, Diodors und Strabons[6]) war der äthiopische Bogen sehr groß, denn seine Länge betrug 4 Ellen, also 1·776 *m*[7]), wie es auch die Bildwerke erkennen lassen.[8]) Er war aus massivem Holz oder aus Rohr verfertigt, dem modernen afrikanischen ganz ähnlich. Die Nachricht Strabons besagt, daß die Äthiopier den Bogen mittels Biegen über Feuer die notwendige Elastizität zu verschaffen pflegten.[9])

---

[1]) D. N. Anuczin, a. a. O. S. 362, Fig. 25. — G. Wilkinson, a. O. Bd. I², Fig. 18.

[2]) Lepsius, Denkmäler, III, 160.

[3]) J. H. Breasted, a. a. O. S. 214. — M. Duncker, Geschichte des Altertums, Leipzig 1874, Bd. I⁴, S. 146. — F. Studniczka, Jahrbuch, Bd. XXII (1907), S. 149. — Perrot et Chipiez, Histoire de l'art dans l'antiquité, Paris 1882, Bd. I, S. 703.

[4]) H. Brugsch-Bey, Geschichte Ägyptens, Leipzig 1877, S. 9—10. — Perrot et Chipiez, a. a. O. Bd. I, S. 20—21. — A. Wiedemann, Ägyptische Geschichte, Gotha 1884, S. 14.

[5]) W. Max Müller, a. a. O. S. 2 f. und 6.

[6]) Herodot VII, 69: Αἰθίοπες δὲ τόξα εἶχον ἐκ φοίνικος σπάθης πεποιημένα, μακρά, τετραπηχέων οὐκ ἐλάσσω, ἐπὶ δὲ καλαμίνους οἰστοὺς σμικρούς, ἀντὶ δὲ σιδήρου ἐπῆν λίθος ὀξὺς πεποιημένος. Diodor III, 8, 4. Καθοπλίζονται. ἐνίοτε δὲ ξυλίνοις τόξοις τετραπήχεσιν, οἷς τοξεύουσι μὲν τῷ ποδὶ προσβαίνοντες. Vgl. Strabon XVII, 2, 3. (C 822 ed. Meineke): χρῶνται δὲ καὶ τόξοις Αἰθίοπες τετραπήχεσι ξυλίνοις, πεπυρακτωμένοις.

[7]) H. Nissen, Griechische und römische Metrologie, J. v. Müllers Handbuch, I, S. 666.

[8]) Lepsius, Denkmäler, V, 20, 21, 40, 50, 71, 74 usw.

[9]) A. Schaumberg, a. a. O. S. 24.

Die Pfeile waren aus Rohr, am Ende über der Kerbe befiedert und mit Steinspitzen versehen.[1]) Beim Spannen bedienten sich die Äthiopier hauptsächlich der Mittelmeermethode, obwohl natürlich verschiedene Abweichungen davon vorkommen.[2]) Der Köcher kommt in Äthiopien überhaupt selten vor, meistens hielten die Schützen ihre Vorratspfeile in der linken Hand,[3]) ein Verfahren, das uns auch schon aus Ägypten her bekannt ist.

Die Äthiopier waren ihres Bogens wegen berühmt und sie wußten ihn so geschickt zu führen, daß nicht einmal die Perser, die doch als Bogenschützen in höchstem Rufe standen, ihnen gleichkommen konnten. Besonders das Spannen des langen äthiopischen Bogens soll eine große Leistung gewesen sein. Wir erinnern uns hier der Antwort des Äthiopierkönigs an die Kundschafter des Kambyses: »Der Äthiopierkönig rät dem Könige der Perser, wenn die Perser einen Bogen von solcher Größe ebenso leicht spannen, dann sollen sie in den Streit ziehen.«[4]) Wir müssen es schon hier betonen, daß eben das Bespannen oder das Spannen des Bogens als ein Zeugnis allgemeiner Leistungsfähigkeit galt. Wir werden auf diese Anschauung der antiken Welt noch gelegentlich des griechischen Bogens in der Agonistik zu sprechen kommen.

Warum aber das Spannen des äthiopischen Bogens als eine große Leistung galt, darüber gibt uns die Nachricht Diodors näheren Aufschluß: Αἰθίοπες τοξεύουσι τῷ ποδὶ προσβαίνοντες, »die Äthiopier schießen mit dem Bogen, indem sie mit dem Fuß hinzutreten«. Dieses Verfahren wäre uns unklar geblieben, hätte uns nicht Xenophon eine ähnliche Methode des Bogenschießens von den Karduchen überliefert. Es heißt: Anab. IV, 2, 28 (Καρδοῦχοι) εἶχον δὲ τόξα ἐγγὺς τριπήχη. εἷλκον δὲ τὰς νευρὰς ὁπότε τοξεύοιεν πρὸς τὸ κάτω τοῦ τόξου τῷ ἀριστερῷ ποδὶ προσβαίνοντες. Daraus geht nicht etwa hervor, daß sowohl die Äthiopier wie auch die Karduchen auf den Bogen traten, um ihn zu bespannen, d. h. die Sehne anzubringen, sondern daß sie das untere Ende des Bogens auf die Erde stellten und mit dem linken Fuß an dasselbe traten, wenn sie den Pfeil abschossen. Interessant ist also hierbei, daß die Karduchen und Äthiopier nicht nur, wie sonst andere Bogenschützen, den linken Fuß vorstellten, sondern auch an das eine gegen die Erde festgestemmte Bogenende herantraten,[5]) um ihm einen Halt zu bieten. Dieses Verfahren war

[1]) Vgl. Pollux, Onomasticon I, 138: Αἰθίοπες ἐχρῶντο λίθῳ ὀξεῖ ἀντὶ σιδήρου.

[2]) Lepsius, Denkmäler, I, 40, 46, 49, 50 usw.

[3]) F. v. Luschan, a. a. O. in Zeitschrift für Ethnologie, Bd. XXIII, Verhandlungen S. 671.

[4]) Herodot III, 21, 22.

[5]) Vgl. Strabon XVI, 4, 10 (C 772 ed. Meineke). — Vgl. Arrian Ἰνδική, 16, 6 (von den indischen Bogenschützen).

den Persern unbekannt, denn sie führten viel kürzere Bogen als die Äthiopier.

Endlich wollen wir noch bemerken, daß bei sehr langen, dabei aber ziemlich steifen Bogen ein kurzes Spannen genügte und daß dem geringen Maße der Spannung sich auch wieder die Länge der Pfeile anpassen mußte. Auf diese Weise können wir die Nachricht Herodots, die Äthiopier hätten kurze — σμικρούς — Pfeile, erklären. Wir wissen nicht zu sagen, ob vergiftete Pfeile, über deren Verwendung wir nur wenige gelegentliche Äußerungen alter Schriftsteller[1]) besitzen, stets oder nur ausnahmsweise von den Äthiopiern gebraucht wurden.

3. Die Araber.

Von den Bogen und den Pfeilen der Araber haben wir in der antiken Literatur ganz spärliche Nachrichten. Wir lesen bei Herodot nur[2]): Ἀράβιοι . . . τόξα δὲ παλίντονα εἶχον πρὸς δεξιά, μακρά. Dagegen schreibt Pollux[3]): ἰστέον δὲ ὅτι καὶ φοίνικος σπάθῃ Ἀράβων τινὲς ἀντὶ κέρως ἐχρῶντο und weiter καὶ ἔχριον τὰς ἀκίδας ἰῷ φαρμακώδει Ἄραβες. So knapp auch diese Nachrichten sind, sind sie doch unseres Erachtens sehr wichtig. Nach der Äußerung des Pollux bedienten sich die Araber zweierlei Bogen, des einfachen[4]) und des zusammengesetzten. Wie es natürlich ist, war der einfache afrikanische Bogen der ältere; erst mit der Zeit, als die Araber mit den anderen Asiaten in Berührung kamen, verbreitete sich bei ihnen der zusammengesetzte Bogen. Der letztere war ein παλίντονον-Bogen; über dieses Beiwort gibt es bereits eine umfangreiche Literatur,[5]) aber fast alle diese Erläuterungen sind vom sachlichen Standpunkte aus unzureichend und es ist recht merkwürdig, daß die Kommentatoren die so deutliche Erklärung des Hesychius (s. v.) ὀπισθότονα ἢ τὰ ἐπὶ θάτερα τρεπόμενα — rückwärts (abwärts) bespannte oder auf die andere Seite umgedrehte — immer anders zu erläutern bestrebt

---

[1]) Agatharchides, De mari Erythraeo I, 19, bei C. Müller. Geogr. Graec. Minor. Bd. I, S. 118—119: χρῶνται δὲ ἐπὶ τῶν κινδύνων τῶν πολεμικῶν Αἰθίοπες τοῖς μὲν τόξοις μεγάλοις, βραχέσι δὲ τοῖς οἰστοῖς. ἐπὶ δὲ τῆς ἄκρας τοῦ καλάμου κερκίδος ἀντὶ τοῦ σιδήρου παραμήκης τῷ τόπῳ λίθος ἀνεστήρικται, νεύροις ἐσφιγμένος, ὀξὺς μὲν ὑπερβολῇ, φαρμάκοις δὲ θανασίμοις βεβαμμένος. — Vgl. auch Cl. Claudian. De cons. Stilich. I. 351—353 (ed. J. Koch).

[2]) Herodot VII, 69.

[3]) Pollux, Onomasticon I, 138; vgl. auch Strabon XVI, 4, 24 (781—882 ed. Meineke).

[4]) Vgl. A. Schaumberg, a. a. O. 31 f.

[5]) C. Wex, Über τόξα παλίντονα, in Zeitschrift für die Altertumswissenschaft, Nr. 145 (1839), Sp. 1161 (wo auch die ältere Literatur). — H. Stephanus, Thesaurus linguae graecae, Bd. VI, S. 95. — Ameis, Anhang zur Odyssee, S. 11. — Ebeling, Lexicon Homericum, Bd. II, S. 125. — Daremberg et Saglio, Dictionnaire, s. v. arcus u. v. dgl.

waren, als es die Bedeutung der Worte erlaubte. Nach Hesychius ist unter einem τόξον παλίντονον ein Bogen zu verstehen, den man auch rückwärts bespannen kann, der aber zugleich die Eigenschaft hat, daß er nach dem Abnehmen der Sehne in seine frühere Lage zurückkehrt. Während bei den einfachen Bogen das Anbringen der Sehne auf eine solche Weise vollzogen wird, daß die natürliche Kurve (κάμπυλον τ.) des bogenförmig gekrümmten Holzes so lange immer mehr gegen die Mitte gebogen wird, bis die Sehne angebracht ist, wird bei den Bogen, die das Epitheton παλίντονον führen, die Sehne nicht an der sonst üblichen Seite angebracht, sondern an der äußeren, oder deutlicher gesagt, an der entgegengesetzten Seite der natürlichen Kurve. Wir stützen diese unsere Behauptung auf den mittelalterlichen arabischen Bogen.[1]) Mit Wahrscheinlichkeit können wir behaupten, daß sich der antike arabische Bogen bis ins Mittelalter, von ganz kleinen Modifikationen abgesehen, unverändert erhalten hat. Solche arabische Bogen aus dem Mittelalter befinden sich im Wiener Hofmuseum und wurden von W. Böheim behandelt.[2]) Unsere Fig. 11 zeigt nach Böheim einen solchen arabischen unbespannten Bogen. Würde man ihn nach der üblichen Methode bespannen, so müßte man die Enden noch mehr gegen die Mitte neigen, was an sich nicht unmöglich erscheint, aber die Art, wie die zur Befestigung der Sehne bestimmten Kerben an den Bogenenden angebracht sind, zeigt, daß der Bogen anders bespannt werden mußte. Wie man dies zu tun pflegte, zeigt Fig. 12, die einen türkischen Bogen aus derselben Zeit darstellt. »Wird die Sehne angelegt, so muß der Bogen stark nach abwärts bis a′ gezogen werden, wodurch seine Spannungskraft bereits in Verwendung genommen wird. Wird nun überdies die Sehne zum Abschnellen des Pfeiles angezogen, so tritt eine noch vermehrte Abbiegung des Bogens bis a″ ein, wodurch seine relative Festigkeit einen Moment lang aufs Äußerste in Anspruch genommen

Fig. 11.

[1]) Die mittelalterlichen Bogen, ihre Benennung, Verfertigung und Wichtigkeit sind genau behandelt worden von Hammer-Purgstall, Über Bogen und Pfeil, den Gebrauch und die Verfertigung derselben bei den Arabern und Türken, im 4. Bande der Denkschriften der philosophisch-historischen Klasse der Kaiserlichen Akademie der Wissenschaften, Wien 1853.

[2]) W. Boeheim. Handbuch der Waffenkunde, Leipzig 1890, S. 395—398, Fig. 474.

wird.«[1]) Entspricht also diese Art des Anbringens der Sehne nicht der Bedeutung des Wortes παλίντονον, die uns Hesychius gab? Wir leugnen nicht, daß das Bespannen dieses τόξον παλίντονον einen großen Kraftaufwand benötigte. War aber dieser Bogen einmal bespannt, so gab er dem Pfeile eine viel größere Kraft und Schnelligkeit und ermöglichte eben dadurch ein zuverlässigeres Treffen des Zieles.

Herodot berichtet uns ferner an der angeführten Stelle, daß die Araber den Bogen auf der rechten Schulter trugen (εἶχον πρὸς δεξιά), eine merkwürdige Nachricht, da sonst bei keinem anderen Volke des Altertums diese Art, die Bogen zu tragen, bezeugt ist, noch merkwürdiger aber deswegen, weil die Araber nach anderen Nachrichten erst seit der Zeit Mohammeds begonnen haben sollen, den Bogen auf der rechten Schulter zu tragen.[2])

Fig.

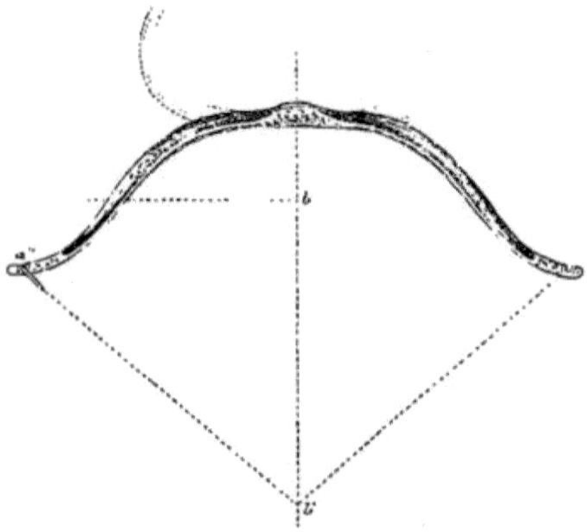

Die arabischen Pfeile waren aus Palmenholz verfertigt und glichen etwa den ägyptischen; buntfarbig befiedert, hatten sie scharf zugespitzte steinerne Pfeilspitzen, die mitunter auch vergiftet waren.[3])

Von Livius wird bezeugt, daß die Araber manchmal ihre Pfeile auf Kamelen reitend abschossen[4]): »his (camelis) insidebant Arabes sagittarii, gladios habentes tenues« etc.

[1]) W. Boeheim, a. a. O S. 396—397, Fig. 475. — Vgl. auch den Bogen bei H. v. Mayr und S. Fischer, Genre-Bilder aus dem Orient, Stuttgart 1846—1850, Lief. III, Taf. XVIII, 6.

[2]) M. Jähns, a. a. O. S. 321: »Als Mohammeds Eidam Ali ben Ebi Talib eines Tages mit dem Bogen auf der rechten Achsel erschien, rief der Prophet ihm zu: ‚Auf diese Art angetan und den Bogen also tragend, erschien mir der Engel Gabriel am Schlachttage von Bedr!' Und seitdem tragen die Moslim den Bogen rechts.«

[3]) Vgl. Pollux Onomasticon I, 138. — Nicander von Coloph. Alexipharmaka 444—448 und das Scholion zu dieser Stelle. — A. J. Reinach, a. a. O. in L'Anthropologie, Bd. XX, S. 56, Anm. 1. — Hiob VI, 4.

[4]) T. Livius XXXVII, 40, 12: vgl. über diese Kampfart Strabon XV, 1, 52 (C 709, ed. Meineke); Herodot VII, 86.

4. Die Babylonier.

Die klassischen Schriftsteller haben uns keinerlei Nachricht über den altbabylonischen Bogen hinterlassen und auch die babylonischen Denkmäler sind in dieser Beziehung leider sehr dürftig. Gewiß ist aber, daß der Gott Assur den Bogen führte, was auf Gebrauch des Bogens von den ältesten Zeiten an hinzuweisen scheint.[1] Die uralten Bilder zeigen diesen Gott als halbe Sonnenscheibe mit zwei daraus hervorragenden Händen, von denen die eine den Bogen hält.[2] Merkwürdigerweise ist es ein ganz einfacher Bogen, vielleicht aus Rohr, welches in Mesopotamien in großen Massen wuchs[3] (Fig. 13). Die Religion hat sich offenbar auch hier konservativ gezeigt und hat uns ohne Zweifel den urältesten Bogen Mesopotamiens aufbewahrt. Die späteren Bogen sind anderer Art. Schon auf der Triumphstele des Königs Naram-Sin (zirka 2470—2440) kommt ein zusammengesetzter Bogen vor.[4] Hier erscheint der siegreiche Herrscher, der den Feind mit den Truppen ins Gebirge verfolgt;[5] er hat in der linken Hand einen bespannten, nach außen — zielwärts, also παλίντονον — geöffneten Bogen,[6] in der rechten einen Pfeil (Fig. 14). Es ist derselbe Bogen, den wir auf einem sehr alten chaldäischen Zylinder aus Erech

Fig. 13.

[1]) Die ältesten Bewohner Mesopotamiens, die Sumerer, sollen allerdings nach Ed. Meyer, Geschichte I^2, S. 418; Sumerer und Semiten in Babylonien (Abhandlungen der Königlichen Berliner Akademie, 1906), S. 113 überhaupt den Bogen nicht geführt haben.

[2]) M. Jähns, a. a. O. S. 298, Taf. XXXVI, 13. — Perrot et Chipiez, a. a. O. Bd. II, S. 89 ff.

[3]) F. Hommel, Geschichte Babyloniens und Assyriens, Berlin 1885, S. 188 und S. 191, Anm. 1.

[4]) Vgl auch Revue arch. Bd. XXXIV (1899), Taf. I. — Springer-Michaelis, Kunstgeschichte, Bd. I^7, Fig. 128, S. 51. — Zur Entstehungszeit dieser Stele vgl. noch E. Meyer, Geschichte, Bd. I^2, S. 475 ff. — J. de Morgan, Mémoires de la Mission scientifique en Perse, Paris 1900, Bd. I, S. 144: »La stèle de Naram-Sin, découverte à Suse le 6 avril 1898, est, sans contredit, l'oeuvre artistique la plus remarquable en même temps que l'une des plus anciennes qui aient jamais été rencontrées en Chaldée et dans les pays voisins. C'est surtout par l'ensemble de sa composition que ce basrelief est incomparable, bien que l'exécution des détails surpasse tout ce que nous connaissons de la statuaire asiatique.«

[5]) Nach A. Jeremias, Das Alte Testament im Lichte des alten Orients, 2. Aufl., Leipzig 1906, S. 290, Anm. 2, stellt diese Stele den Triumph der Babylonier über die Elamiter dar.

[6]) J. de Morgan, Mission scientifique en Perse, Paris 1896, Bd. IV, Taf. X. »L'arc à double courbure.«

(zirka 3500 v. Chr.) sehen,[1]) wo ein vorangehender Krieger mit Köcher und einem offenbar nach außen — παλίντονον — bespannten Bogen auf der linken Schulter, einige gefangene Feinde führt. Hier sei noch bemerkt, daß auf Naram-Sins Stele auch einer der Krieger einen Bogen führt, der jedoch von dem des Königs verschieden ist. Von der Waffe des Königs können wir mit Sicherheit als von einem zusammengesetzten Bogen reden, einerseits weil er παλίντονον ist, anderseits weil er die charakteristische Biegung des bespannten zusammengesetzten Bogens aufweist.[2]) Dagegen scheint der Bogen des gemeinen Kriegers ein einfacher zu sein.[3]) Auf einem anderen Denkmal, welches sich in Hourin-Cheikh-Khân befindet und dessen Photographie de Morgan gibt,[4]) sehen wir wiederum einen Schützen mit einem Bogen, der als ein zusammengesetzter angesehen werden muß, weil er, wie der assyrische »Angular«-Bogen, an der Stelle, wo er mit der Hand gehalten wird, einen Winkel aufweist.[5])

Fig. 14.

Da nun für diese Art von Bogen in Babylonien keine Funde zu Gebote stehen, so müssen uns dafür die früher erwähnten auf ägyptischem Boden gefundenen Beispiele zu Hilfe kommen, die zwar verhältnismäßig viel jünger,

---

[1]) A. H. Layard, Discoveries in the ruins of Niniveh and Babylon, London 1853. S. 538. — G. Rawlinson, The five great Monarchies, London 1879. Bd. III[4]. S. 3. — F. Hommel, a. a. O. S. 206. Die Inschrift lautet nach ihm: »Dem U-bil-dar, dem Bruder des Königs von Erech (weiht dies) der Tafelschreiber, sein Knecht.« — M. Jähns, a. a. O. S. 320, bezeichnet diesen Bogenschützen unrichtig als einen arabischen. — A. Furtwängler, Die antiken Gemmen, Berlin 1900, Bd. I, Taf. I, n. 3. Text Bd. II, S. 2. — Springer-Michaelis, Kunstgeschichte, Bd. I[7], Fig. 132b.

[2]) Vgl. z. B. die zusammengesetzten bespannten Bogen bei W. Reichel, Homerische Waffen, II. Aufl., S. 112, Fig. 57 a. b.

[3]) J. de Morgan, Mémoires de la Mission, Bd. I. S. 150—151. — A. Schaumberg, a. a. O. S. 33, meint, ohne einen Grund dafür zu geben, der König habe gleich wie der Krieger einen einfachen Bogen.

[4]) J. de Morgan, Mission scientifique en Perse, Bd. IV, S. 156—158. Taf. X, S. 160, schreibt de Morgan von diesem Denkmal: »Les caractères de l'inscription dénotent une antiquité très reculée, le bas-relief doit être plus ancien encore et remonter aux premiers âges du développement des Sémites en Chaldées.«

[5]) G. Rawlinson, a. a. O. Bd. III[4], S. 7, und nach ihm M. Jähns, a. a. O. S. 298, Taf. XXXVI, n. 14. geben uns Abbildungen eines Denkmales, wo ein König, vor dem die Göttin Nini steht, angeblich mit einem Bogen in der Linken dargestellt ist. Die neueste Nachprüfung dieses Denkmales und die Zeichnung, die uns de Morgan gibt, haben gezeigt, daß der König entschieden keinen Bogen hat, »sondern zwei gekrümmte Stöcke, deren näherer Gebrauch (bis jetzt) unbekannt ist« (Morgan, Mission scientifique en Perse, Bd. IV, S. 160).

aber von dem altbabylonischen und überhaupt dem asiatischen zusammengesetzten Bogen nach unserer Meinung nicht wesentlich verschieden sind. Wir geben hier die Beschreibung des älteren aus dem XIII. Jahrhundert v. Chr. nach F. v. Luschan.[1]) Wie die der Arbeit v. Luschans beigefügten Figuren (Fig. 15) zeigen, ist dieser Bogen an beiden Enden (das rechte fehlt gänzlich) beschädigt. Seine mutmaßliche Länge betrug zirka 1·245 *m*, heute ist er nur 1·025 *m* lang. Wir müssen das Fehlen der Enden um so mehr bedauern, da wir nicht imstande sind festzustellen, wie die κορῶναι, die er sicher besitzen mußte, aussahen. »Auf den ersten Blick — schreibt v. Luschan — fällt eine tiefe Rinne auf, die sich längs der ganzen Rückseite des Bogens hinzieht; bei näherem Zusehen ergibt sich aber auch, daß der Bogen, so wie er jetzt vorliegt, aus zwei völlig verschiedenen Bestandteilen zu-

Fig. 15.

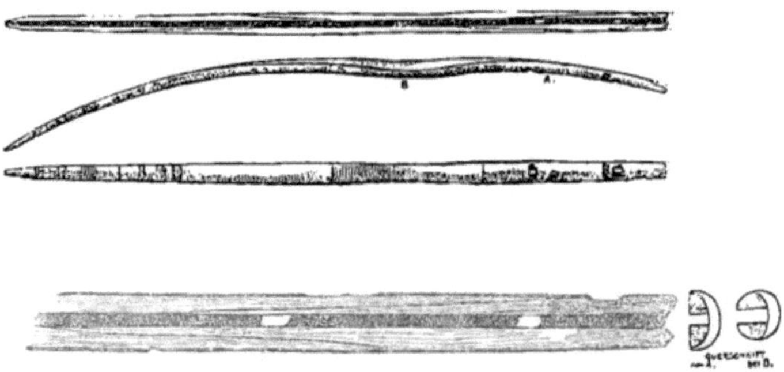

sammengesetzt ist. Nur die beiden Stücke, welche seitlich die Rinne einschließen, sind aus Holz; am Grunde der Rinne erscheint schon der Hauptbestandteil des ganzen Stückes, ein ungemein hartes, glänzend faseriges Gewebe von gelblich-weißer Farbe, das seinen tierischen Ursprung nicht verleugnet.« »Aber auch die beiden Holzleisten, welche seitlich die Rinne begrenzen, sind nicht einfach; wie aus der Abbildung hervorgeht, besteht jede derselben vielmehr aus je drei Stücken, die in ganz schrägen Schnittflächen aneinander stoßen. Natürlich würden die sechs Stücke kaum hinreichenden Halt gehabt haben, wenn die Rinne nicht mit einem festen, jetzt fehlenden Körper ausgefüllt gewesen wäre; ebenso muß nach der Form des ganzen Stückes überhaupt noch eine weitere Schicht angenommen werden, welche der Rinne, beziehungsweise den hölzernen Teilen des Bogens auflag; nach Analogie des Homerischen Bogens sowohl, als nach den modernen asiatischen Stücken, können

[1]) F. v. Luschan, a. a. O. in Zeitschrift für Ethnologie. Bd. XXV (1893), Verhandlungen S. 266 ff.

wir für diese dritte Schicht kaum an etwas anderes als an Horn denken, und zwar zunächst an das des Steinbockes, das schon wegen seiner außerordentlichen Härte, Festigkeit und Elastizität hierzu vor allem anderen geeignet sein mußte.«[1]) Nach v. Luschans Meinung wäre es kein Wunder, daß dieses Horn nun fehlt, denn schon Homer gibt uns das beste und unzweideutige Zeugnis, daß es von Würmern beschädigt werden konnte (Od. XXI, 393—395).

Viel besser erhalten ist uns der zweite Bogen aus dem VII. Jahrhundert v. Chr.[2]), der neben den gleichen Hauptmaterialien, also Holz, Horn, Tiersehnen, die mit Leim zusammengeklebt sind, heute noch ganz mit Birkenrinde bedeckt ist, so daß man von den Bestandteilen, wie auch jetzt, in den Zeiten seines Gebrauches nichts sehen konnte. In dieser Weise, vielleicht nur mit kleinen lokalen Abweichungen, wird auch der babylonische zusammengesetzte Bogen gefertigt gewesen sein.

Bedauerlich ist, daß wir den Entstehungsort dieses Bogens nicht zu bezeichnen imstande sind. Seine Verbreitung in Nordwest-Zentralasien und Osteuropa beweist jedenfalls, daß er in diesem Raume erfunden worden sein mußte. Veranlaßt war seine Erfindung wohl durch den Mangel an entsprechend gutem Holze, und wir können mit Wahrscheinlichkeit annehmen, daß er in jenen Ländern Asiens, wo steter Holzmangel war, entstanden ist, oder daß doch dort ein Zentrum seiner Verbreitung bestand. Ein zweites Zentrum nehmen wir im Norden Europas und Asiens für alle übrigen Länder des Altertums an, in welchen der zusammengesetzte Bogen bekannt und gebraucht wurde. Dadurch würde seine Verbreitung bei den Eskimos begreiflicher, die, wie es scheint, in keinen näheren Beziehungen zu dem nordwestasiatisch-osteuropäischen Zentrum und noch weniger zu den Südasiaten standen.[3]) Daß Holzmangel gerade bei den Eskimos auch eine große Rolle spielte, ist klar.

Ob die altbabylonischen Bogen in allgemeinem Gebrauch standen, können wir nicht sagen, daß sie aber eine »Königswaffe« waren, ist sicher. Denn auf der Stele Nebukadnezars I.[4]) hält der König einen bespannten, zusammengesetzten Bogen in der Linken, zwei Pfeile in der Rechten, ein Dolch steckt im Gürtel.[5]) Daß die Ausstattung des Bogens,

[1]) F. v. Luschan, a. a. O. in Zeitschrift für Ethnologie, Bd. XXV, S. 268. — Vgl. auch M. Jähns, a. a. O. S. 288 f., Taf. XXXV n. 6.

[2]) H. Balfour, a. a. O. in Journ. of the Anth. Inst. Bd. XXVI, S. 212ff., Taf. IX, 2—3.

[3]) D. N. Anuczin, a. a. O. S 351. — F. v. Luschan, a. a. O. in Festschrift für O. Benndorf, S. 194.

[4]) Wir nennen den König nach Hommel, denn z. B. bei Perrot et Chipiez heißt er Mérodach-idin-akhi, Bd. II. Fig. 233.

[5]) Die beste Abbildung der Stele des Königs Nebukadnezar I. in dieser Hinsicht bei Fr. Hommel, a. a. O. S. 457, auch M. Jähns, a. a. O. Taf. XXXVI, 15, dazu Text S. 299.

wie überhaupt jeder Waffe, von dem Besitzer abhing, ist eine selbstverständliche Sache. Wie in Ägypten pflegte man vielleicht auch in Babylonien den Bogen durch Bronzebeschläge zu verzieren und zu verstärken. Seine Länge betrug vermutlich zirka 1 *m.*[1]) Wie in den anderen Ländern um diese Zeit, war es offenbar auch in Altbabylonien allgemeine Sitte, ihn auf der linken Schulter oder in der linken Hand zu tragen.[2])

Die Pfeile, deren Länge wahrscheinlich der der ägyptischen gleich war, waren mit Einkerbungen am unteren Ende versehen und, wie überall, befiedert. Was die Pfeilspitzen anbelangt, so kommen steinerne viel seltener vor als z. B. in Ägypten, was sich schon daraus erklärt, daß Mesopotamien steinarm war.[3]) Dagegen finden wir schon sehr früh bronzene, wenn auch nicht in genügender Zahl, um die Typenentwicklung genauer untersuchen zu können. Eine Auswahl von Pfeilspitzen bietet J. P. Peters.[4])

Die altbabylonischen Denkmäler zeigen uns leider selten einen Köcher, so daß wir über seine Beschaffenheit nicht ganz ins klare kommen können; jedenfalls ersehen wir aus den Denkmälern, daß er ziemlich groß, oblong, ohne Deckel (?), stets aber mit einer unten herabhängenden Quaste versehen war.[5])

Die spärlichen Denkmäler und die ziemlich ungenaue Darstellungsweise erlauben keine näheren Schlüsse über das Anbringen der Sehne, über die Bespannung und die Spannungsmethoden.[6]) Nur soviel ist zu bemerken, daß die Babylonier die Sehne beim Spannen zur Brust oder auch bis zum Ohr zogen.[7]) Daß auch das Bogenschießen vom Wagen aus schon bekannt war, zeigen uns die Denkmäler.[8])

---

[1]) G. Rawlinson, a. a. O. Bd. III[4], S. 8.

[2]) Vgl. die oben erwähnten Denkmäler: die Stele des Naram-Sin, Zylinder aus Erech usw.

[3]) Fr. Hommel, a. a. O. S. 191.

[4]) John Punnet Peters, Nippur or Exploration and Adventures on the Euphrates, New York and London, Vol. II, Appendix A, S. 381, Taf. III, 3. 4. 6. — Vgl. auch A. H. Layard, Discoveries in the ruins of Niniveh and Babylon, London 1853, S. 503.

[5]) Découvertes en Chaldée par Ernest de Sarzec, publié par les soins de Léon Heuzey, Paris 1889—1896. Taf. V bis 3ª, S. 199; auch L. Heuzey, Catalogue des Antiquités chaldéenes, Paris 1902. Nr. 21 A. — Vgl. den oben erwähnten Zylinder aus Erech bei Furtwängler, Antike Gemmen, Bd. I, Taf. I, 3. Vgl. auch E. Meyer, Sumerer und Semiten, S. 88 f., und M. Pancritius, Der kriegsgeschichtliche Wert der Geierstele, in Memnon, Bd. II (1908), S. 161.

[6]) Zwei vereinzelte Beispiele von Mittelmeerspannung kommen vor auf einem Grenzstein aus der Zeit Nebukadnezars I., C. Bezold, Ninive und Babylon, Fig. 41, und auf einem Zylinder des II. Jahrtausends, De Clercq, Catalogue de Collection, Paris 1888, Bd. I, Taf. XXIX, n. 304.

[7]) Sarzec, Découvertes, Taf. V bis 3ª (Fragment d'une stèle de victoire). Vgl. de Clercq, a. a. O. Bd. I, Taf. XXIX, Nr. 305, 309, 311.

[8]) de Clercq, a. a. O. Bd. I. Taf. XXIX, Nr. 310.

5. Die Assyrer.

Siegreiche Kämpfe führten die Assyrer schon sehr früh zu besonders hoher Entwicklung des Kriegswesens. Wie die zahlreichen Denkmäler mit allerlei Kriegsszenen zeigen, gliederte sich das Fußvolk in Bogenschützen, Speerwerfer und Schleuderer.[1]) Ohne Zweifel behauptete aber der Bogen den ersten Rang unter den Angriffswaffen der Assyrer. Im Frieden und im Kriege war er der getreue Geselle jedes Assyrers, des Königs sowohl als des gemeinen Kriegers. Er wird die Waffe Assurs des Gottes[2]) genannt, und war ein neues Land erobert, so hieß es »die Beute des Bogens«.[3]) Wie die Assyrer ihn handhaben konnten, davon geben uns sowohl die assyrischen Inschriften[4]), wie auch die so zahlreich uns erhaltenen Denkmäler assyrischer Kunst das allerbeste Zeugnis, von denen wir bloß die von Pfeilen verwundeten Löwen des Britischen Museums aus dem VII. Jahrhundert v. Chr. hier in Erinnerung bringen wollen.[5])

Nie und nirgends im Altertum erreichte der Bogen ein so hohes Ansehen wie bei den Assyrern, wo er im eigentlichen Sinne des Wortes Königswaffe war, denn stets sehen wir ihn in den Händen der Könige. Beginnt ein Krieg oder soll eine Stadt erobert werden, so sendet den ersten Pfeil der König[6]), mit dem Bogen und Pfeilen in der Hand sehen wir ihn sowohl wenn er den Göttern opfert, sei es für einen Sieg oder für gelungene Jagd, wie wenn er die gefangen genommenen Feinde empfängt.[7]) Wie gefürchtet die Assyrer als Bogenschützen waren, dafür haben wir ein Zeugnis beim Propheten Jesaias, V. 27—28:

»Und ist keiner unter ihnen müde oder schwach, keiner schlummert, noch schläft; keinem gehet der Gürtel auf von seinen Lenden, und keinem zerreißet ein Schuhriemen.

---

[1]) G. Rawlinson, a. a. O. Bd. I[4], 406—440. — Über das Heerwesen im allgemeinen vgl. G. Maspero, a. a. O. Bd. II. S. 626—642. — W. Manitius, Das stehende Heer der Assyrerkönige und seine Organisation, in Zeitschrift für Assyriologie, Bd. XXIV (1910), S. 97 ff. Über die Bogenschützen vgl. S. 127—132.

[2]) E. Schrader, Keilinschriftliche Bibliothek, Berlin 1896, Bd. II, S. 109, Prisma-Inschrift des Sanherib (705—681 v. Chr.), Z. 65—67.

[3]) E. Schrader, Keilinschriftliche Bibliothek, Die Inschrift des zerbrochenen Prismas B des Königs Asarhaddon, C. V, 7, S. 149.

[4]) Derselbe, Keilinschriftliche Bibliothek, Bd. I, S. 125, Z. 8 (Jagdinschrift Asurnasir-abal's). Bd. II, S. 135. A—C. Col. V, Z. 1—2 (Inschrift Asarhaddon's), Bd. II, S. 107, C. V, Z. 58—59 (Prisma-Inschrift Sanherib's) und 65—67. — Vgl. auch Fr. Hommel, a. a. O. S. 532.

[5]) Perrot et Chipiez, a. a. O. Bd. II, S. 571, Fig. 269, 270 (aus der Zeit des Königs Assurbanipal).

[6]) A. H. Layard, Monuments of Niniveh, London 1849—1853, Bd. I, Taf. 17, 19 20.

[7]) A. H. Layard, Niniveh and its remains, London 1849, Bd. II, S. 322—323. — Derselbe, Monuments of Niniveh, Bd. I, Taf. 12, 23, 82.

Ihre Pfeile sind scharf, und alle ihre Bogen gespannet. Ihrer Rosse Hufe sind wie Felsen geachtet und ihre Wagenräder wie ein Sturmwind.«

Auf den prächtigen assyrischen Reliefs finden wir zwei Formen von Bogen, einen rundgebogenen einfachen[1]) und einen winkeligen oder sogenannten »Angular«-Bogen[2]) (Fig. 16, 17). Leider besitzen wir keine Nachricht, wie dieser letztgenannte verfertigt wurde und was der Hauptzweck dieser Winkelbrechung war. Das eine ist aber für uns sicher, daß wir hier von keiner künstlerischen Konvention reden dürfen, wie H. Balfour meint.[3]) Wäre uns nur diese einzige Form des assyrischen Bogens bekannt, dann könnte vielleicht von der »Fortdauer eines artistischen Fehlers« die Rede sein, da aber beide Formen häufig auf einem und demselben Relief zu finden sind, ist diese Erklärung Balfours unannehmbar.[4]) Die Meinungen der Gelehrten über den assyrischen Bogen sind verschieden, einige glauben, daß er einfach,[5])

Fig. 16.

Fig. 17.

andere, wie z. B. F. v. Luschan, daß er zusammengesetzt war.[6]) Unserer Meinung nach war der »Angular«-Bogen zusammengesetzt, denn nur

[1]) A. H. Layard, Monuments of Niniveh, Bd. I, Taf. 12; Bd. II, Taf. 35. — Perrot et Chipiez, a. a. O. Bd. II, Fig. 211, 307. — Collection Barracco, Bd. I. Taf. XVII. — A. Furtwängler, Antike Gemmen, Bd. I, Taf. 1, n. 10.

[2]) G. Rawlinson, a. a. O. Bd. I[4]. S. 450. — M. P E. Botta et M. E. Flandin, Monuments de Ninive, Paris 1849–1853, Bd. II, Taf. 159. — H. Gosse, Assyria, her manners and customs, arts and arms, London 1852, S. 246. — M. Jähns, a. a. O. S 299, Taf. XXXVI, 16.

[3]) H. Balfour, Journ. of the Anthr. Inst. Bd. XXVI, S. 219 (perpetuation of an artist's error). — Longman, Journ. of the Anthr. Inst. Bd. XXIV, S. 55 f — Vgl. auch Edinburgh Review, July 1895, S 37 f.

[4]) Perrot et Chipiez, a. a. O. Bd. II, Fig. 205, 307, Taf. XII — A. H. Layard, Monuments of Niniveh, Bd I, Taf. 5, 15, 18; Bd. II, Taf. 32. — G. Maspero, a. a. O. Bd. II, S. 624; Bd. III, S. 407 etc. — A. H. Layard, Niniveh and its remains, Bd. II. S. 341. Wollte man eine solche künstlerische Konvention bei den assyrischen Künstlern annehmen, so müßte man sie ebenso für Ägypten voraussetzen, wo diese Bogen mit der Knickung auch vorkommen, und so weit wird doch niemand gehen. Eben in der Tatsache, daß wir diese Form auch in Ägypten finden, haben wir einen Beweis, daß sie wirklich existierte und daß sie einen zusammengesetzten Bogen darstellt. — Vgl. dazu J. Rosellini, a. a. O. Bd. I, Taf. 46, 48, 49, 50, 52, 56, 67, 84, 86 usw. Über die Beziehungen des Mittleren Reiches zu Asien, vgl. M. Müller, a. a. O. S. 1 ff.

[5]) D. N Anuczin, a. a. O S. 352. — G. Rawlinson, a. a. O. Bd. I[4], S. 449.

[6]) F. v. Luschan, a. a. O. in Festschrift für O. Benndorf, S. 194. — H. Balfour, Journ. of the Anthr. Inst. Bd. XXVI, S. 214 ff.

bei dieser Art von Bogen war eine so starke Knickung möglich, während jede Holzgattung bei einer derartigen Biegung der Gefahr ausgesetzt wäre, durch eine nur wenig größere Spannung gänzlich zu brechen.[1]) Wenn wir geknickte Bogen verhältnismäßig selten dargestellt sehen, so erklärt sich das daraus, daß die meisten Abbildungen die Bogen bespannt und im Gebrauch zeigen und daß in diesem Zustande die Knickung verschwand, besonders wenn man sie nach der bei den Arabern geschilderten Methode, also rückwärts zu bespannen pflegte. Während die Dicke der winkeligen Bogen ihre ganze Länge hindurch dieselbe ist, nimmt sie bei den rundgebogenen gleichmäßig gegen die Mitte zu, was sich wohl daraus erklärt, daß bei den einfachen Bogen während des Schießens der Griff am meisten der Gefahr des Zerbrechens ausgesetzt war.

Erinnern wir uns an das, was F. v. Luschan über die Herstellung eines zusammengesetzten Bogens dargelegt hat, wie viel Mühe, Arbeit, Zeit und Kostenaufwand diese Gattung von Bogen erforderte, so werden wir uns nicht wundern, daß trotz der Erfindung des zusammengesetzten Bogens der einfache Bogen noch lange im Gebrauch blieb.[2]) Eine bestimmte Länge des assyrischen Bogens können wir nicht angeben, wohl aber werden wir annehmen dürfen, daß sie der des ägyptischen zusammengesetzten Bogens gleich war, also ein Meter und mehr betrug. Auf den Denkmälern ist er meist hüfthoch dargestellt.[3]) Zur Befestigung der Sehne waren bei den einfachen Bogen die Enden mit Kerben versehen,[4]) bei den zusammengesetzten dagegen mit Knöpfen, die später immer mehr verziert wurden und häufig dem Kopfe einer Ente oder eines anderen Vogels glichen[5]). Diese auswärts gebogenen Vogelköpfe konnten vielleicht aus Holz, Metall oder Elfenbein gearbeitet sein.[6]) Woraus die Sehne hergestellt wurde, wissen wir nicht mit Sicherheit, wir werden aber nicht fehlgehen, wenn wir dieselben Stoffe annehmen, die in Ägypten zu diesem Zwecke gebraucht wurden.

Das Bespannen eines zusammengesetzten assyrischen Bogens muß eine überaus schwere Leistung gewesen sein, da zwei Leute dazu notwendig waren, ein Beweis, wie ungemein steif er war. Einen einfachen Bogen konnte natürlich jedermann ohne besondere Mühe bespannen.

---

[1]) F. v. Luschan, a. a. O. in Zeitschrift für Ethnologie, Bd. XXV, Verhandlungen S. 269. — M. Jähns, a. a O. S. 299.

[2]) F. v. Luschan. a. a. O. in Festschrift für O. Benndorf, S. 192.

[3]) Vgl. Delitzsch. Bibel und Babel, III, S. 22. — Springer-Michaelis. Kunstgeschichte, Bd. I[7], Fig. 152. — Perrot et Chipiez, a. a. O. Bd. II. Taf. XIV, 1; Fig. 307 usw.

[4]) E. Morse, a. a. O. S. 169, Fig. 28—30.

[5]) A. H. Layard, Niniveh and its remains, Bd. II, S. 299. — G. Rawlinson, a. a. O. Bd. I[4], S. 449.

[6]) G. Klemm. a a. O. Bd VII, S. 334.

Damit kommen wir gleich zu der Frage, ob der assyrische Bogen ein παλίντονον war oder nicht. Für die »Angular«-Bogen müssen wir diese Frage bejahen, denn nach der gewöhnlichen Methode bespannt, wären sie unmöglich zu gebrauchen, die Knickung würde noch stärker werden, man hätte die Bogen nicht gut und fest halten können und sie hätten überhaupt keine Spannkraft. Es konnte also der »Angular«-Bogen nur wie der arabische bespannt werden, d. h. der Bogenschütze preßte die Mitte der äußeren Seite stark mit dem Knie, zugleich zog er die Bogenenden mit beiden Händen gegen die Brust, während ein Gehilfe im geeigneten Augenblicke die Sehne anbrachte[1]) (Fig. 18). Wir sind nicht imstande, festzustellen, ob diese Art des Bespannens die einzige war, oder ob die Assyrer sich noch anderer Methoden bedienten. Jedenfalls

Fig. 18.

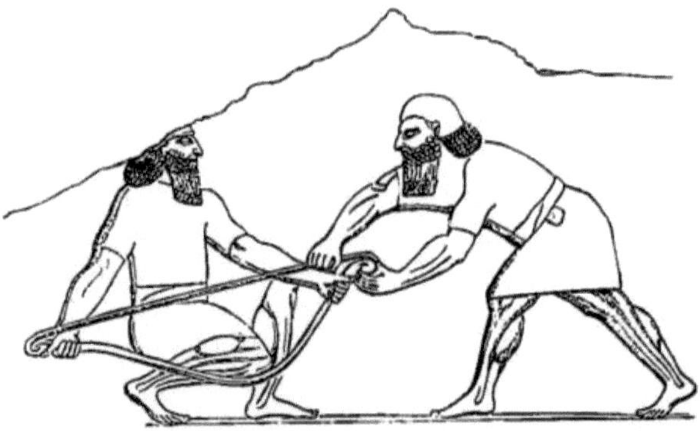

war das Bespannen nach der oben geschilderten Methode ungemein schwer, im Kampfe sogar gefährlich, da beide Krieger unbedeckt und den Pfeilen der Feinde ausgesetzt waren; es ist deswegen begreiflich, daß der Bogen sehr selten unbespannt blieb, was uns auch sofort erklärt, warum unbespannte Bogen in den Darstellungen fast gänzlich fehlen.

Von dem Spannen des Bogens bei den Assyrern gilt dasselbe, was wir über die ägyptischen Spannungsmethoden sagten.[2]) Daß die Abbildungen in den Reliefs manchmal unklar sind, braucht hier nicht besonders hervorgehoben zu werden. Die am meisten gebrauchte Spannung war die mit dem Daumen und Zeigefinger[3]) (Fig. 19). In den späteren

[1]) Vgl. A. Schaumberg, a. a. O. S. 37.

[2]) Vgl. z. B. A. H. Layard, Monuments of Niniveh, Bd. II, Taf. 20.

[3]) A. H Layard, Monuments of Niniveh, Bd. I, Taf. 13, 14, 17, 20, 27, 28, 31. — E. Botta et Flandin, a. a. O. Bd. II. Taf. 93. — G. Rawlinson, a. a. O. Bd. I[4], S. 297, 398, 435, 437, 438, 445 usw.

Zeiten wurde auch die Mittelmeerspannung gebraucht (Fig. 20), doch ist sie viel seltener als z. B. bei den ägyptischen Bogenschützen.[1]) Am besten sieht man diese Methode bei jenen Schützen, die das Innere der spannenden Hand dem Zuschauer zugewendet haben.[2])

Während des Schießens hielten die Bogenschützen zu Fuß, wenn sie des Köchers entbehrten, einen oder mehrere Vorratspfeile in der linken Hand[3]), ein Verfahren, von welchem wir schon in Ägypten Notiz genommen haben. Bemerkenswert ist, daß die Spannung bis zur rechten Schulter reichte; eben diese überaus große Spannung des Bogens zwang die Assyrer zum Gebrauch einer Schutzvorrichtung für die linke Hand

Fig. 19.

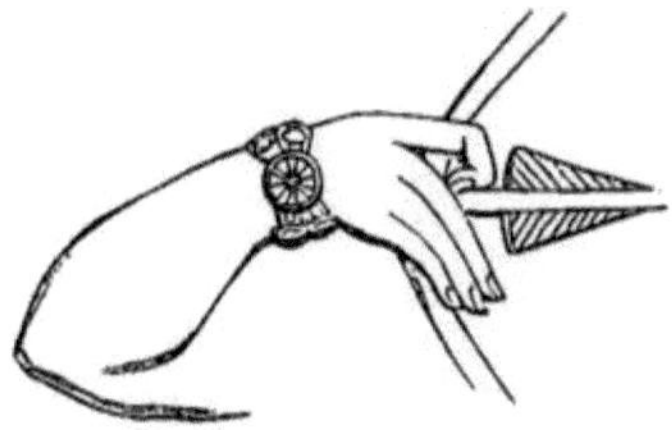

Fig. 20.

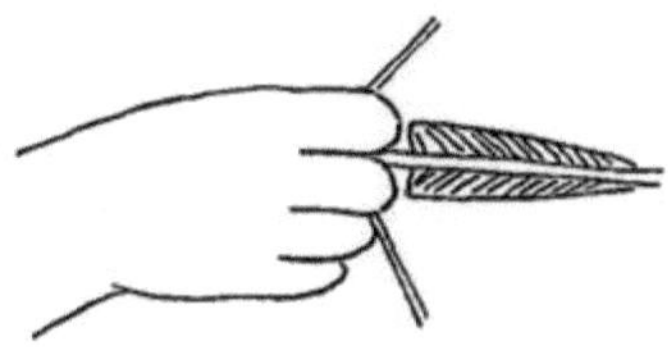

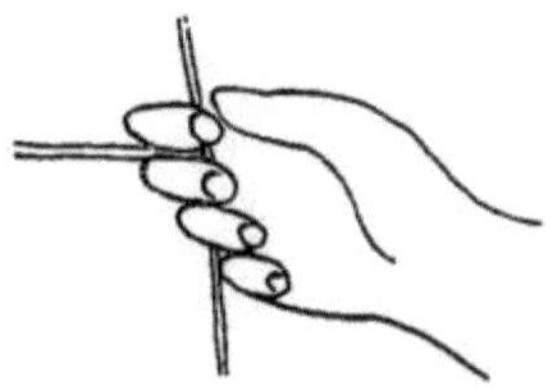

gegen den Schlag der zurückkehrenden Sehne[4]) (Fig. 21).

Die assyrischen Pfeile waren aus Palmenholz verfertigt, wie bei anderen schon vorher besprochenen Völkern.[5]) Es ist selbstverständlich, daß man sie am untersten Schaftende stets mit einer Kerbe versah, aber die Kerbe im Palmenholze war nicht fest und dauerhaft, denn bei einem starken Spannen des Bogens mußte der Pfeil zersplittern. Um ihn also vor dieser Splitterung zu schützen, pflegte man ein Stück Vollholz, oder vielleicht auch manchmal Horn, natürlich mit eingeschnittener Kerbe, anzufügen[6]), eine Zurichtung, welcher wir schon

[1]) A. H. Layard. Monuments of Niniveh, Bd. I, Taf. 10, 18, 19. — E. Botta et Flandin, a. a. O. Bd. I, Taf. 61. — M. Jähns, a. a. O. S. 300.

[2]) G. Rawlinson, a. a. O. Bd. I[1], S. 429. — H. Gosse, a. a. O. S. 311.

[3]) A. H. Layard, Monuments of Niniveh, Bd. I. Taf. 10, 17, 18, 19. — Derselbe. Niniveh and its remains, Bd. II, S. 341 f. — G. Rawlinson, a. a. O. Bd. I[1], S. 432.

[4]) A. H. Layard, Niniveh and its remains, Bd. II, S. 342. — A. Schaumberg, a. a. O. S. 42.

[5]) E. Botta et Flandin, a. a. O. Bd. II, Taf. 159. — Nach A. Schaumberg, a. a. O. S. 38, mißt der assyrische Pfeil mit Spitze durchschnittlich drei Viertel der Bogenlänge. — G. Rawlinson, a. a. O. Bd. I[1], S. 454—455.

[6]) H. Balfour, Journ. of the Anthr. Inst. Bd. XXVI, S. 216—217. Taf. X. Fig. 10—17.

bei den Ägyptern Erwähnung taten (Fig 8). Die flache Art der Darstellung der Pfeile auf den Denkmälern erlaubt es nicht, zu sagen, ob das Schaftende mit zwei oder drei Federn befiedert wurde.

A. H. Layard fand während seiner zweiten Ausgrabung in Nimrud mehrere kleine Eisenstangen, von denen er wohl mit Unrecht glaubte, es wären Pfeilschäfte. Erstens haben wir kein einziges literarisches Zeugnis dafür, daß solche eiserne Pfeilschäfte überhaupt irgendwo existierten, und zweitens mußten sie zu schwer und deswegen auf weitere Distanz unbrauchbar sein, abgesehen davon, daß das Verschießen derartiger Pfeile auch für reichere Assyrer zu kostspielig gewesen wäre.[1])

Wie bei allen anderen Völkern, so waren auch bei den Assyrern die Pfeile stets mit Pfeilspitzen aus anderem Material versehen. Bedienten

Fig. 21.

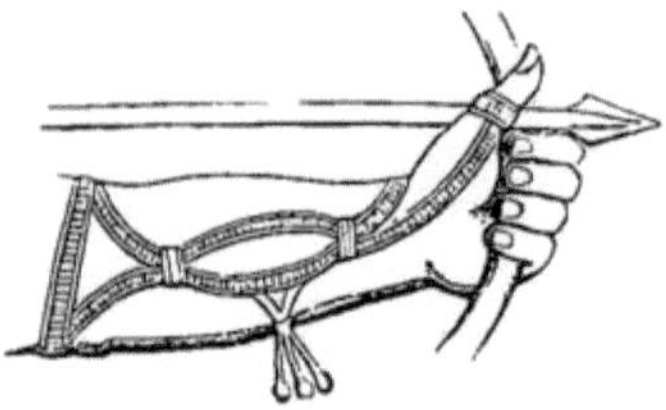

Fig. 22.

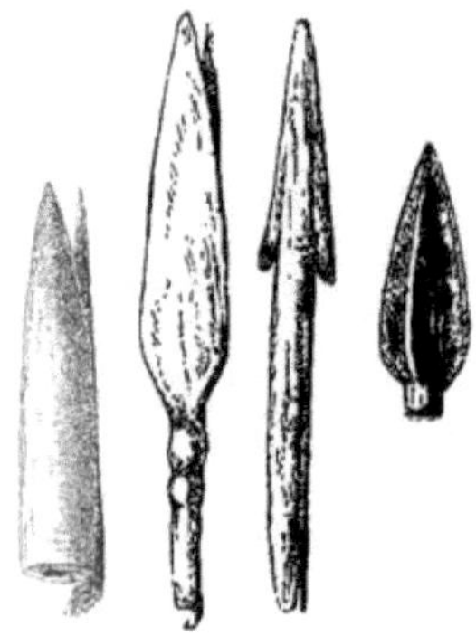

sich aber die Ägypter vorwiegend steinerner Pfeilspitzen, von denen noch große Massen gefunden wurden, so sind auf assyrischem Boden deren nur sehr wenige und fast ausschließlich Stücke aus feinem, schön bearbeitetem Feuerstein zutage gekommen;[2]) die gebräuchlichste Form ist auch hier die eines Blattes. Zahlreicher sind metallene Spitzen auf uns gekommen, wenn auch noch nicht in solcher Menge, daß wir annehmen dürften, alle Formen genau zu kennen. Wir geben hier einige nach G. Rawlinsons Zeichnung[3]) (Fig. 22). Sie endeten zwecks Befestigung am Schafte entweder mit einem Stiftchen oder waren mit einer Tülle zum Aufsetzen versehen. In anderen Ländern selten oder ganz unbekannt ist die hier vorkommende Pfeilspitze in Form eines Kegels (Fig. 22) mit Aushöhlung zum Aufsetzen.

---

[1]) A. H. Layard, Discoveries in the ruins of Niniveh and Babylon, S. 194.

[2]) G. Rawlinson, a. a. O. Bd. I[4], S. 454 und Anm. 2. — A. H Layard, Discoveries in the ruins of Niniveh and Babylon, S. 194.

[3]) Vgl. A. Schaumberg, a. a. O. S. 38.

Die Anwendung eines Bogenbehälters war wie bei den Ägyptern wenig üblich[1]). Quer über dem Rücken oder über der linken Schulter hängend finden wir ihn bei den Bogenschützen mit Spitzhelmen[2]), die manchmal noch dazu auch quer über dem Rücken einen runden Schild tragen, eine Sitte, die sonst nie zu beobachten ist.[3]) Viel öfter wurde der Bogen in der Hand oder auf der linken Schulter getragen.[4]) Wenn aber A. H. Layard meint[5]), man habe den Bogen auch auf dem Rücken getragen, indem man in den bespannten Bogen den Kopf und die linke Hand einschob, so ist dies unrichtig, denn dieses Tragen der Bogen ist bei den Assyrern nirgends zu finden, wir sehen stets den ganzen Bogen auf der linken Seite.

Selten finden sich assyrische Bogenschützen, die keinen Köcher haben, sondern bloß in der linken Hand einige Vorratspfeile halten; die meisten tragen den Köcher entweder schräg über die rechte Schulter oder, und das kommt viel öfter vor, unter dem linken Arm, so daß es leicht war, während des Schießens einen neuen Pfeil mit der rechten Hand aus ihm herauszuziehen.[6]) Man kann bei gleicher Grundform zwei Arten von Köchern unterscheiden, die mit und die ohne Deckel.[7]) Die Könige besonders und vielleicht auch die Vornehmen des assyrischen Heeres trugen die Köcher selten selbst, sie hatten fast immer Diener bei sich, die ihnen neue Pfeile reichten.[8]) Die Bogenschützen, die von Wagen aus kämpften, hatten sowohl ihre Köcher, wie auch die Bogenbehälter immer an der Außenseite des Wagenkastens befestigt.[9]) Im Schmücken der Köcher entfalteten die Assyrer einen außerordentlich großen Prunk. Die einfachsten pflegte man nur längs den Kanten und auf den Flächen mit

---

[1]) H. Gosse. a. a. O, S. 247. — G. Rawlinson, a. a. O. Bd. I⁴, S. 451. — A H. Layard, Monuments of Niniveh, Bd. I, Taf. 32.

[2]) Springer-Michaelis, Kunstgeschichte, Bd. I⁹, Fig. 154. — A. H. Layard, Monuments of Niniveh, Bd. II, Taf. 23.

[3]) A. H. Layard, Monuments of Niniveh, Bd. I, Taf. 33.

[4]) Perrot et Chipiez, a. a. O. Bd. II. Fig. 233, 303, Taf. XIV. — E. Botta et Flandin, a. a. O. Bd. I. Taf. 66.

[5]) A. H. Layard, Niniveh and its remains, Bd. II, S. 342. Vgl. dazu die Figur auf S. 338, welche Layards eigener Behauptung direkt widerspricht.

[6]) G. Maspero. a. a. O. Bd. II, S. 625. — Perrot et Chipiez, a. a. O. Bd. II, Fig. 213. — E. Botta et Flandin, a a. O. Bd. I, Taf. 13, 77; Bd. II, Taf. 117, 142 — A. H. Layard, Niniveh and its remains, Bd. II, S. 341.

[7]) Ohne Deckel vgl. z. B. A. H. Layard, Monuments of Niniveh, Bd. I, Taf. 11, 17, 19; Bd. II, Taf. 46, 55; mit Deckel Bd. I, Taf. 81; Bd. II, Taf. 34, 38, 45. - Vgl. A. Schaumberg, a. a. O. S. 38 ff.

[8]) A. H. Layard, Niniveh and its remains, Bd. II, S. 341.

[9]) A. H. Layard, Monuments of Niniveh, Bd. I, Taf. 14, 31. — E. Botta et Flandin, a. a. O. Bd. I, Taf. 65, 76. Manchmal hatten die Schützen zu Wagen an der Seitenbrüstung der Wagen zwei sich kreuzende Köcher, offenbar um eine größere Pfeilzahl bei der Hand zu haben, vgl. z. B. Layard, Monuments of Niniveh, Bd. I, Taf. 13, 31.

Bändern aus Metall zu schmücken und gleichzeitig natürlich zu verstärken.[1] Die reicheren Assyrer bedeckten nun diese noch mit zierlichen, meist sternförmigen Zieraten.[2] Die Köcher der Könige und der höchsten assyrischen Würdenträger trugen vielleicht außer den erwähnten Zieraten noch farbige Ausstattung und figürliche Darstellungen von Menschen und Tieren.[3] Auch das Gehänge des Köchers schmückte man mit bunten Schnüren und Quasten. Die meisten Bogenschützen in Assyrien hatten, wie auch in anderen Ländern, nie einen Schild, sie wurden immer während des Schießens von ihren sie stets begleitenden Gefährten vor dem Feind gedeckt.[4] Manchmal deckte ein Schildträger zugleich zwei Bogenschützen.[5] Als besonders vornehm galt es, die Pfeile vom Wagen aus abzuschnellen[6] und auch diese vom Wagen aus kämpfenden Schützen hatten manchmal einige Knappen bei sich, deren Aufgabe es war, den Schießenden vor den Pfeilen der Feinde zu decken.[7]

Bei den Assyrern finden wir ferner auch berittene Schützen[8], die neben dem Bogen auch einen Speer führen[9], etwas, was sonst nirgends zu finden ist. Wann sich diese des Bogens und wann des Speeres bedienten, hing davon ab, ob sie am Nah- oder am Fernkampfe teilnahmen. Man könnte noch fragen, wie es einem Reiterschützen möglich war, die Pfeile abzuschnellen und zugleich das Pferd zu lenken; auch darauf geben uns die Denkmäler die beste Antwort: es hatte fast jeder Reiterschütze einen Gesellen, der ihm während des Schießens das Pferd lenkte.[10]

---

[1] H. Gosse, a. a. O. S. 251. — G. Rawlinson, a. a. O. Bd. I⁴, S. 425.

[2] Eine Auswahl von Köchern gibt E. Botta et Flandin, a. a. O. Bd. II, Taf. 159.

[3] A. H. Layard, Niniveh and its remains, Bd. II, S. 299. — G. Rawlinson, a. a. O. Bd. I⁴, S. 452. — Auch H. Gosse, a. a. O. S. 251.

[4] E. Botta et Flandin, a. a. O. Bd. I, Taf. 49, 60, 77; Bd. II, Taf. 86. — A. H. Layard, Monuments of Niniveh, Bd. I, Taf. 17, 18, 19, 20, 62; Bd. II, Taf 18, 21, 39 usw. — Perrot et Chipiez, a. a. O. Bd. II, Fig. 105, 467. — A. H. Layard, Niniveh and its remains, Bd. II, S. 346.

[5] A. H. Layard, Monuments of Niniveh, Bd. I, Taf. 94.

[6] A. H. Layard, Monuments of Niniveh, Bd. I, Taf. 10, 13, 27, 28, 31, 80.

[7] E. Botta et Flandin, a. a. O. Bd. I, Taf. 58, 59 bis. — Perrot et Chipiez, a. a. O. Bd. II, Fig. 221. — A. H. Layard, Niniveh and its remains, Bd. II, S. 345; Monuments of Niniveh, Bd. II, Taf. 19, 24.

[8] A. H. Layard, Monuments of Niniveh, Bd. I, Taf. 26, 48; Bd. II, Taf. 38.

[9] G. Rawlinson, a. a. O. Bd. I⁴, S. 425. — A. H. Layard, Monuments of Niniveh, Bd. I, Taf. 32, 66.

[10] A. H. Layard, Niniveh and its remains, Bd. II, S. 358. — A. H. Layard, Monuments of Niniveh, Bd. I, Taf. 26. Es wird vielleicht nicht ohne Interesse sein, hier zu bemerken, daß manchmal auch diese Gefährten Schilde hatten, um den Reiterschützen vor den Pfeilen der feindlichen Krieger zu decken. Vgl. z. B. A. H. Layard, Monuments of Niniveh, Bd. I, Taf. 11, 26, 32. — M. Jähns, a. a. O. S. 300.

6. Die Hettiter und die übrigen Völker Kleinasiens.

Die Ausgrabungen der letzten Jahre und die literarischen Nachrichten erlauben auch einige Betrachtungen über den Bogen der kleinasiatischen Völker. Diese können aber keinesfalls abschließend sein, da wir den Bogen einer größeren Zahl von Völkern Kleinasiens überhaupt bis heute nicht kennen, während bei anderen zwar Denkmäler, aber nur solche, die für unsere Zwecke unzureichend sind, ans Tageslicht gebracht wurden. Verhältnismäßig am besten sind uns die Bogen der Hettiter bekannt, deren Reich mit der an der Stätte des heutigen Boghazkiöi gelegenen Hauptstadt im XV. Jahrhundert v. Chr. sich über Kleinasien und Nordsyrien rasch weithin ausdehnte, um Anfang des XII. Jahrhunderts v. Chr. fast ebenso plötzlich der großen von Westen ausgehenden Völkerwanderung zu unterliegen.[1]) Die Denkmäler dieses Volkes, die für uns von Bedeutung sind, stammen aus der Zeit etwa vom XV. bis zum VIII. Jahrhundert v. Chr.[2])

In erster Linie kommt für uns das prächtige, bereits von F. v. Luschan publizierte und genau besprochene Relief von Sendschirli in Betracht.[3]) Der dargestellte Krieger, ein unbärtiger, barhäuptiger Mann in langem, engem Leibrock, trägt über der linken Achsel einen ziemlich kleinen — nicht einmal hüfthohen — bespannten Bogen, dessen Enden mit Vogelköpfen, wie bei den assyrischen Bogen, versehen sind. Wie aus der Fig. 23 hervorgeht, ist der Bogen aus mehreren Materialien zusammengesetzt, am Griff mit einem anderen Stoff, wahrscheinlich Leder, oder wie bei anderen zusammengesetzten Bogen mit Birkenrinde umwickelt. In der Nähe der Enden zeigt die Waffe je eine Verzierung in der Form eines Beschlages, die zugleich als Verstärkung des Bogens zu denken ist. Wir hätten da also ein Verfahren, welches wir schon bei manchen ägyptischen Bogen gefunden haben. Der Bogen ist bespannt dargestellt, weswegen eine Entscheidung, ob er nach rückwärts zu bespannen ist, mit voller Sicherheit nicht zu treffen ist, wohl aber läßt ein Vergleich mit den modernen Turkestân-Bogen[4]) auch in dieser Waffe einen παλίντονον-Bogen vermuten. Nach Luschan gehört dieses Sendschirli-Relief etwa in das Jahr 730 v. Chr., ist also verhältnismäßig jung.

---

[1]) E. Meyer, a. a. O. Bd. I², S. 618 f. — J. H. Breasted, a. a. O. S. 309 und 331. — H. Winkler, Mitteilungen der Deutschen Orient-Gesellschaft, Nr. 35. 1908. — Perrot et Chipiez, a. a. O. Bd. IV, S. 483 ff. und passim. — G. Maspero, a. a. O. Bd. II, S. 351 ff. — W. Wright, The empire of the Hittites, II. Aufl. London 1886, S. 79 ff. — J. Garstang, The land of the Hittites, London 1910, passim.

[2]) E. Meyer, a. a. O. Bd. I², S. 618.

[3]) v. Luschan, a. a. O. in Festschrift für O. Benndorf, S. 195 f.

[4]) v. Luschan, a. a. O. in Festschrift für O. Benndorf, Fig. auf S. 191.

Fig. 23.

Relief aus Sendschirli

Einen in der Form verschiedenen Bogen zeigt das Relief des Königs Pseudo-Sesostris vom Paß Karabel in Nymphio.[1]) Der Krieger, nach rechts gewendet, in engem Leibrock und Schnabelschuhen, mit spitzer Kappe auf dem Kopf, trägt auf dem rechten Arm einen bespannten Bogen. Die Sehne bildet hier an beiden Enden mit den Armen scharfe Ecken und auch beim Griff scheint der Bogen einen spitzen Winkel zu haben.[2]) Diese Bogendarstellung ist bedeutend älter als die aus Sendschirli, sie stammt vermutlich aus der Zeit vor dem Jahre 1200 v. Chr.[3]) Nach dem, was wir über den Angular-Bogen der Assyrer gesagt haben, sehen wir auch hier einen zusammengesetzten Bogen derselben Art wie bei dem Sendschirli-Relief. Der Unterschied der Darstellung ist unserer Meinung nach einerseits auf den zeitlichen Abstand der beiden Bildwerke zurückzuführen, anderseits spielen bei der Wiedergabe der Bogen auch der Entstehungsort und fremde Beeinflussungen eine große Rolle. Daß mit assyrischem Einfluß gerechnet werden muß, zeigen die assyrischen Keilschriftfunde bei Kaisarije-Mazaka[4]) und verschiedene Urkunden aus Assur selbst, die beweisen, daß die assyrische Macht um das Jahr 1600 v. Chr. sich bis gegen den Halys hin erstreckte.[5]) Nicht ohne Interesse ist es ferner, daß die ägyptischen Darstellungen der hettitischen Bogen uns vorwiegend kleine, dreieckige, also Angular-Bogen, bringen.[6])

Die anderen in Sendschirli zum Vorschein gekommenen Bogendarstellungen[7]), die meistens dem IX. und VIII. Jahrhundert v. Chr. entstammen, sind in so stark verwittertem Zustande erhalten, daß sich die

---

[1]) Kiepert, Archäologische Zeitung, 1843, S. 33. — Curtius und Humann, Archäologische Zeitung, 1875, S. 50. — Sayce, Transactions of the Society of Biblical Archeology, Bd. VII (1882), S. 266; Bd. XXXI (1909), S. 331. — G. Hirschfeld, Die Felsenreliefs in Kleinasien, in Abhandlungen der preußischen Akademie der Wissenschaften, 1886, S. 10 und 69. — Perrot et Chipiez, a. a. O. Bd. IV, S. 748, Fig. 361. — Revue arch. Bd. VI (1885), S. 302, Fig. 5. — P. Jensen, in H. Hilprechts, Explorations in the Bible Lands during the 19th century, Philadelphia 1903, S. 262.

[2]) W. Max Müller, a. a. O. S. 328. — A. Schaumberg, a. a. O. S. 46.

[3]) P. Jensen, a. a. O. S. 261 f.

[4]) E. Meyer, a. a. O. Bd. II², S. 594 f. und S. 595 Anm. die Literaturangabe.

[5]) E. Meyer, a. a. O. S. 593, vgl. auch S. 618 und 676. Als die Hettiter ungefähr anderthalbhundert Jahre später die Herrschaft über diesen Boden gewannen, fanden sie hier die hohe assyrische Kultur schon stark entwickelt. Der Berührung und Verbindung mit dieser Kultur verdanken die kulturell niedriger stehenden Hettiter ihren großen Aufschwung. Damit wollen wir natürlich die anderen Einflüsse, wie z. B. den ägyptischen, nicht leugnen.

[6]) Vgl. Lepsius, Denkmäler, III, 130a, 166. — W. Max Müller, a. a. O. S. 328. — Messerschmidt, Der alte Orient, IV (1902), S. 20.

[7]) Mitteilungen aus den orientalischen Sammlungen, XIII. Ausgrabungen in Sendschirli, 3, S. 207 ff., Taf. 39; vgl. auch Studniczka, Jahrbuch d. deutsch. arch. Inst., Bd. XXII (1907), S. 152, Fig. 7.

Einzelheiten kaum erkennen lassen. Wohl aber ist zu bemerken, daß an diesen Bogendarstellungen an den Enden der Arme jene Art von Beschlagverzierungen wahrzunehmen ist, deren wir schon bei dem Sendschirli-Krieger Erwähnung taten. Alle diese Bogen sind, wie gesagt, zusammengesetzter Art, dagegen sind wir nicht imstande, mit voller Sicherheit einfache Bogen nachzuweisen. Daß auch solche in Gebrauch waren, scheint uns zweifellos zu sein.[1]) Einen einfachen Bogen glauben wir in dem Bogen des Reliefs mit der Löwenjagd aus Arslantepe bei Malatié (Melitene), heute in Konstantinopel[2]), erkennen zu können, weil er sich gegen die Enden stark verjüngt, doch muß bei der rohen Darstellungsart diese Vermutung problematisch bleiben.[3]) Ebenso herrscht in dieser Beziehung Ungewißheit bei manchen Bogendarstellungen aus Sendschirli.[4]) Interessant ist bei diesen die Wiedergabe der gespannten Sehne, die »nach oben ausgebogen« ist, »vermutlich, damit sie nicht über das Gesicht und das Auge zu liegen kommt«.[5])

Der Pfeil, dessen Länge nach den Darstellungen meistens die des Bogens übertrifft, ist am besten auf dem Luschan'schen Sendschirli-Relief wiedergegeben. Am unteren Ende sehen wir eine scharfe Kerbe, und ein Vergleich der Dicke des Schaftes an dieser Stelle mit jener oberhalb der Kerbe zeigt deutlich, daß das untere Schaftende aus anderem Material, wahrscheinlich aus Knochen, zwecks Verhütung einer Spaltung des Rohrschaftes bestand. Auf ein ähnliches Verfahren in Assyrien und Ägypten ist schon oben hingewiesen worden. Die Befiederung war wahrscheinlich angeklebt und angebunden, denn so, glauben wir, sind die zwei sichtbaren Einschnitte ober der Befiederung zu deuten.[6]) Der Schaft war auch in der Mitte mittels Umschnürung verstärkt. Die zwei Pfeile des Sendschirli-Schützen laufen vorne einfach spitz zu[7]), doch

[1]) So z. B. nach der ägyptischen Darstellung, Lepsius, Denkmäler, III, 166. — W. M. Müller, a. a. O. S. 325.

[2]) Mitteilungen der Vorderasiatischen Gesellschaft. 1900, 4. Taf. 16A. — G. Maspero, a. a. O. Bd. III, Fig. auf S. 37. — P. Jensen, a. a. O. S. 779. — Annals of Archaeol. and Anthrop. Liverpool 1908, I, Taf. IV, 1. — J. Garstang, a. a. O. Taf. XLIV.

[3]) Als einfacher Bogen könnte auch derjenige auf dem Relief mit der Löwenjagd aus Saktsche-Gösü, heute in Berlin, gelten, vgl. K. Humann und O. Puchstein, Reisen in Kleinasien und Nordsyrien, Berlin 1890, S. 377 ff., Taf. 46. — Studniczka, Jahrbuch, Bd. XXII (1907), S. 153. Fig. 10. — Perrot et Chipiez, a. a. O. Bd. IV, Fig. 279.

[4]) Ausgrabungen in Sendschirli, 3, S. 207, Fig. 99; S. 212, Fig. S. 215, Fig. 108.

[5]) Ausgrabungen in Sendschirli, 3, S. 207.

[6]) A. Schaumberg, a. a. O. S. 48, meint, »die Befiederung schließen oben zwei um den Schaft laufende Ringe ab«. — Sichtbar ist die Befiederung auch auf dem Orthostatrelief aus Sendschirli. Ausgrabungen in Sendschirli, S. 215, Fig. 108.

[7]) Ebenfalls ohne Pfeilspitze auf dem Relief von Saktsche-Gösü, in Jahrbuch d. deutsch. arch. Inst., Bd XXII (1907), S. 153. Fig. 10

zeigen die anderen Denkmäler auch Pfeilspitzen, die aus Bronze zu denken sind, mit deutlichen Widerhaken.[1])

Über die Spannungs- und Bespannungsmethoden der Hettiter vermögen wir nichts Positives zu sagen.[2]) F. v. Luschan hat in seiner schon des öfteren erwähnten Arbeit »Über den antiken Bogen« nachgewiesen, daß sich die Hettiter beim Spannen starker, lederner Fingerlinge bedienten[3]), woraus zu schließen wäre, daß bei ihnen die »mongolische« Spannung im Gebrauch war.[4])

Der Sendschirli-Bogenschütze hat aber noch in der linken Hand neben den Fingerlingen ein plattenförmiges, bis jetzt rätselhaftes Gerät. Es muß eine bloße Vermutung bleiben, daß es sich hier um eine Vorrichtung handelt, die geeignet war, einen kurzen Pfeil noch weiter zurückzuziehen, als es der Abstand zwischen Griff und Sehne erlaubte, indem man dieses Gerät mit der linken Hand, also mit der, die den Bogen führte, an den Bogengriff anhielt.[5]) Indes ist es uns weder gelungen, die Fingerlinge, noch dieses Gerät auf anderen hettitischen Denkmälern nachzuweisen.

Der Köcher des Sendschirli-Kriegers hat eine zylindrische Form, unten abgeplattet, oben ohne Deckel. Sowohl am oberen wie am unteren Rand des Köchers sieht man als Verzierung je ein umlaufendes Ornamentband mit Rautenmustern. Die Oberfläche zwischen diesen Bändern ist ausgefüllt durch zwei sich kreuzende, diagonale Bänder, in deren Schnittpunkt eine Rosette angebracht ist. Vom oberen Köcherrand hängt an einem geflochtenen Seil eine dichte, große Quaste herab.

Die Bogenschützen, die vom Wagen aus ihre Pfeile herabschossen, hatten zwei sich kreuzende Köcher an der seitlichen Wagenbrüstung angebracht.[6])

---

[1]) Vgl. Mitteilungen der Vorderasiatischen Gesellschaft, 1908, 3, S. 16, Fig. 23, Orthostatrelief von Euyuk. Relief von Malatié, Heuzey, Les origines orientales, Paris 1891, Taf. X.

[2]) Die Sehne wird bis hinter das Ohr gespannt auf den Reliefs aus Malatié, Saktsche-Gösü, Euyuk und aus Sendschirli.

[3]) v. Luschan, a. a. O. in Festschrift für O. Benndorf, S. 195 f.

[4]) E. Morse, a. a. O. S. 158 f. — Luschan, a. a. O. in Zeitschrift für Ethnologie, Bd. XXIII, Verhandlungen S. 671. Näheres über diese Spannungsmethode vgl. bei der Besprechung der trojanischen Funde.

[5]) Vgl. auch M. Jähns, a. a. O. S. 300. — Auch die Vermutung A. Schaumbergs, a. a. O. S. 49, wonach der letztgenannte Gegenstand vielleicht einen im Profil gesehenen Armschutz vorstellen soll, scheint uns unmöglich schon der Form wegen, abgesehen davon, daß in jener Zeit an eine Zeichnung in Profil kaum zu denken ist.

[6]) Vgl. z. B. Ausgrabungen in Sendschirli, S. 212, Fig. 102. — G. Maspero, a. a. O. Bd. III, S. 37. — Jahrbuch d. deutsch. arch. Inst., Bd. XXII (1907), S. 152, Fig. 6; S. 153, Fig. 9. — Humann und Puchstein, a. a. O. Taf. 46.

Der Bogen scheint bei diesem ἔθνος ἱπποπόλον, dem Volk der Rossezüchter, die Hauptwaffe gewesen zu sein, mit ihm in der Hand wird der Teshub dargestellt[1]), mit dem Bogen hat sich der mächtige König als Eroberer an dem Bergwerk bei Ephesos verherrlichen lassen.

* * *

Mußten schon bei dem Bogen der Hettiter einige wichtige Fragen offen gelassen werden, so sind wir über den Bogen anderer Völker Kleinasiens noch weniger oder gar nicht unterrichtet. Herodot und andere Schriftsteller sind nebst den wenigen Ausgrabungsergebnissen unsere einzige Quelle.

VII 64: Βάκτριοι . . . . τόξα καλάμινα.

VII 64: Σάκαι δὲ οἱ Σκύθαι . . . . τόξα δὲ ἐπιχώρια.

VII 66: Ἄριοι . . . . δὲ τόξοισι Μηδικοῖσιν . . . .

VII 66: Πάρθοι, Χοράσμιοι, Σόγδοι, Γανδάριοι, Δαδίκαι τὴν αὐτὴν σκευὴν ἔχοντες τὴν καὶ Βάκτριοι ἐστρατεύοντο . . . . (τόξα καλάμινα).

VII 67: Κάσπιοι τόξα ἐπιχώρια καλάμινα.

VII 67: Σαράγγαι . . . . τόξα δὲ καὶ αἰχμὰς Μηδικάς.

VII 67: Πάκτυες . . . . τόξα ἐπιχώρια.

VII 68: Οὔτιοι, Μύκοι, Παρικάνιοι ἐσκευασμένοι ἦσαν κατάπερ Πάκτυες (τόξα ἐπιχώρια).

VII 77: Μιλύαι . . . . εἶχον δὲ αὐτῶν τόξα μετεξέτεροι Λύκια.

VII 92: Λύκιοι . . . . εἶχον δὲ τόξα κρανέϊνα καὶ ὀϊστοὺς καλαμίνους ἀπτέρους.

Zu den bereits von Herodot aufgezählten Völkern, die den Bogen führen, gehören wohl noch z. B. die Thraker (Herodot IV 94), Kosseer (Strabon XI 13, 6 = C 524 ed. Meineke), Soaner, die sich vergifteter Pfeile bedienten (Strabon XI 2, 19 = C 499), Karduchen (Xen. Anab. IV 2, 28), Armenier (Lucian Phars. VIII 221). Die Zusammenstellung der Nachrichten Herodots bezeugt unserer Meinung nach deutlich zwei Arten von Bogen, die einfachen καλάμινα und die von Herodot nur als ἐπιχώρια bezeichneten, in welchen wir wohl zusammengesetzte Bogen vermuten dürfen. Führte ein Volk heimische, aber einfache Bogen, so hebt es Herodot speziell hervor, wie z. B. bei den Kaspiern oder Lykiern. Von Wichtigkeit ist, daß nach Herodot (VII 73) die Armenier im Heere des Xerxes auf dieselbe Weise ausgerüstet waren wie die Phryger.[2]) Den Bogen der letzteren kennen zu lernen, hilft

---

[1]) Cornell, Expedition to Asia Minor and the Assyro-Babylonian Orient (Travels and studies in the Nearer Est), Bd. I. II. Teil, Hittite inscriptions, New York 1911. S. 41, Fig. 41.

[2]) Eudoxos bei Steph. B. Ἀρμενία = Eustath. zu Dion. Per. 694 sagt, daß die Armenier γένος ἐκ Φρυγίας καὶ τῇ φωνῇ πολλὰ φρυγίζουσι . . . . Vgl. Näheres darüber bei P. Kretschmer, Einleitung in die Geschichte der griechischen Sprache, Göttingen 1896, S. 208 ff.

uns eine bei den Ausgrabungen in Gordion[1]) gefundene, als Wandverkleidung dienende Tonplatte mit einer Hirschjagd. Links stehen auf einem heute weggebrochenen Wagen zwei bekleidete, bis zur Hüfte erhaltene Männer. Der vordere spannt einen — nach den nach auswärts gebogenen Armen zu urteilen — zusammengesetzten Bogen. Die gespannte Sehne reicht dem Schützen bis über den Ellbogen. Der Pfeil ist deutlich sichtbar, doch lassen sich weitere Einzelheiten nicht genau erkennen. Bei denselben Ausgrabungen wurde auch eine unbeschädigte, bronzene, dreikantige Pfeilspitze mit Tülle gefunden[2]) (Länge 0·027, Durchmesser der Tülle 0·005). Im phrygischen Tumulus bei Bos-öjuk fand A. Körte eine knöcherne Pfeilspitze mit Widerhaken und ziemlich langer Schaftzunge.[3]) Das sind die wenigen Spuren vom phrygischen Bogen, die uns geblieben sind. Der Vollständigkeit wegen verzeichnen wir hier noch eine Statuette aus frührömischer Kaiserzeit (Fig. 24). Es ist ein Reiterschütze, dessen Bogen zwar nicht sichtbar, doch im Köcher versteckt zu denken ist. Der Köcher selbst oblong, unten abgerundet und ein wenig geschweift, ist mit vier umlaufenden Umschlägen verziert. Ob die Wiedergabe des Köchers treu nach dem phrygischen Muster erfolgte, vermögen wir nicht zu sagen.[4])

[1]) G. und A. Körte, Gordion, Ergebnisse der Ausgrabung im Jahre 1900, Berlin 1904, S. 157 ff., Fig. 141.

[2]) G. und A. Körte, a. a. O. S. 176, Fig. 159d.

[3]) A. Körte, Ath. Mitt. Bd. XXIV (1899), S. 21, Taf. IV, 4.

[4]) Prof. Peter von Bieńkowski, der die Photographie gütigst zur Verfügung stellte, schreibt darüber: »Reiterstatuette, von mir im Jahre 1897 im Kasino der Villa Borghese im Verkaufslokal der Firma Giacomini aufgenommen, dann im Frühling 1905 beim Kunsthändler Alessandro Marcocchio aufs neue untersucht (die Gesamthöhe 1·19 *m*; Höhe der Statuette 1·09; Dicke der Plinthe 0·10; Länge 0·98). Grobkörniger, glitzernder, weißer Marmor. Aus Marmor ergänzt am Pferde: Vorderbeine, Spitze der Schnauze, Ohren; am Reiter: linker Vorderarm, linker Fuß, Nase, rechte Hand. Der obere Teil des Schwertgriffes und die Spitze der Mütze aus Gips angesetzt. Beide Zügel bis auf kleine Reste abgebrochen. Der Köcher und das Schwert bis auf den Griff sind unversehrt, auch die linke Hand mit dem Armband ist antik.

Auf dem anspringenden Hengst, dessen erhobene Vorderbeine von einem aufrecht gestellten Schild, dessen Rumpf von einem oben und unten reich profilierten Pfeiler gestützt werden, sitzt ein bartloser Jüngling in orientalischer Tracht. ‚Phrygische' Mütze, Beine anscheinend nur mit Gamaschen bekleidet, Rock mit Halbärmeln an die Knie reichend, darüber ein Mantel mit einer Agraffe auf der Brust befestigt, keine Schuhe, Schwertriemen von der linken Schulter, ein kurzes Schwert in der Scheide hoch an die rechte Hüfte geschnallt. Vor dem rechten Beine ein sehr großer und breiter mit Pfeilen gefüllter Köcher ohne Deckel, aber mit starkem Besatz an dem Rande, zweimal mit einem breiten Band umwunden, das nach der Leibesmitte heraufgeht und daselbst sich verliert, so daß seine Befestigungsart unkenntlich bleibt. Der Reiter sitzt auf einer rückwärts mit Fransen gezierten Schabracke, darunter ein Pantherfell, dessen Kopf an der Brust, dessen Pfoten und Schweif am Hinterteil des Pferdes sichtbar sind. Mit der linken Hand hat der Reiter gewiß die Zügel, vielleicht noch einen Gegenstand gehalten, die rechte ruhte wohl, wie in der Ergänzung, auf den Pfeilen. Der Kopf des Pferdes ist mit

Fig. 24

Im Zusammenhang mit dem phrygischen Bogen müssen auch die trojanischen Funde besprochen werden, da die Abtragung des schon erwähnten Tumulus bei Bos-öjuk eine »bis in die Einzelheiten hinein mit der älteren troischen Kultur völlig übereinstimmende Kultur« [1])

Kopfgeschirr, der oval-längliche, gewölbte Schild ist mit großem Umbo und kreuzförmigem, blütenartigem Beschlag ausgestattet.

In welchem Verhältnis die Statuette zu den von Smirnow, Über den phrygischen Mondgott (S. 81–135 mit 6 Abbildungen), im Στέφανος, Gesammelte Abhandlungen zu Ehren Fedor Fedorowicz Sokolows, Professor an der Universität St. Petersburg (1895), besprochenen Menbildern steht, weiß ich augenblicklich nicht zu sagen. Vgl. Joubin, Catal. sommaire des bronzes et des bijoux au Musée de Constantinople, bronz. n. 21 (232). Dem Stile nach gehört sie in die frührömische Kaiserzeit. Die Ausführung ist handwerksmäßig und leblos.«

[1]) G. und A. Körte, a. a. O. S. 6 f. — A. Körte, Ath. Mitt. Bd. XXIV (1899), S. 1–45.

gezeigt hat. In Betracht kommen dabei vor allem die Funde aus den »vormykenischen« Schichten. Als Beweis dafür, daß der Bogen schon im Gebrauch war, dienen uns in erster Linie die Pfeilspitzen, von denen eine ansehnliche Zahl während der Schliemannschen Ausgrabungen zutage kam. So befinden sich in der Berliner Sammlung trojanischer Altertümer Nr. 6920 eine Pfeilspitze aus Geweih mit Widerhaken und ziemlich langer Schaftzunge (größte Länge 0·103)[1]), Nr. 6921—6929 pfriemenartige, roh bearbeitete Pfeilspitzen (?) aus Geweih oder Knochen, (größte Länge 0·047—0·110).[2]) Die Ausgrabungen zu Troja haben noch eine andere Gattung von runden, mit Schaftloch versehenen[3]), knöchernen Pfeilspitzen ans Licht gebracht; bei den Stücken ohne Schaftloch handelt es sich wahrscheinlich um unfertige Exemplare.[4]) Daneben haben wir auch steinerne Pfeilspitzen, wenn auch in geringer Zahl[5]), und bronzene, die ebenfalls schon in prämykenischer Zeit im Gebrauch waren.[6]) Auch ein Bruchstück einer zweiteiligen Gußform für Pfeilspitzen mit starker Mittelrippe und Schaftzunge muß hier erwähnt werden.[7])

Wir haben bei einigen Völkern den Gebrauch der Schutzvorrichtungen gegen den Anprall der zurückkehrenden Sehne nachgewiesen und glauben, daß diese Schutzvorrichtung auch in Troja bekannt gewesen ist, da wir von dort noch zwei Schutzplatten besitzen:

a) eine ellipsenförmig gearbeitete Tongefäßscherbe mit je zwei Durchbohrungen an den Enden; größte Länge 0·065, größte Breite 0·045;[8])

b) eine oblonge, rechteckige Platte aus einem Eberzahn geschnitzt, mit je zwei Durchbohrungen an den kurzen Seiten; größte Länge 0·034, größte Breite 0·014.[9])

---

[1]) H. Schliemann, Troja, Leipzig 1884, S. 127, Nr. 44. — H. Schmidt, H. Schliemanns Sammlung trojanischer Altertümer, S. 270 (undatierbar). — A. Götze in W. Dörpfelds, Troja und Ilion, Athen 1902, Bd. I, S. 371, bezeichnet diese Pfeilspitzen als zu der II.—V. Schicht zugehörig.

[2]) H. Schmidt, a. a. O. S. 270 (ebenfalls undatierbar).

[3]) H. Schmidt, a. a. O. S. 270, Nr. 6905—6909, fünf Pfeilspitzen aus Geweih und Knochen mit Schaftloch. Eine von diesen (Nr. 6905) ist auch noch quer durchbohrt zum Befestigen des Schaftes. Größte Länge 0·034—0·046.

[4]) H. Schmidt, a. a. O. S. 270, Nr. 6910—6914, aber mangelhafte Rundung und Glättung.

[5]) H. Schmidt, a. a. O. S. 270, Nr. 6904 (aus Quarzit), II.—V. Schicht.

[6]) Den Entwicklungsgang der Typen der trojanischen Pfeilspitzen aus Stein und Bronze geben wir im Zusammenhang mit den rein griechischen Pfeilspitzen.

[7]) H. Schmidt, a. a. O. S. 268, Nr. 6773. — H. Schliemann, Ilios, S. 484, Nr. 604.

[8]) H. Schmidt, a. a. O. S. 270, Nr. 6902 (aus der II.—V. trojanischen Schicht). — A. Götze, a. a. O. Bd. I, S. 371, Fig. 309. — A. Schaumberg, a. a. O. S. 57.

[9]) H. Schmidt, a. a. O. S. 270, Nr. 6903 (II.—V. Schicht). — A. Götze, a. a. O. Bd. I, S. 371, Fig. 310. — A. Schaumberg, a. a. O. S. 58.

Den trojanischen Ausgrabungen verdanken wir endlich noch zwei Bogenspannringe[1]), die nach modernen Analogien[2]) für den Schutz des Daumens beim Spannen dienen sollten. Bei der »mongolischen Methode« wird nämlich »der Daumen von innen nach außen um die Sehne herumgelegt und man spannt diese nur mit Hilfe des um den Daumennagel herumgelegten Zeigefingers«[3]) (Fig. 25), wobei der Zeigefinger zum Unterstützen des Daumens und gleichzeitig zum Halten des Pfeiles verwendet wird. Als Schutz des Daumens gegen die Sehne dient eben ein solcher Spannring. Der eine bronzene Ring aus Troja ist oval und es sitzt an ihm ein etwa vogelkopfförmiger Haken.[4]) Der zweite Ring ist dem ersten im allgemeinen ganz ähnlich, hat jedoch ein ziemlich modernes Aussehen, so daß er möglicherweise türkischen Ursprunges ist.[5]) Wenn wir auch keine andere Erklärung über die Verwendungsart des ersten sicher antiken Ringes zu geben imstande sind, wollen wir doch hervorheben, daß ein ähnlicher Apparat weder auf irgendeinem antiken Denkmal zu sehen ist, noch sich bei den antiken Schriftstellern eine Erklärung eines solchen Ringes als Schutz des Daumens findet. Entgegen der Meinung A. Götzes, der die erwähnten Ringe für die Mittelmeerspannung in Anspruch nimmt, stellen wir fest, daß bei der Mittelmeerspannung der Ring überhaupt nicht gebraucht werden konnte, da bei dieser Methode der Daumen, für den ja der Ring einen Schutz gewähren sollte, untätig bleibt.

Fig. 25.

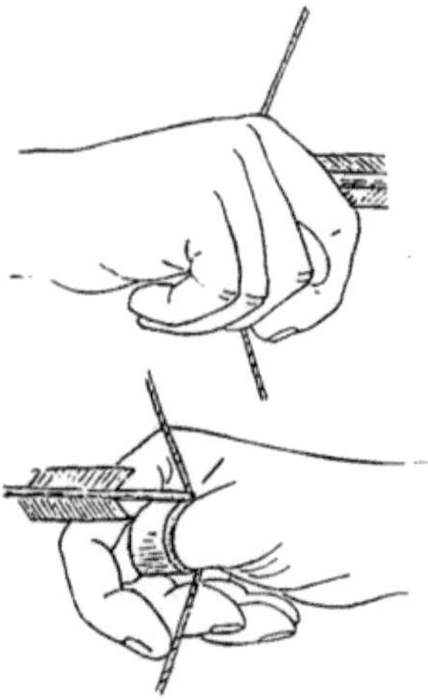

7. Meder und Perser.

Die Meder und Perser galten bei den Griechen neben den Skythen als ausgeprägte Bogenschützen.[6]) Die beiden so nahe verwandten Nationen

[1]) A. Götze, a. a. O. Bd. I, S. 419.

[2]) v. Luschan, a. a. O. in Zeitschrift für Ethnologie, Bd. XXIII (1891), Verhandlungen S. 672 f.

[3]) Derselbe, Zeitschrift für Ethnologie, Bd. XXIII (1891), Verhandlungen S. 671 f. Vgl. auch E. Morse, a. a. O. S. 158 f.; M. Jähns, a. a. O. S. 293.

[4]) A. Götze, a. a. O. Bd. I, Fig. 450 (als nicht datierbar bezeichnet). — H. Schmidt, a. a. O. Nr. 6539, 6540 (als aus der VII.—IX. Schicht stammend).

[5]) A. Götze, a. a. O. Bd. I, S. 419.

[6]) Nach Herodot I, 103, sollte erst Kyaxares die τοξοφόροι in seiner Armee eingeführt haben.

voneinander zu scheiden, ist fast unmöglich, da sie im Altertum zusammen gegen die Griechen gekämpft haben, deshalb zusammen erwähnt und oft verwechselt worden sind.[1]) Ihr Ruhm als Bogenschützen ist sprichwörtlich.[2]) Nach Beschreibung der Waffen der Perser[3]) sagt Herodot, die Meder seien ganz genau so wie die Perser bewaffnet[4]), nämlich mit Speer und Bogen. Auch nach den Denkmälern ist es uns unmöglich, für jedes dieser Völker getrennt die Waffen und besonders den Bogen zu behandeln, denn es ist keine Darstellung auf uns gekommen, die man mit Sicherheit als medisch bezeichnen könnte.[5]) Wie die persischen heiligen Schriften bezeugen, gehörte der Bogen zu der für jeden Krieger durchaus notwendigen Bewaffnung[6]), jeder Perser mußte unbedingt das Bogenschießen kennen[7]) und es wurde daher jeder Knabe schon vom fünften Lebensjahre an mit dem Bogen vertraut gemacht.[8])

Der persische Bogen war zwar nach den Nachrichten Herodots[9]) und Xenophons[10]) groß, auf den Skulpturen jedoch[11]) finden wir zwei

---

[1]) Herodot I, 102, 130, auch VII, 62. — Aisch. Pers. V, 761—775. — Strabon XV, 2, 8. — Xenophon. Kyrup. I, 2, 1. Diese Verwechslung ist bei den griechischen Schriftstellern, die sich mit den Perserkriegen beschäftigten, gewöhnlich; es wird geschrieben τὰ Περσικά oder τὰ Μηδικά oder ὁ Πέρσης und ὁ Μῆδος. Vgl. Näheres hierüber bei G. Rawlinson, a. a. O. Bd. II[4], S. 306 f. und Bd. III[4], S. 164 f. — Perrot et Chipiez, a a. O. Bd. V, S. 411, 773 usw. — Ed. Mayer, Gesch. d. A. III, 27.

[2]) Herodot III, 35; IX, 49. — Xenoph. Anab. III, 3, 15; 4, 17; Kyrup. I, 2, 8; 2, 9; 2, 10; III, 3, 50; 3, 57. — Aisch. Pers. V, 26—27, 87 usw. Hor. Od. II, 16, 6; Od. I, 29, 4.

[3]) Herodot VII, 61: αἰχμάς δὲ βραχέας εἶχον, τόξα δὲ μεγάλα, οἰστοὺς καλαμίνους.

[4]) Herodot VII, 62: Μῆδοι δὲ τὴν αὐτὴν ταύτην ἐσταλμένοι ἐστρατεύοντο. Dieselbe Bewaffnung hatten auch die Reitertruppen, Herodot VII, 84; 86.

[5]) Nur zweimal lesen wir bei Herodot von medischen Bogen, ohne weitere Bezeichnung. VII, 66: Ἄριοι δὲ τόξοισι μὲν ἐσκευασμένοι ἦσαν Μηδικοῖσι. VII, 67: Σαράγγαι (εἶχον) τόξα δὲ καὶ αἰχμὰς Μηδικάς.

[6]) Vgl. M. Dieulafoy, L'art antique de la Perse, Paris 1885, Bd. V, S. 140. Jeder Bogenschütze sollte zwei Bogen, vier Sehnen und 160 Pfeile haben.

[7]) Herodot VII, 86, berichtet, daß die Sagartier sich selbst noch in den spätesten Zeiten nur kurzer Messer und langer Fangseile bedienten; es wäre wünschenswert zu wissen, ob die Nachricht Herodots genau ist und ob wirklich der Bogen bei diesem Volke nicht in Verwendung kam. Unserer Meinung nach soll man die Nachricht Herodots wörtlich nehmen; der Gebrauch der Fangseile ist es eben, der den Bogen ausschließt.

[8]) Herodot I, 136: παιδεύουσι τοὺς παῖδας τρία μοῦνα, ἱππεύειν καὶ τοξεύειν καὶ ἀληθίζεσθαι· Nach Strabon XV, 3, 18 (C. 733 ed. Meineke) ἀπὸ δὲ πέντε ἐτῶν ἕως τετάρτου καὶ εἰκοστοῦ παιδεύονται τοξεύειν καὶ ἀκοντίζειν καὶ ἱππάζεσθαι καὶ ἀληθεύειν.

[9]) Herodot VII, 61. Vgl. Anm. 3.

[10]) Xenoph. Anab. III, 4, 17. Μεγάλα δὲ καὶ τὰ τόξα τὰ Περσικά

[11]) G. Rawlinson, a. a. O. Bd. III[4], S. 175. — M. Jähns, a. a. O. S. 303. — G. Klemm, a. a. O. Bd. VII, S. 334.

Arten von Bogen, und zwar mehr als hüfthohe, die an der linken Schulter nebst dem Köcher[1]), und kürzere, die in einem verschlossenen Bogenbehälter am Gürtel[2]) oder auf dem linken Arm getragen werden.[3]) Daraus ergeben sich von selbst auch zwei Bogengattungen, die größeren, einfachen und die sichtbar kleineren, meistens im Goryt getragenen, zusammengesetzten.[4]) M. Jähns meint, daß die Perser sich eines Bogens bedienten, der bloß aus Tiersehnen zusammengeflochten war[5]) und tatsächlich finden wir auf dem bekannten Alexanderschlacht-Mosaik aus Pompeji deutlich einen solchen Bogen dargestellt.[6]) Es läßt sich jedoch nicht feststellen, ob diese Art der Bogen allgemein verbreitet war; sie wird sonst nirgends erwähnt und ist vom praktischen Standpunkte aus auch wenig brauchbar.[7])

Öfters sehen wir auf Münzen den Bogen in den Händen der persischen Könige, jedoch läßt sich nicht bestimmt sagen, welcher Art die Bogen sind; nach der zielwärts geöffneten Form könnte man an zusammengesetzte denken.[8])

Man trug den Bogen entweder frei über der linken Schulter[9]) oder in der linken Hand.[10]) Letzteres war wahrscheinlich seltener der Fall, viel öfter, wie schon bemerkt, pflegte man ihn in einem breiten Behälter an der linken Schulter (Fig. 26) oder auch an der linken Seite am Gürtel

---

[1]) Vgl. z. B. Perrot et Chipiez, a. O. Bd. V, Taf. XII. Fig. 485. 488, 498 usw.

[2]) Perrot et Chipiez, a. a. O. Bd. V, Fig. 436, 472.

[3]) Flandin et Coste, Voyage en Perse, Taf. 164. Vgl. Kondakoff, Tolstoi et Reinach, Antiqu. de la Russie mérid. S. 306.

[4]) Vgl. G. Rawlinson, a. a. O. Bd. III[4], S. 175. — M. Jähns, a. a. O. S. 303. — J. de Morgan, Mémoires de la Mission, Bd. I, S. 160, Taf. XIII. Auf einem bronzenen Relief sehen wir sieben Personen, alle mit zusammengesetzten Bogen dargestellt. Bd. II, S. 23, Taf. II

[5]) M. Jähns, a. a. O. S. 303.

[6]) F. Winter, Das Alexander-Mosaik aus Pompeji, Straßburg 1909 (Wiener Vorlegeblätter, Serie IV, Tafel VIII).

[7]) Wenn der Bogen aus Tiersehnen zusammengeflochten war, so würde damit vielleicht eine Erklärung gegeben sein für den merkwürdigen Gebrauch, die Waffe in einem verschlossenen Bogenbehälter zu tragen. Einem einfachen oder auch zusammengesetzten Bogen konnte die Feuchtigkeit nicht viel schaden, dagegen mußte ein aus Tiersehnen verfertigter Bogen vor jeder Art von Feuchtigkeit auf das sorgfältigste geschützt werden. Es muß noch besonders hervorgehoben werden, daß diese Art des Tragens des Bogens sonst bei keinem anderen Volke zu verzeichnen ist, nicht einmal bei den Assyrern, also den nächsten Nachbarn der Perser, deren Bogenbehälter bloß etwas mehr als die Hälfte des Bogens bedeckte.

[8]) Vgl. z. B. Ern. Babelon, Monnaies grecques, Paris 1910, Bd. II, S. 43 ff., Taf. LXXXVI, LXXXVII.

[9]) Flandin et Coste, Voyage en Perse, Taf. 18.

[10]) G. Maspero, a. a. O. Bd. III, S. 681. — G. Rawlinson, a. a. O. Bd. III[4], S.

hängend, zu tragen.[1]) Speziell persische Sitte war es, ihn, wie es Fig. 27 zeigt, so zu tragen, daß man in den bespannten Bogen den Kopf hineinsteckte. Für die Bogenschützen, die ihre Bogen am Gürtel trugen, diente der Bogenbehälter zugleich auch als Pfeilköcher. Viel öfter aber, besonders bei der anderen Art des Tragens der Bogen, war der Pfeilköcher ein selbständiges, rundes Futteral und wahrscheinlich aus Leder, mit oder ohne Deckel (Fig. 28), welches man sich mittels eines Riemens umhängte.[2]) Wie bei allen anderen Völkern des Altertums, war auch bei den Persern der Köcher oft reich und bunt geschmückt, und auch an den einfachsten pflegte man zumindest eine mehrsträhnige Geißel (Karbatsche) zu befestigen.[3])

Fig. 26.

Fig. 27.

Fig. 28.

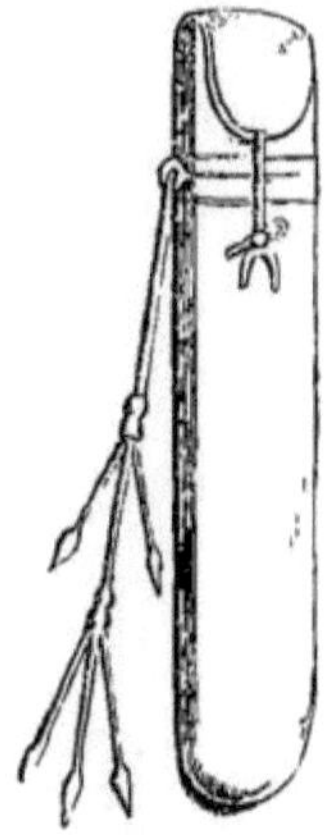

Die persischen Pfeile waren, wie die fast aller Völker, aus Rohr verfertigt[4]) und ihre Länge betrug ungefähr zwei bis zweieinhalb Fuß. Oberhalb der eingeschnittenen Basis befiedert, endeten sie mit besonders angesetzten Spitzen. Allerdings kennen wir nur wenige Exemplare von steinernen Pfeilspitzen, aber das ist wohl nicht in der Seltenheit ihrer Verwendung, sondern vielmehr in dem geringen Umfang der bisherigen Ausgrabungen begründet. Einige bringt de Morgan[5]) und wenn sie auch nicht aus dem Zentrum des persischen Reiches stammen, sondern aus dem

[1]) Flandin et Coste, a. a. O. Taf. 95—97.

[2]) G. Rawlinson, a. a. O. Bd. III[4], S. 174, 210. — G. Maspero, a. a. O. Bd. III, S. 677. — Vgl. auch Stolze, Persepolis, die achäm. und sassanid. Denkmäler und Inschriften, Berlin 1882, Bd. I, Taf. 44, 45; Bd. II, 79—81. Vgl. Schaumberg, a. a. O. S. 51.

[3]) G. Rawlinson, a. a. O. Bd. III[4], S. 174.

[4]) Herodot VII, 61: οἰστοὺς εἶχον καλαμίνους.

[5]) J. de Morgan, Mission en Perse, Bd. IV, S. 73—77; Mémoires de la Mission, Bd. II, Fig. 82—83, 186—187, 189—191, 198.

Tale Tâlyches, können wir sie doch als Beispiele persischer Pfeilspitzen in Anspruch nehmen. Irgendeine neue Form ist nicht zu beobachten, sie gleichen den ägyptischen und assyrischen.[1]) Dasselbe läßt sich von den bronzenen sagen, die man bis jetzt am häufigsten im persischen Boden gefunden hat; einige ahmen ganz einfach die steinernen nach, zeigen also ein Blatt mit einem Stift zum Einsetzen in den Schaft, andere haben zwei Widerhaken, endlich kommen, meist mit einer Tülle versehen, zwei- oder dreikantige vor (Fig. 29). Sehr selten und nur spät begegnen uns eiserne dreikantige Spitzen mit einem Einsatzstift, da diese Gattung infolge der Schwierigkeit und Kostspieligkeit der Erzeugung sich natürlich nicht allgemein verbreiten konnte (Fig. 30).[2])

Alle in den früheren Abschnitten behandelten Völker, außer den Hettitern und Trojanern, haben sich beim Spannen des Bogens neben

Fig. 29.

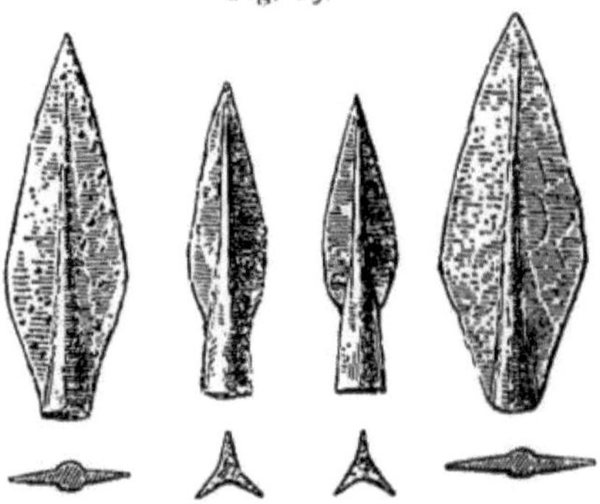

Fig. 30.

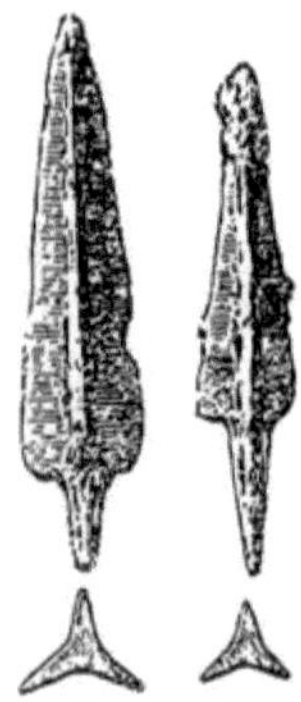

ganz einfachen Methoden (mit Daumen und Zeigefinger) der Mittelmeerspannung bedient, während die persischen Bogenschützen die »mongolische« vorzogen.[3]) Im alten Persien blieb der Zeigefinger aber im Gegensatze zu der modernen »mongolischen« Gebrauchsweise steif vorgestreckt, während der dritte und vierte Finger den Daumen beim Spannen unterstützten.[4]) Diese Spannungsmethode erforderte unbedingt einen Schutzapparat für den Daumen, um ihn vor einem zu starken Angriff der Sehne zu sichern. Von den Modernen, die sich der

[1]) G. Rawlinson, a. a. O. Bd. III[4], S. 175 und Anm. 6.

[2]) Näheres noch bei J. de Morgan, Mémoires de la Mission, Bd. I, S. 151. Morgan berichtet, daß in Susa in großer Zahl Pfeilspitzen gefunden wurden, die meisten aus Bronze, dagegen nur einige steinerne. Zugleich erwähnt er, daß knöcherne Pfeilspitzen im Gebrauch waren — natürlich in ältesten Zeiten — ohne jedoch eine Abbildung von ihnen zu geben.

[3]) E. Morse, a. a. O. S. 158—159. — v. Luschan, a. a. O. in Zeitschrift für Ethnologie, Bd. XXIII, Verhandlungen S. 671.

[4]) E. Morse, a. a. O. S. 192.

mongolischen Spannungsmethoden bedienen, wird bekanntlich ein besonderer Ring dazu gebraucht, aber auf den persischen Denkmälern ist ein Schutzapparat in Form eines Ringes nicht zu erkennen. Xenophon berichtet[1]), daß die Perser Handschuhe — er hebt dabei deutlich hervor, daß es Handschuhe mit Fingern waren — verwendeten; aber wenn es sich auch hier zunächst um Schonung der Hände vor Kälte handelt, so scheint doch glaublich, daß diese Handschuhe nicht nur gegen Kälte, sondern zugleich auch zum Schutze gegen die Sehne gebraucht wurden. Zu demselben Zwecke bediente man sich auch eines Apparates, welcher mittels eines Riemens an der Hand befestigt war (Fig. 31) und der uns schon von dem Relief aus Sendschirli bekannten Vorrichtung gleicht.[2])

Die persischen Bogenschützen entbehren wie die aller anderen Völker des Schildes, aber wie bei den Assyrern hatte auch bei ihnen jeder Bogenschütze einen Schildträger, der ihn während des Schießens vor dem Feinde deckte.[3]) Wir haben schon früher gesagt, daß es zwei Arten des Tragens der Bogen gab, wie auch zwei Arten von Bogenschützen zu Fuß, solche, die nur den Bogen, und solche, die gleichzeitig mit dem Bogen auch noch einen Speer führten, eine Ausrüstung, wie sie sonst bei keinem anderen Volke zu verzeichnen ist.[4]) Das beste Beispiel dieser Verbindung des Speeres und des Bogens bei den Persern geben uns die bekannten Bogenschützen auf den Friesen von Susa oder Persepolis[5]). Bogen und Speer zugleich führte vielleicht die auserlesene Garde des Königs,

Fig. 31.

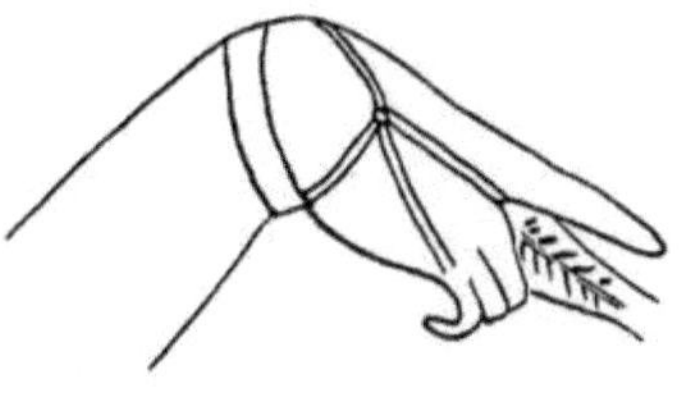

[1]) Kyrup. VIII, 8, 17: Περὶ ἄκραις χερσὶ χειρῖδας δακτυλήθρας ἔχουσιν κτλ.

[2]) Vgl. Fig. 23.

[3]) In dieser Weise muß man nämlich die Nachricht Herodots (IX, 61) deuten: Φράξαντες γὰρ τὰ γέρρα οἱ Πέρσαι ἀπίεσαν τῶν τοξευμάτων πολλὰ ἀφειδέως. Wichtig ist auch für uns die weitere Äußerung Herodots, wonach die Griechen verhindert waren, vorwärts zu rücken, da die Perser ihre Pfeile so massenhaft abschossen. Erst als es doch zum Nahkampf kam und die Perser keinen Gebrauch von ihren Bogen machen konnten, mußten sie unterliegen, und Herodot (IX, 62) sagt deutlich, daß sie deswegen unterlagen, weil sie ἄνοπλοι waren.

[4]) Auf einem Intaglio, Antiquités du Bosphore Cimmérien, Taf. XVI, 5, sehen wir einen persischen Bogenschützen, der gegen einen Hopliten kämpft. Er geht auf den Griechen mit dem Speer in der Linken los, gleichzeitig mit dem Bogen in der Rechten die Hiebe seines Gegners parierend. Ob dieses Verfahren öfters üblich war, vermögen wir nicht zu sagen. — Flandin et Coste, a. a. O. Taf. 98—99, 103—104 (Speertragende Bogenschützen). Vgl. auch Perrot et Chipiez, a. a. O. Bd. V, Fig. 498.

[5]) Perrot et Chipiez, a. a. O. Bd. V, Taf. X und Fig. 496.

dagegen blieben die übrigen Massen der Schützen auf ihren Bogen beschränkt.

Den eigentlichen Kern und den von den Griechen am meisten gefürchteten Teil der persischen Truppen bildete die Reiterei [1]), die in Griechenland große Bewunderung hervorrief, weil sie gewöhnt war, ihre Pfeile nicht nur nach vorwärts, sondern auch nach rückwärts abzuschießen [2]), und auch dann, wenn sie zum Verlassen ihrer Positionen gezwungen wurde, nicht gefangen genommen werden konnte, da sie mit Pfeilen den Feind am Verfolgen verhinderte. [3]) Es ist allerdings sehr merkwürdig, daß eben in der Schlacht von Marathon die persische Reiterei nicht genügend zur Geltung kam, obwohl nach der Nachricht Herodots [4]) gerade ihretwegen an dieser Ebene gelandet wurde, die das günstigste Terrain zu bieten schien. Nur die persische Reiterei konnte mit Erfolg gegen die griechischen schwerbewaffneten Hopliten kämpfen; denn die große Masse von Bogenschützen war nur im Fernkampf verwendbar; kam es einmal zu einem Zusammenstoß Brust gegen Brust, mußte sie natürlich unterliegen, da sie doch nur aus den »unbewaffneten« Soldaten — ἄνοπλοι bestand. [5]) Wie wir wissen, war der Wagenkampf bei den Assyrern stark verbreitet und es erscheint eigentümlich, daß im Gegensatz zu den Assyrern die Perser wenig Gebrauch davon machten. [6]) Die Könige erscheinen zwar stets auf dem Wagen, jedoch nur, um eine bessere Übersicht über den Gang der Schlacht zu gewinnen [7]), oder gegebenenfalls schneller der Gefahr zu entkommen. [8]) Jedenfalls ist es bemerkenswert, daß sowohl Darius wie auch Xerxes während ihrer Kriege mit den Griechen fast gar keine Wagenkämpfer in ihrer Armee verwendeten; doch läßt sich dies schließlich damit erklären, daß die Wagen in diesen in fernem Lande geführten Kriegen der

---

[1]) H. Delbrück, a. a. O. Bd. I. S. 37.

[2]) Xenoph. Anab. III. 3. 10: οἱ δὲ βάρβαροι ἱππεῖς καὶ φεύγοντες ἅμα ἐτίτρωσκον εἰς τοὔπισθεν τοξεύοντες.

[3]) G. Rawlinson, a. a. O. Bd. III[4], S. 184.

[4]) VI, 102: ἦν γὰρ ὁ Μαραθὼν ἐπιτηδεότατον χωρίον τῆς Ἀττικῆς ἐνιππεῦσαι καὶ ἀγχοτάτω τῆς Ἐρετρίης, ἐς τοῦτό σφι κατηγέετο Ἱππίης ὁ Πεισιστράτου. Es kann aber wohl bezweifelt werden, ob diese Ebene wirklich so sehr für die Reiterei entsprechend war, denn Corn. Nep. Milt. 5 ist die Rede von »arborum tractus«. Näheres über die Topographie der marathonischen Ebene vgl. H. G. Lolling, Topographische Studien (Zur Topographie von Marathon). Ath. Mitt. Bd. I (1876), S. 67, Taf. IV.

[5]) Auch über die Zahl der persischen Truppen während der marathonischen Schlacht herrscht große Unsicherheit. Vgl. darüber R. v. Pöhlmann, Grundriß der griechischen Geschichte. IV. Aufl., München 1909, S. 104, Anm. 3. und über Ausrüstung der Griechen und Perser H. Delbrück, Die Perserkriege und die Burgundenkriege, 1887, S. 1 ff.: 8 ff.

[6]) Perrot et Chipiez, a. a. O. Bd. V. Fig. 474. 496.

[7]) Herodot VII, 40; 100. — Xenoph. Anab. I. 2. 16.

[8]) Arrian. Exp. Alex. II, 11, 4.

damit bedingten Transportschwierigkeiten wegen nicht Verwendung fanden.[1])

Wie in Assyrien, so war auch in Persien der Bogen eine Königswaffe, die sowohl den König, wie auch jeden freien Perser stets begleitete.[2]) Cyrus selbst hatte besonders darauf achtgegeben, daß sich die Krieger beständig in der Handhabung dieser Waffe übten.[3]) Der Sitte gemäß erschien man auch bei Hofe mit dem Bogen in der Hand. Der König trug ihn entweder selbst[4]), oder er hatte einen besonderen Bogenträger, der ihn stets begleitete.[5])

Unter der persischen Regierung erhielt sich der Bogen als eigentliche Kriegswaffe des Ostens; auf sie hatten alle die Völker ihr Vertrauen gesetzt, die mit den Persern gegen die hauptsächlich mit dem Speer bewaffneten Griechen zogen, δουρικλύτοις ἀνδράσι τοξόδαμνον Ἄρη . . . . . .[6])

8. Die Kanaaniter und Juden.

Bei dem Studium des palästinischen Bogens sind wir auf die ägyptischen und die viel späteren Quellen der Israeliten angewiesen, die uns aber nur ein sehr lückenhaftes Bild geben. Und auch die Ausgrabungen in Palästina haben unsere Kenntnisse nur wenig vermehrt, indem sie uns nur wenige Beispiele von Pfeilspitzen zutage brachten. Jedenfalls besagen diese Ausgrabungsfunde, daß der Bogen schon in der neolithischen Zeit im Gebrauch war. So fand z. B. W. M. Flinders Petrie während seiner Ausgrabungen in Tell el Hesy einige steinerne Pfeilspitzen, in der Form eines fein gearbeiteten, vorne zugespitzten Blattes mit Schaftzunge[7]), und auch aus anderen Orten werden gleichartige Funde gemeldet.[8]) Daß nicht nur steinerne Spitzen gebraucht wurden, sondern auch knöcherne, bestätigt der Fund aus Tell ej-Judeideh, den wir den Forschungen der Engländer zu verdanken haben[9]) (Fig. 32). In der Form unterscheidet sich die knöcherne Spitze kaum von der steinernen,

[1]) G. Rawlinson, a. a. O. Bd. III[1], S. 179. — Xenoph. Anab. I, 8, 10, erzählt, Cyrus hatte zirka 20 Wagen, ἅρματα δρεπανηφόρα, dagegen sein Bruder Artaxerxes 200. — Arrian, Exp. Alex. III, 11, 7, berichtet, daß Darius nur 50 Wagen hatte.

[2]) Arrian, Exp. Alex. II, 11, 4. — Herodot, III. 35. — M. Jähns, a. a. O. S. 303.

[3]) Xenoph. Kyrup. I, 2, 4.

[4]) Perrot et Chipiez, a. a. O. Bd. V, Fig. 469.

[5]) Vgl. Schaumberg, a. a. O. S. 52 f.

[6]) Aisch. Pers. V. 85—86.

[7]) W. M. Flinders Petrie, Tell el Hesy, London 1891, S. 49, Taf. X. — Vgl. F. J. Bliss, A Mound of many Cities, London 1894, S. 124, Fig. 255. — H. Vincent, Canaan, Paris 1907, S. 391, Fig. 272.

[8]) H. Vincent, a. a. O. S. 390.

[9]) F. J. Bliss and Stew. Macalister, Excavations in Palestine, London 1902, S. 147, Taf. 76, Nr. 23.

außer daß bei ihr die Schaftzunge stärker hervortritt. In der Zeit, als Bronze und Eisen in Verwendung kamen, wurden die Pfeilspitzen aus diesen Metallen verfertigt. Es ist jedoch bemerkenswert, daß auch diese Spitzen in der Form sich wenig verändert haben; auch hier überwiegt der Typus der blattförmigen, vorne zugespitzten, mit der Schaftzunge versehenen Pfeilspitze (Fig. 33*a*, *b*). Interessant ist die Spitze Fig. 33*c* aus Tell Sandaḥannah, wo die Ränder des unteren Teiles einwärts gebogen sind. Die Pfeilspitze Fig. 33*d* aus Tell Zakarîya gehört nach dem Finder einer viel späteren Zeit an;[1]) ebenso stammen die eisernen Spitzen aus der letzten vorisraelitischen Zeit.[2]) Die Ausgrabungen in Tell eṣ Ṣâfi brachten auch ein Gerät, das wahrscheinlich eine Schutzvorrichtung gegen den Anprall der zurückkehrenden Sehne war, ans

Fig. 32.

Fig. 33.

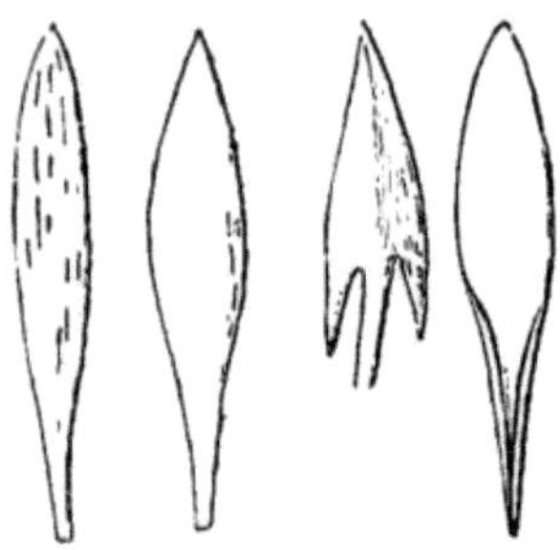

b *d*

Fig. 34.

Tageslicht (Fig. 34). Es ist ein Brettchen, etwas konvex, oben und unten mit einem Loch zum Durchziehen der Schnur versehen. Eingeritzte Linien an beiden Enden bilden die Verzierung.

Über den Bogen selbst haben uns die Ausgrabungen wenig Aufklärung gebracht. Wir werden ihn nach den ägyptischen Darstellungen zu beurteilen haben. Auf einem Bild aus Beni-Hassan haben wir einwandernde Asiaten dargestellt.[3]) Unter ihnen trägt ein Schütze in der Linken einen mehr als hüfthohen Bogen, der eine ziemlich starke Einwölbung in der Mitte aufweist. Der Bogen ist bespannt und die Sehne

[1]) F. J. Bliss and Stew. Macalister, a. a. O. S. 149.

[2]) F. J. Bliss and Stew. Macalister, a. a. O. S. 150, Taf. 81, Nr. 15—16. »No iron was found in the early pre-Israelite strata. At Tell eṣ Ṣâfi it extended from the surface, through the Jewish stratum into the upper part of the late pre-Israelite stratum.«

[3]) Lepsius, Denkmäler, II, 131—133; vgl. auch Rosellini, Mon. Stor. Taf. XXVIII—XXIX. Newberry, Beni-Hasan, Bd. I, Taf. XXX—XXXI. — G. Maspero, a. a. O. Bd. I, S. 468—469. Über diese Asiaten vgl. noch Ed. Meyer, Abhandlungen der Berliner Akademie, 1906, S. 21, und W. Max Müller, a. a. O. S. 35 ff.

berührt das Mittelstück der Waffe. Da der Bogen von der Mitte aus gegen die Enden zu sich verjüngt und die Bogenarme nicht zielwärts geöffnet sind, ist es wahrscheinlich, daß wir es mit einem einfachen Bogen zu tun haben. Auf den ägyptischen Denkmälern haben wir aber noch eine andere Darstellung des palästinischen Bogens (Fig. 35). Vom Mittelstück aus gegen die Enden gleichmäßig dünner werdend, zeigt er zu beiden Seiten des Griffes je vier Striche, die wohl nach Analogie bei anderen Bogen eine Umwicklung mittels Schnüren darstellen. Auffallender sind die Enden der Bogenarme, die in eine Platte auslaufen. Die linke Platte ist vom eigentlichen Arme durch Striche abgegrenzt, die vielleicht gerade die besondere Befestigung der Platte an den Bogenarm andeuten. Somit hätten wir in den Platten eine Art Haken — κορώνη — zum Anbringen der Sehne zu verstehen. Was das Material des Bogens anbelangt, so ist vielleicht hier an die Hörner des in »Syrien ungemein häufigen Steinbockes«[1]) zu denken.[2]) Nach W. Max Müller stimmt dazu »die Bemalung eines anderen Bogens mit blauen und roten Streifen«.

Fig. 35.

Fig. 36.

Wie wir glauben, vermutet W. M. Müller mit Recht in der beschriebenen Waffe den berühmten palästinischen »Haru-Bogen«. Unserer Meinung nach war er ein Horn-Bogen derselben Art, wie wir ihn in Ägypten gefunden haben. Der Griff ist bei der letzterwähnten Darstellung zwar nicht von den Bogenarmen abgesondert; daß er aber aus anderem Material verfertigt zu denken ist, darauf scheinen die vorerwähnten Striche zu deuten. W. M. Müller sagt weiter: »Wir halten diesen ‚Haru-Bogen' für gleich mit dem ‚ehernen Bogen', 2 Sam. 22, 36. Diese Waffe war nämlich keineswegs ganz metallen, wie schon behauptet wurde, sondern durch metallenen Beschlag verstärkt.« Die mittels Beschlag verstärkten Bogen waren, soweit wir urteilen können, zusammengesetzte Bogen, denn bei einem Horn-Bogen ist der Beschlag nicht denkbar. War ein Bogen wirklich durch metallene Beschläge verstärkt, so ist diese Verstärkung auch in der Darstellungsweise zum Ausdruck gekommen, wie wir es auch in Ägypten gefunden haben. Der Haru-Bogen und der eherne Bogen sind zwei verschiedene Waffen, durch die Zeit der Erfindung wahrscheinlich weit voneinander getrennt. Ersterer war als Kriegsbeute sehr gesucht.[3])

[1]) W. Max Müller, a. a. O. S. 304.

[2]) Lepsius, Denkmäler, II, 133; vgl. A. Schaumberg, a. a. O. S. 29f.

[3]) Vgl. W. Max Müller, a. a. O. S. 151 und 304.

Die Ausgrabungen de Morgans in Susa brachten zwei Bronzebogen ans Tageslicht[1]) (Fig. 36). Der Finder glaubte, sie seien nicht gebraucht worden, sondern bloß Votivgaben. Wir können aber dieser Meinung nicht beistimmen, denn wenn auch der eherne Bogen bei den Persern nicht erwähnt wird, so haben wir doch Zeugnisse seiner Existenz bei den Juden, Job XX, 24: καὶ οὐ μὴ σωθῇ ἐκ χειρὸς σιδήρου, τρώσαι αὐτὸν τόξον χάλκειον.[2]) Es läßt sich heute nicht feststellen, wie weit der Gebrauch dieser vierten Bogengattung verbreitet war. Ob der Haru-Bogen bloß den Kanaanitern und der eherne bloß den Juden in Palästina zuzuschreiben ist, wissen wir nicht, doch darf nicht vergessen werden, daß lange Jahrzehnte hindurch die Kanaaniter mit den eingewanderten Juden teils in Fehde, teils im Frieden nebeneinander lebten, und daß erst David es war, der die letzte Burg der Kanaaniter, die Jebusiterfeste Zion vernichtete und so den Grund für Jerusalem legte.[3]) Danach zu urteilen, wäre es möglich, daß in Palästina sowohl der Haru-Bogen wie auch der eherne und der zwar nicht bezeugte, aber vom niederen Krieger fast sicher gebrauchte einfache Bogen nebeneinander im Kriege wie im Frieden im Gebrauche waren.

Der Bogen wurde von den Juden im Kriege[4]) und auf der Jagd[5]) gebraucht, manche Stämme waren sogar wegen der geschickten Bogenführung berühmt.[6]) Interessant ist dabei auch, daß sich die Schützen beider Hände beim Bogenspannen bedienten, »mit Bogen gerüstet, geschickt zu beiden Händen, auf Steine und auf Pfeile und Bogen.«[7]) Wie der Bogen aber zu bespannen war, was für Spannungsmethoden üblich waren, wie man den Bogen zu tragen pflegte, das läßt sich bisher nicht feststellen. Der Köcher war bekannt und gebraucht. Nach den ägyptischen Darstellungen war er oblong, unten abgerundet, meistens verziert, bald mit[8]), bald ohne Deckel.[9]) Auch der Gorytos scheint bei den Juden bezeugt zu sein.[10])

Als Zeichen des Zornes geben die jüdischen Dichter ihrem Gott den Bogen in die Hände.[11])

[1]) J. de Morgan, Mission en Perse, Bd. I, S. 170, Fig. 107.

[2]) Vgl. auch 2 Sam. XX, 35: Διδάσκων χεῖράς μου, εἰς πόλεμον καὶ κατάξας τόξον χαλκοῦν ἐν βραχίονί μου. Eine Wiederholung haben wir Psal. XVII (XVIII), 35: Διδάσκων χεῖράς μου, εἰς πόλεμον, καὶ ἔθου τόξον χαλκοῦν τοὺς βραχιονάς μου. Vgl. auch Pindar, Nem. III, 38—39 (ed. Christ): καί ποτε χαλκότοξον Ἀμαζόνων μετ' ἀλκὰν ἕπετο Ϝοι.

[3]) Richt. I, 27; 2 Sam. V, 7 ff.

[4]) Gen. XLVIII, 22.

[5]) Jes. VII, 24; Gen. XXI, 16.

[6]) I Par. VIII, 40; II Par. XIV, 8.

[7]) I Par. XII, 2.

[8]) Lepsius, Denkmäler II, 132, 133.

[9]) W. Max Müller, a. a. O. S. 304.

[10]) Habak. III, 9.

[11]) Psal. VII, 13; Job VI, 4.

9. Die Skythen.

Wir kommen jetzt zum Bogen desjenigen Volkes, dessen Tüchtigkeit im Bogenschießen bei den Alten überall berühmt war[1]), so daß der Name des Skythen bei den Griechen fast als Synonym des Bogenschützen galt.[2]) Über das Volk selbst und ihr Land wurde seit ältester Zeit sehr viel von den Griechen geschrieben[3]), aber dennoch sind noch viele Fragen offen geblieben[4]); wie weit sich z. B. die Grenzen ihres Landes erstreckten, darüber herrschten im Altertum verschiedene Meinungen.[5]) Auch wußten die Alten nie, ob das Volk eine einheitliche oder aus verschiedenen Stämmen zusammengesetzte Nation war. Nach Plinius[6]) war es eine »multitudo populorum innumera«, er zählt 20 Stämme auf, die alle zu den Skythen gehört haben sollen. Alle diese Stämme werden bald nach Europa, bald nach Asien versetzt, was uns nicht wundert, denn das fortwährende Wechseln ihres Sitzes lag schon in der Natur dieser Steppenvölker; auch Plinius erkennt das, wenn er schreibt[7]), »nec in alia parte maior auctorum inconstantia, credo propter innumeras vagasque gentes«.[8]) Die Leute an den Ufern des Pontus hießen eigentlich Skoloten[9]), die Perser aber nannten sie Sakai.[10])

Plinius berichtet die Überlieferung[11]), daß Skythes, ein Sohn des Jupiter, Bogen und Pfeil erfunden habe (nach anderen sei es Perses, Sohn des Perseus gewesen); Herodot dagegen[12]) erzählt eine skythische Stammsage, wonach dem Herakles, als er mit den Rindern des Geryones in ödem Land von winterlichem Wetter überfallen in seiner Löwenhaut eingehüllt übernachtete, während des Schlafes die zum Weiden ausgespannten Pferde

---

1) Sogar der Perserkönig Kyaxares vertraute den Skythen seine Kinder zur Erziehung an. Herodot I, 73 Κυαξάρης σφι παρέδωκε τὴν γλῶσσάν τε ἐκμαθέειν καὶ τὴν τέχνην τῶν τόξων.

2) Asklepiodotos I, 3 (ed. Rüstow-Köchly S. 134).

3) B. Latyschev, Scythica et Caucasica e veteribus scriptoribus graecis et latinis collegit et cum versione Rossica edidit. 2 Bände, St. Petersburg 1904.

4) K. Neumann, Die Hellenen im Skythenlande, Berlin 1855. — J. G. Cuno, Forschungen im Gebiete der alten Völkerkunde, I, Die Skythen, Berlin 1871. — E. Bonnell, Beiträge zur Altertumskunde Rußlands, 2 Bände, St. Petersburg 1882—1897.

5) Nach Pomponius Mela, de choreographia, III, 36, wohnten die Skythen dort, wo immer Schnee und unerträgliche Kälte herrscht.

6) N. H. VI, 17.

7) N. H. VI, 17; vgl. auch Herodot IV, 2, 46, 114, 121, 127.

8) Näheres über die Frage der Skythen außer den angegebenen Werken auch bei P. Cesare A. De Cara, Gli Hethei-Pelasgi, Roma 1894, Bd. I, S. 468—498.

9) Herodot IV, 6.

10) Herodot VII, 64.

11) Plinius, N. H. VII, 57, »arcum et sagittam Scythen Jovis filium, alii sagittas Persen Persei filium invenisse dicunt.«

12) Herodot IV, 8—10.

abhanden kamen. Vergebens suchte er die Gegend ab, konnte aber die Pferde, die durch Gottes Schickung verschwunden waren, nicht mehr finden. Er fand aber ein Zwitterwesen, halb Weib, halb Schlange, die Echidna, der er beiwohnte, um die von ihr geretteten Pferde zurückzuerhalten. Die Echidna gebar dem Heros drei Söhne und fragte ihn, ob sie die Söhne, nachdem sie herangewachsen, ihm zuschicken oder diese im Skythenlande behalten solle. Darauf antwortete Herakles, sie solle von ihnen so, wie er es zeigte, einen Bogen bespannen lassen und denjenigen von den Söhnen, der dies zu tun vermöchte, im Lande lassen, die anderen zwei aber fortschicken. Dann gab ihr der Held einen von seinen zwei Bogen und einen Gürtel. Die zwei älteren Söhne Agathyrsos und Gelonos konnten die ihnen vorgelegte Aufgabe nicht ausführen, nur der jüngste, Skythes, vermochte es, und blieb deswegen im Lande, während die älteren von der Mutter weggetrieben wurden.[1])

Man könnte also glauben, die Skythen hätten den Gebrauch des Bogens erst in späterer Zeit kennen gelernt, allein dagegen spricht wiederum eine andere Erzählung, die uns bei Theokrit erhalten ist[2]), nach welcher Herakles seinen Bogen nach skythischer Methode zu spannen pflegte, und der Scholiast sagt zu dieser Stelle, Herakles habe einen skythischen Bogen gebraucht; ein gewisser Skythe Teutares habe ihn gelehrt, sich des Bogens nach der skythischen Methode zu bedienen.[3]) Alle diese Nachrichten sind nur ein Zeugnis, wie hoch der Bogen bei den Skythen in Ehren stand, wie er eigentlich skythische Nationalwaffe war.[4])

Versuchen wir jetzt nach den vielen vorhandenen Beschreibungen der antiken Schriftsteller und nach den Denkmälern den skythischen Bogen genauer kennen zu lernen.[5])

Ammianus Marcellinus gibt uns so ziemlich die beste und genaueste Nachricht gelegentlich der Beschreibung der Küsten des Schwarzen Meeres, wonach der skythische oder parthische Bogen nicht aus einem gebogenen Stücke, wie bei anderen Völkern, sondern aus zwei Hörnern, jedes in Form des abnehmenden Mondes bestand, welche

---

[1]) Vgl. E. Bonnell, a. a. O. Bd. I, S. 179f. und Anmerkung 2.

[2]) Id. XIII, 56 Μαιωτιστὶ λαβὼν εὐκαμπέα τόξα

[3]) Schol. ad Theor. Id. XIII, 56 Μαιωτιστί, ἤτοι Σκυθιστί. . . ἐχρῆτο δὲ Ἡρακλῆς τοῖς Σκυθικοῖς τόξοις διδαχθεὶς παρά τινος Σκύθου Τευτάρου. (ed. H. Fritsche). — Vgl. Schol. ad Apoll. Argon. IV, 321 (ed. A. Keil). — Vgl. Lycophr. Alexandra, 56, und Schol. ad Lycophr., 56 Τεύταρος Σκύθης βουκόλος Ἀμφιτρύωνος ἐδίδαξε τὸν Ἡρακλέα τοξεύειν παρασχὼν αὐτῷ καὶ τὰ τόξα αὐτοῦ (ed. E. Scheer). — Apollod. II, 4, 9.

[4]) Vgl. Herodot I, 214; IV, 131. — Xenoph. Anab. III, 4, 15. — Aisch. Choeph. 160—163 (ed. Wecklein). — Plato, Leges, VII. 795 A.

[5]) Vgl. K. Neumann, Die Hellenen im Skythenlande, S. 290f. — J. G. Cuno, Forschungen, I, S. 193. — Daremberg et Saglio, Dictionnaire, s. v. arcus (Saglio). — Kondakoff, Tolstoi et Reinach, Antiquités de la Russie méridionale, S. 210.

mittels eines geraden Stabes verbunden waren.[1]) Ammian wird nämlich durch die Form der Nordküste des Schwarzen Meeres dazu gebracht, an dieser Stelle über den Bogen zu sprechen. Diese Küstenlinie hat wirklich Ähnlichkeit mit einem Bogen, indem wie bei diesem zwei Biegungen in der Mitte durch die Halbinsel Krim wie durch einen geraden Stab geschieden werden. Die Sehne dieses Bogens bildet die asiatische Küste desselben Meeres. Daß wir bei der Deutung der Nachricht des Ammianus und dem Vergleich der Nordküste mit dem eigentlichen Bogen und der Südküste mit der Sehne nicht irregehen, dafür haben wir folgendes Zeugnis bei Dionysios dem Periegeten: Nach seiner (des Pontus) Krümmung ist er der runden Form eines Bogens vergleichbar, und zwar würde die Sehne die rechte (südliche) Seite des Pontus sein, die in einer geraden Linie fortläuft, mit Ausnahme der Karambis, die aus derselben nach Norden vorspringt. Die linke Seite, die sich doppelt krümmt, ist den Hörnern des Bogens ähnlich.[2]) Alle diese Nachrichten sind ganz klar und erlauben keine andere Deutung, als daß der Bogen aus zwei Hörnern zusammengesetzt war, natürlich mit Hilfe eines Querstückes, am wahrscheinlichsten eines Holzsteges, der zugleich als Handgriff und Anlage des Pfeilendes diente.

---

[1]) Ammianus Marcell. XXII, 8, 37 cum arcus omnium gentium flexis curvantur hastilibus, Scythici soli vel Parthici, circumductis utrimque introrsus pandis et patulis cornibus, effigiem lunae decrescentis ostendunt, medietatem recta et rotunda regula dividente. — A. Schaumberg, a. a. O. S. 104, ist der Meinung, daß die Nachricht des Ammianus nicht zu gebrauchen sei.

[2]) Dionysii Perieg. v. 156—162 (Geog. gr. minor. Bd. II, S. 111, ed. C. Müllerus).

> Ἐκ τοῦ δ' ἂν καὶ Πόντον ἴδοις διθάλασσον ἐόντα,
> τόρνῳ εειδόμενον περιηγέος ἅμματι τόξου·
> ἀλλ' εἴη νευρῆς σημήια δεξιὰ Πόντου,
> ἰθὺ διαγραφθέντα, μόνη δέ τοί ἐστι Κάραμβις,
> γραμμῆς ἐκτὸς ἐοῦσα καὶ ἐς βορέην ὁρόωσα·
> σῆμα δ' ἔχει κεράων σκαιὸς πόρος, ὅστ' ἐπὶ
> εἰλεῖται στροφάλιγγα, βιοῦ κεράεσσιν ἐοικώς.

Vgl. dazu Eustathius ad Dionys. Perieg. v. 157 ff. ed. C. Müllerus, Geogr. graec. minor. II, S. 245. Ὅτι τὸν Εὔξεινον, οὗ λοξὰς ἔφθασεν εἰπὼν τὰς κελεύθους, τόξῳ ἀπεικάζει τεταμένῳ Σκυθικῷ. Σκυθικὰ δὲ τόξα τὰ ἐκ κεράτων συγκείμενα
Τὰ δὲ τοῦ Πόντου βόρεια τὰ τοῖς ἐκ τῆς Προποντίδος εἰσπλέουσι σκαιά, ἤγουν ἀριστερά, σχῆμα ἔχειν φησὶ τῶν τοῦ τόξου δύο κεράτων, διὰ τὸ καὶ αὐτὰ ὁμοίως τοῖς τοῦ τόξου κέρασιν ἐπὶ διssὴν κυρτοῦσθαι στροφάλιγγα ἑκατέρωθεν τοῦ Μετώπου τοῦ κριοῦ ἅμμα δὲ τόξου τὸν σύνδεσμον τοῦ Σκυθικοῦ τόξου· περιηγὲς δὲ τὸ περιηγμένον ἤτοι καμπύλον, τοιοῦτο δὲ τὸ ἐντεταμένον τόξον, ἵνα λέγῃ ἐοικέναι τὸ τοῦ Εὐξείνου πέλαγος τόξῳ οὐ σκολιῷ, ἀλλὰ στρογγύλῳ γενομένῳ διὰ τὴν τάσιν τῆς νευρᾶς. Περιάγει γὰρ ἡ τάσις τὰ κέρατα εἰς καμπήν, καὶ οὕτως ἀπὸ σκολιοῦ γίνεται περιφερὲς κατὰ τὰς ἀψῖδας τὸ τόξον. Ὅτε δὲ καὶ εἰς βολὴν ἐπιταθῇ, τότε κυκλοτερὲς τὸ τόξον γίνεται. Weiter vgl. Strabo, II, 5, 22 (C 125 ed. Meineke): εἰκάζουσι δέ τινες τὸ σχῆμα τῆς περιμέτρου ταύτης ἐντεταμένῳ Σκυθικῷ τόξῳ, τὴν μὲν νευρὰν ἐξομοιοῦντες τοῖς δεξιοῖς καλουμένοις μέρεσι τοῦ Πόντου (ταῦτα δ' ἐστὶν ὁ παράπλους ὁ ἀπὸ τοῦ στόματος μέχρι

Wir haben aber noch andere Nachrichten über den skythischen Bogen, die mit der Form der Nordküste des Pontus nicht in Einklang gebracht werden können und in denen merkwürdigerweise auch keine Rede von Hörnern ist.[1]) So z. B. vergleicht ihn Lycophron mit einer Schlange[2]) ῥαιβῷ χεῖρας ὥπλισε Σκύθη/δράκοντ' ἀφύκτων γομφίων λυροκτύπῳ....[3]) Euripides läßt einen ἀγράμματον auftreten[4]), der den Namen ΘΗΣΕΥΣ auf folgende Weise beschreibt:

ἐγὼ πέφυκα γραμμάτων μὲν οὐκ ἴδρις,
μορφὰς δὲ λέξω καὶ σαφῆ τεκμήρια.
κύκλος τις ὡς τόρνοισιν ἐκμετρούμενος·
οὗτος δ' ἔχει σημεῖον ἐν μέσῳ σαφές.
τὸ δεύτερον δὲ πρῶτα μὲν γραμμαὶ δύο,
ταύτας διείργει δ' ἐν μέσαις ἄλλη μία.
τρίτον δε βόστρυχός τις ὡς εἱλιγμένος, . .
— — — — — — — — — — — — — —

Agathon läßt ebenfalls einen ἀγράμματον Bauer den Namen des Theseus beschreiben:[5])

γραφῆς ὁ πρῶτος ἦν μεσόμφαλος κύκλος·
ὀρθοί τε κανόνες ἐζυγωμένοι δύο,
Σκυθικῷ τε τόξῳ (τὸ) τρίτον ἦν προσεμφερές.

Und auch bei Theodektes schildert der Bauer denselben Namen, vergleicht dabei aber das Sigma mit einer Haarlocke, gekräuselt wie die Ranken am Weinstock: τρίτον δ' ἑλικτῷ βοστρύχῳ προσεμφερές.... κτλ.[6])

Es entsteht die Frage, wie man in Griechenland das Sigma-Zeichen schrieb; war es ein Zeichen, wie wir es heutigen Tages gebrauchen, also Σ, oder glich es dem lateinischen C. Die Antwort

---

τοῦ μυχοῦ τοῦ κατὰ Διοσκουριάδα· πλὴν γὰρ τῆς Καράμβιος ἥ γε ἄλλη πᾶσα ἠιὼν μικρὰς ἔχει εἰσοχάς τε καὶ ἐξοχὰς ὥστ' εὐθείᾳ ἐοικέναι), τὴν δὲ λοιπὴν τῷ κέρατι τοῦ τόξου διττὴν ἔχοντι τὴν ἐπιστροφήν, τὴν μὲν ἄνω περιφερεστέραν τὴν δὲ κάτω εὐθυτέραν· οὕτω δὲ κἀκείνην ἀπεργάζεσθαι δύο κόλπους, ὧν ὁ ἑσπέριος πολὺ θατέρου περιφερέστερός ἐστιν. Vgl. noch Plinius, N. H. IV, 24 . vastum mare Pontus Euxinus, qui quondam Axenus, longe refugientes occupat terras magnoque litorum flexu retro curvatus in cornua ab iis utrimque porrigitur, ut sit plane arcus Scythici forma. Vgl. dazu: Pomponius Mela, Chorogr. I, 19 (ed. C. Frick). — Valerius Flaccus, Argon. IV, 728 (ed. P. Langen). — M. Manilius, Astronom. IV, 755 (ed. Fr. Jacob). — Terentius Maurus, de litteris, syllabis et metris, v. 15—19 (ed. C. Lachmannus). — Sallustius apud Servium ad Aen. III, 533 (ed. G. Thilo et H. Hagen).

[1]) Nach A. Schaumberg, a. a. O. 103f. passen alle zwei Gruppen von Nachrichten zu einer und derselben Form, zu dem Sigma-Bogen. Natürlich ist das nur dann möglich, wenn man einen Teil der antiken Nachrichten beiseite läßt.

[2]) Lycophr. Alex., v. 917—918.

[3]) In δράκων liegt sicher der Hinweis auf eine mehrfache Kurve.

[4]) Athen. X, p. 454 b, c (X, 80, ed. G. Kaibel).

[5]) Athen. X, p. 454d.

[6]) Athen. X, p. 454d, e.

finden wir leicht in den Inschriften[1]), die ohne weiteres klar besagen, daß es sich nur um ein Σ-Zeichen handeln kann, nie aber um das lateinische C, welches schon gar nicht dem Vergleich mit einer Locke oder einer Schlange entsprechen kann. Daß wir in der Annahme des Σ-Zeichens Recht haben, werden die Abbildungen der skythischen Bogen zeigen. Damit ist aber die Sache noch nicht erledigt, denn dieses Sigma entspricht keinesfalls der Beschaffenheit des Bogens, wie er von den früher zitierten Autoren beschrieben ist, da es nicht der Nordküste des Pontus mit zwei Wölbungen, die durch ein Querstück verbunden sind, entsprechen kann. Es leuchtet also ein, daß wir es bei jenen Autoren einerseits, bei den Tragikern anderseits, mit zwei völlig verschiedenen Beschreibungen zu tun haben; wir müssen daher die Denkmäler mit den skythischen Bogen prüfen, um Licht in diese Frage zu bringen.

Auf einer goldenen Plakette[2]) aus Kul-Oba (Fig. 37) sehen wir zwei, sich den Rücken zuwendende Skythen, welche zugleich ihre Pfeile abschießen; jeder der beiden hält einen Bogen, dessen Form durchaus dem Sigma-Zeichen entspricht. Denselben Bogen, oder besser gesagt, dieselbe Art der Waffe haben die Skythen auf der bekannten, gleichfalls in Kul-Oba gefundenen[3]) Elektron-Vase (Fig. 38), so daß wir kein Bedenken gegen die Existenz derartig geformter Bogen hegen dürfen.[4])

Fig. 37.

Diese sich in der rein griechischen Kunst so oft wiederholende Form entspricht aber nicht einem Bogen, der aus Hörnern besteht, die durch einen geraden Steg verbunden sind. Bei einem Horn-Bogen müßten wir doch die einzelnen Bestandteile, besonders aber das die Hörner verbindende Querholz erkennen, dagegen sehen wir den eben beschriebenen Sigma-Bogen kaum gewölbt, sondern ziemlich eckig gebildet; Horn oder Holz würde gewiß diese Bildung nicht erlauben, ohne zu zer-

[1]) Über das Sigma der Inschriften vgl. W. Larfeld, Griechische Epigraphik (J. v. Müllers Handbuch. I), S. 352ff., und die Schrifttafel zur Entwicklungsgeschichte der griechischen Lokalalphabete von zirka 650 v. Chr. Die Inschriften beweisen, daß seit dem VII. Jahrhundert nur das Σ-Zeichen gebraucht wurde.

[2]) Vgl. auch Antiquités du Bosphore Cimmérien, Taf. XX, 6.

[3]) Antiquités du Bosphore Cimmérien, Taf. XXXIII, 1. Vgl. weiter die Denkmäler mit dem skythischen Sigma-Bogen: Kondakoff, Tolstoi, Reinach, Antiquités, Fig. 13, 109, 143, 151, 178, 179, 192, 198, 264. — Monum. ined. dell' Inst. II, Taf. 50; V, Taf. 11; VIII, Taf. 44.

[4]) Dieser Sigma-Bogen behielt seine Form sowohl bespannt wie auch unbespannt. Vgl. z. B. Furtwängler-Reichhold, Griech. Vas. Taf. 112, und Hartwig, Die griechischen Meisterschalen. Stuttgart-Berlin, 1893. Taf. 14. Nr. 1.

brechen. Was war es also für ein Bogen? Es kann keinem Zweifel unterliegen, daß wir es da mit einem künstlich zusammengesetzten Bogen zu tun haben. Nur auf diese Weise zusammengesetzt, konnte der Sigma-Bogen solche Biegungen aushalten und zielwärts während des Schießens geöffnet sein.[1]) Und es ist auch kein Wunder, daß diese Bogenform bei den Skythen so stark verbreitet war, wenn wir bedenken, wie viele Beziehungen im Frieden wie auch im Kriege die Skythen mit den asiatischen Völkern, insbesondere den Assyrern und Persern, hatten.

Wir kehren jetzt zu jenen Beschreibungen des skythischen Bogens zurück, die ihn mit der Nordküste des Pontus Euxinus vergleichen und

Fig. 38.

dadurch die Zusammensetzung des Bogens aus zwei durch ein Querstück verbundenen Hörnern bestätigen. v. Luschan, der die Möglichkeit eines

[1]) A. Schaumberg, a. a. O. S. 105, ist zu der Überzeugung gekommen, daß der skythische Sigma-Bogen aus Holz verfertigt wurde, da er angeblich zu geringe Reflexität besitze. Gleich darauf spricht er aber von der überaus großen Schußweite des Olbianers Anaxagoras und nimmt an, dieser Meisterschuß wäre erzielt worden mit einem zusammengesetzten Bogen, der aber kein τόξον Σκυθικόν gewesen sei. Den Horn-Bogen verneint er (davon später), da aber die Verfertigung eines Holzbogens in Form eines Sigma unseres Wissens technisch unmöglich ist, das Holz bei geringster Spannung brechen müßte (vgl. was wir über den Angular-Bogen S. 25 f. gesagt haben), so müssen wir fragen, was für einen zusammengesetzten Bogen er sonst meine. Denn auf Herodots Nachricht Σάκαι δὲ οἱ Σκύθαι (εἶχον) τόξα ἐπιχώρια (VII, 64) kann nicht gebaut werden, Herodot hebt ja nur hervor, daß es heimische, landesübliche Bogen waren, nicht aber, daß es Holzbogen waren. Wo es sich wirklich um Holzbogen handelt, sagt er immer entweder καλάμινα (VII, 64 Βάκτριοι, 65 Ἰνδοί), κρανέϊνα (VII, 92 Λύκιοι), oder ἐπιχώρια καλάμινα (VII, 67 Κάσπιοι), er nennt also zugleich die Holzart. Im übrigen sehen wir sehr oft auf den Darstellungen des skythischen Sigma-Bogens in entsprechenden Abständen Zeichen, die darauf hindeuten, daß an diesen Stellen der Bogen der Festigkeit halber irgendwie umschnürt war. Der in Ägypten gefundene, zusammengesetzte Bogen aus der Zeit Rhamses II. weist noch heute Schnürfurchen auf. (F. v. Luschan, a. a. O. in Zeitschrift für Ethnologie,

solchen Bogens von vornherein verneinte, sagt[1]): »So hat z. B. die mir zufällig bekannt gewordene Angabe des Ammian XXII, 8, 37, daß der Bogen der Parther und Skythen zwei elastische Arme (bei Ammian »cornibus«) habe, die in der Mitte durch einen geraden Steg verbunden seien, mich deshalb nicht im mindestens überrascht, da mir diese Tatsache schon aus den Vasenbildern bekannt gewesen war.«[2])

Wie erklärt also v. Luschan diesen geraden Steg, und wie denkt er sich all die unzweideutigen Nachrichten der Alten, die wir doch nicht gänzlich beiseite lassen können und dürfen? Unserer Meinung nach sind sie nur dann verständlich, wenn der Horn-Bogen wirklich existierte.

Fig. 39.

Die zahlreichen Darstellungen dieser Gattung von Bogen in der griechischen Vasenmalerei wollen wir einstweilen beiseite lassen, da sie in Einzelheiten nicht immer genau sind, und geben zunächst zwei Darstellungen, die zwar ein wenig jünger sind, aus der Zeit der Sassanidenkönige, jedoch besonders genau die Hörner und das diese bindende Querstück wiedergeben. Fig. 39 zeigt uns einen im Galopp reitenden König[3]), der seinen Pfeil gegen einen Eber abschießt. Wir sehen klar die Bestandteile des Bogens, Horn-Arm, Griff und Ohr, d. h.

Bd. XXV, Verhandlungen S. 268.) — Furtwängler-Reichhold, Griech. Vas. Taf. 90; Wiener Vorlegeblätter, Ser. I, Taf. XII; Ser. II, Taf. I und II; Ser. III, Taf. IV; Ser. D, Taf. III; Wiener Vorlegeblätter, 1889, Taf. IV, Nr. 3b; Archäologische Zeitung, 1884, Taf. IV u. v. a.

[1]) v. Luschan, a. a. O. in Festschrift für O. Benndorf, S. 192.

[2]) »Überhaupt unterliegt naturgemäß die Form gerade des Handgriffes viel größeren Schwankungen nach Ort und Zeit als irgendeines anderen Bogenabschnittes. Beim assyrischen Bogen ist der Griff sogar fast rechtwinkelig geknickt gewesen, was nur bei ganz besonders kräftiger Bauart des Bogens technisch möglich erscheint, aber nicht ganz ohne Vorteil war.« (Anm. v. Luschans.)

[3]) Auch Monum. dell' Inst. III, Taf. 51.

dasjenige Bogenende, an welches die Sehne gebunden wird. Der Arm ist sichelförmig gekrümmt, zweifellos aus Horn, an dessen oberem Ende das Ohr in Gestalt eines schlanken, mit Quasten geschmückten Stabes angebracht ist. Den ganzen Bogen sehen wir auch auf einer anderen Silberschüssel, die uns ebenfalls einen vorwärts reitenden, seine Pfeile aber rückwärts abschießenden König zeigt. Er spannt einen Bogen von großen Dimensionen, der aber offenbar gleichzeitig von großer Elastizität ist. Man kann die Kraft des Spannens an der Form der Sehne erkennen, die an der Stelle, wo sie mit der Hand gehalten wird, einen sehr scharfen Winkel bildet[1]) (Fig. 40).

Fig. 40.

Wir werden noch Gelegenheit haben, auf die Art der Bearbeitung der Hörner, des Griffes und der Ohren zurückzukommen. Hier sei nur bemerkt, daß der skythische Bogen, der Pontus- wie der Sigmaform, παλίντονον war, wie es Aischylos in den Choephoren v. 160—161 bestätigt: Σκυθικά τ᾽ ἐν / χεροῖν παλίντον᾽ ἐν ἔργῳ βέλη . . . κτλ..

Über die eigentlichen Spannungsmethoden der Skythen etwas Positives zu berichten, sind wir nicht imstande, denn die betreffenden Darstellungen auf griechischen Denkmälern können keinesfalls als zuverlässige Zeugnisse gelten.

Es ist allgemein bekannt, daß die skythischen Schützen den Griechen als Muster im Bogenschießen galten; ihre Gewandtheit im Gebrauche dieser Waffe war so hoch entwickelt, daß sie sich beim Halten des Bogens nicht nur, wie alle anderen Völker, der linken Hand, sondern auch der rechten bedienten, wie Plato von ihnen ausdrücklich berichtet[2]);

---

[1]) Vgl. Kondakoff, Tolstoi, Reinach, a. a. O. S. 417. — Vgl. auch die Darstellungen der Bogen auf der Trajanssäule, Cichorius, Die Reliefs der Traianssäule, Taf. II und III, wo diese Zusammensetzung unzweideutig wiedergegeben ist.

[2]) Plato, Leges. VII, p. 795 A (ed. G. Stallbaum): τῶν Σκυθῶν νόμος οὐκ ἐν ἀριστερᾷ μὲν τόξον ἀπάγων, ἐν δεξιᾷ δὲ οἰστὸν προσαγόμενος μόνον, ἀλλ᾽ ὁμοίως ἑκατέραις ἐπ᾽ ἀμφότερα χρώμενος

beim Spannen zogen die Skythen, im Gegensatz zu den Kretern, die Sehne nicht gegen die Brust, sondern gegen die Schultern.[1])

Die skythischen Pfeile waren wie die bei den anderen Völkern stets befiedert, am untersten Schaftende mit einem Einsatz aus starkem Holz versehen; dieser hatte natürlich immer eine Einkerbung zum besseren Ansetzen an die Sehne (Fig. 41).

Fig. 41.

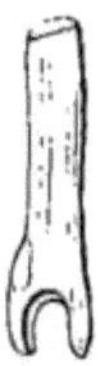

Fig. 42.

Die Pfeilspitzen[2]) waren aus Knochen, Stein, Bronze, in den spätesten Zeiten auch aus Eisen verfertigt. Die steinernen und knöchernen[3]) gleichen in allem denen der anderen Völker, die bronzenen dagegen, die in großen Massen in den Gräbern erhalten sind, haben eine, man könnte fast sagen, typische Form.[4]) Sie sind immer dreikantig, mit Widerhaken, stets mit Tülle versehen (Fig. 42). Es finden sich natürlich auch ganz einfache Spitztypen mit nur einem Widerhaken.[5])

Es befremdet, daß der fast immer so genaue Herodot von den vergifteten Pfeilen der Skythen nichts berichtet. War doch das skythische Pfeilgift bei den Griechen wohl bekannt, worauf schon der Name σκυθικόν oder τοξικόν hindeutet.[6]) Es war nach Pseudo-Aristoteles aus verfaultem

---

[1]) Schol. Il. VIII, 325: ὁ μέντοι Νεοτέλης Σκυθικὴν εἶναι τὴν τοξείαν ἔφασκεν, τοῦ τόξου πρὸς τὸν ὦμον ἑλκομένου (ed. G. Dindorfius, Lipsiae, 1875, Bd. I, S. 285); Schol. Il. VIII, 328: Νεοτέλης τῶν Σκυθῶν οὐκ ἐπὶ τὸν μαστὸν ἀλλ' ἐπὶ τὸν ὦμον ἑλκόντων (ed. G. Dindorfius, Bd. III, S. 361).

[2]) Vgl. Herodot, IV, 81.

[3]) Vgl. E. A. Gardner, Ornaments and armour from Kertsch, in Journ. of Hellenic Studies, Bd. V (1884), S. 67, Taf. XLVI, n. 5.

[4]) Darüber und über die Verbreitung dieses Typus auch außerhalb Skythiens vgl. P. Meinecke, Die skythischen Altertümer im mittleren Europa, in Zeitschrift für Ethnologie, Bd. XXVIII (1896), S. 6, 8—9, 20—21.

[5]) Vgl. die Abbildungen und Nachrichten über die Pfeilspitzen: Compte Rendu de la Commission archéol. de St. Pétersbourg 1876, S. 115, Atlas Taf. II, Nr. 21. — Recueil d'antiquités de la Scythie, St. Pétersbourg 1886, S. 4, Atlas Taf. I, n. 11—22. — A. Ouvaroff, Recherches sur les antiquités de la Russie mérid. St. Pétersbourg 1885, S. 40. — Revue arch., Bd. I (1904), S. 11. — Aischylos, Septem ap. Theb. v. 714—718 bezeichnet Stahl als von Skythen herstammend (wie auch v. 801—802 das Eisen); wollte vielleicht der Dichter damit andeuten, daß andere Stämme sich noch der steinernen und bronzenen Waffen in derselben Zeit bedienten? Jedenfalls berichtet z. B. Pausanias I, 21, 5—6 von den knöchernen Pfeilspitzen der Sarmaten.

[6]) Schol. ad Nicandri Alexipharmaca, v. 207 (ed. O. Schneider): τοξικὸν δὲ καλεῖται τὸ τοιοῦτον φάρμακον διὰ τὸ ὁμοίως τοῖς τοξεύμασιν ἀναιρεῖν παραχρῆμα βρωθὲν ἢ ποθέν, ἢ ἐπεὶ οἱ Πάρθοι καὶ Σκύθαι τοξεύοντες τούτῳ παραχρίουσι τὰς τῶν βελῶν ἀκίδας λέγεται ὑπό τινων Σκυθικόν. Vgl. auch Schol. ad Nicandri Alexiph. v. 207 (ed. E. Abel et R. Vári). — A. J. Reinach, a. a. O. L'Anthropologie, Bd. XX, 54 f.

Vipern- und Menschenblut bereitet.[1]) Die Skythen fingen nämlich Schlangen, ließen diese verfaulen und mischten diese böse Materie dann mit Menschenblut, welches ein paar Tage in einem Gefäß in Mist vergraben war.[2]) Das Pfeilgift war sowohl bei den Skythen, wie auch bei ihren Nachbarn, den Sarmaten, in allgemeinem Gebrauch.[3])

Die Köcher waren aus starkem Leder und stets mit Deckel versehen. Ihre Ausstattung hing natürlich vom Besitzer ab; den einfacheren beließ man wahrscheinlich ihre Naturfarbe, oder man benähte sie mit andersfarbigem Leder. Die Köcher der Reicheren waren sicher mit metallenen Zieraten geschmückt.

* * *

In der römischen Zeit haben die Skythen ihren Ruhm als Bogenschützen verloren, ihren Platz nahmen nunmehr die Parther ein. Es ist nicht unsere Sache, zu untersuchen, ob Skythen und Parther eine Nation bildeten oder nicht[4]), uns interessiert hier nur der parthische Bogen, der, wie oben gesagt wurde, dem skythischen glich. Wir haben schon die Bogen auf der Trajanssäule erwähnt und erkannten in ihnen ohne weiteres Horn-Bogen. Dieselbe Art von Waffe zeigt ein Bogenschütze auf einem parthischen Denkmal.[5]) Wenn wir auch auf diesem Relief nur die obere Hälfte des Bogens sehen, so erkennen wir doch den bespannten Horn-Bogen. Daß der parthische Bogen so beschaffen war, wie ihn Ammianus beschrieb, dafür geben die Abbildungen der parthischen Münzen den besten Beweis.[6]) Besonders gefürchtet und bei den Römern verhaßt waren die parthischen Reiter-

[1]) Pseudo-Aristoteles, De mirabilibus, p. 153 (ed. J. Beckmann): Φασὶ τὸ Σκυθικὸν φάρμακον, ᾧ ἀποβάπτουσι τοὺς οἰστούς, συντίθεσθαι ἐξ ἐχίδνης· τηροῦσι δὲ ὡς ἔοικεν οἱ Σκύθαι τὰς ἤδη ζωοτοκούσας καὶ λάβοντες αὐτὰς τήκουσι ἡμέρας τινάς· ὅταν δὲ ἱκανῶς αὐτοῖς δοκῇ σεσῆφθαι πάν, τὸ τοῦ ἀνθρώπου αἷμα εἰς χυτρίδιον ἐκχέοντες, εἰς τοὺς κοπρίους κατορύττουσι πωμάσαντες· ὅταν δὲ καὶ τοῦτο σαπῇ, τὸ ὑφιστάμενον ἐπάνω τοῦ αἵματος, ὁ δή ἐστι ὑδατῶδες, μιγνύουσι τῷ τῆς ἐχίδνης ἰχῶρι καὶ οὕτω ποιοῦσι θανάσιμον.

[2]) Plinius, N. H. XI, 53: Scythae sagittas tingunt viperina sanie et humano sanguine....; vgl. auch XI, 115. — Vgl. Aelian, de natura anim. IX, 15: λέγονται δὲ οἱ Σκύθαι πρὸς τῷ τοξικῷ, ᾧ τοὺς οἰστοὺς ἐπιχρίουσι, καὶ ἀνθρώπειον ἰχῶρα ἀναμιγνύναι φαρμάττοντες, ἐπιπολάζοντά πως αἵματι, ὅπερ ἴσασιν ἀπόκριμα αὐτοῖς. Vgl. auch V, 16 (ed. R. Herscher); Lucian, Nigrinus, 37 (ed. J. Sommerbrodt). — Lucan, III, 266–267 (ed. C. Hosius) Vgl. auch K. Neumann, a. a. O. S. 292 f.

[3]) Ovidius, Trist. V 7, 15—16; Ex Ponto I, 2, 15; IV, 7, 36.

[4]) Vgl. G. Rawlinson. The sixth great oriental monarchy, London 1873, S. 15 ff. und 118 f.

[5]) G. Rawlinson, The sixth greath oriental monarchy, S. 394. Fig. S. 395; vgl. auch Fig. S. 415.

[6]) Warwick-Wroth, Catalogue of the coins of Parthia, London 1903. Taf. I 1. 5, 13, 15; Taf. II 1–2; Taf. III 3–4; Taf. IV 3–8; Taf. V 3–7 usw.

schützen[1]), die, wenn auch zur Flucht gezwungen, nach vorwärts fliehend, rückwärts gegen den verfolgenden Feind ihre Pfeile abschossen — ὑπέφευγον γὰρ ἅμα βάλλοντες οἱ Πάρθοι, καὶ τοῦτο κράτιστα ποιοῦσι μετὰ Σκύθας. . [2])

10. Der Bogen im kretisch-mykenischen Kulturkreis.

Die Kreter waren das ganze Altertum hindurch sehr gerühmte Bogenschützen. Ihre Kunstfertigkeit ist schon Homer bekannt. Obwohl gerade der Salaminier Teukros in Il. XIII, 314 als der beste Bogenschütze unter den Achäern gepriesen wird, der Il. VIII, 297—304 nie sein Ziel verfehlte, wurde er schließlich doch vom Kreter Meriones besiegt, Il. XXIII, 850—883. Die bei griechischen und römischen Schriftstellern erhaltenen Angaben[3]) und die aus Kreta stammenden Denkmäler[4]) liefern uns über den Ruhm kretischer Bogenschützen, sowie auch über die Verbreitung des Bogens genügendes Zeugnis, Kreta wurde geradezu als Wiege der Bogenschützenkunst angesehen und nach Diodor sollte Apollo selbst, der Erfinder des Bogens, die Kreter im Bogenschießen unterrichtet haben.[5])

---

[1]) Horat. Od. I, 19, 11; II, 13, 16. — Tacit. Ann. VI, 35. — Vergil. Georg. III, 31. — Appian Parth 144 ff. — Vgl. M. Dieulafoy, L'art antique de la Perse, Bd. V, S. 52

[2]) Plut. Crass. 24.

[3]) Diodor V 74, 5; Xenoph. Anab. I 2, 9; III 3, 7; V 2, 12; Hellen. IV 16; Paus. I 23, 4; IV 8, 3; Plat. Leges VIII 834 A—D; Plut. Gracch. 16; Cleom. 21; Tit. Liv. XXIV 30, 12; XXXV 29, 2; XXXVII 39, 10; XXXVII 40, 8; XXXVII 41, 9; XXXVIII 21, 2; Caes. Bell. Gall. II 7; Appian. Bell. civ. 49, 71; Arrian. Anab. III 12, 2; Polyb. V 36, 4; 65, 7; 82, 4; Ovid, Met. VII 778. — Plat. Leges I 625 E sagt der Kreter Kleinias, daß die Beschaffenheit des Landes (Kreta) seine Landsleute zum Gebrauch des Bogens zwingt, τῶν δὴ τόξων καὶ τοξευμάτων ἡ κουφότης ἁρμόττειν δοκεῖ und dazu das Schol. ἀπολογεῖται διὰ τὴν τῶν τόξων χρῆσιν. καὶ γὰρ ὄνειδος ἦν ὡς τό, τοξότα, λωβητήρ, οὐ γὰρ ἀγχέμαχοι, ἀλλὰ πόῤῥωθε βάλλουσι οἱ τοξόται. αἰτιᾶται οὖν τὸν τόπον denn Kreta ist gebirgig, hat viel Jagd usw.

[4]) Ausonia III (Roma 1909), S. 290; vgl. Grabreliefs: im Museum von Kandia, Mon. antichi VI, S. 198 Fig. 38; von Elyros, Museo italiano, Bd. III, 748 n. 205; auch Jahreshefte, Bd. VI, Fig. 2—3, S. 1—8. — Catalogue of the Greek Coins of Crete, London 1886, Taf. II 6, 7; VII 1—3, 5; VIII 5—7, 15. — Svoronos, Numismatique de la Crète ancienne, Macon 1890, Taf. VII 24—27; XI 15—28; XVI 15—20; XXIV 1—7; XXXII 25; Ἐφημ. ἀρχαιολ. 1889, πιν. 11, 12, 24 u. v. a.

[5]) V. 74, 5. εὑρετὴν δὲ καὶ τοῦ τόξου γενόμενον διδάξαι τοὺς ἐγχωρίους τὰ περὶ τὴν τοξείαν, ἀφ' ἧς αἰτίας μάλιστα παρὰ τοῖς Κρησὶν ἐζηλῶσθαι τὴν τοξικὴν καὶ τὸ τόξον Κρητικὸν ὀνομασθῆναι. Und auch V 65, 3, wo Diodor schreibt, die Kureten haben den Bogen in Kreta eingeführt. Vgl. auch L. Grasberger, Erziehung und Unterricht im klassischen Altertum, Würzburg 1881, Bd. III, S. 153. Vgl. Pind. Pyth. V. 41; Simonid. apud Athen. XIII 573 E. Apollo wird auf kretischen Münzen sehr oft mit dem Bogen dargestellt: J. N. Svoronos, Numismatique de la Crète ancienne, Taf. XI 5, 8—20, 22—29; Taf. XVI 15—20. Über den Kult Apollos in Kreta vgl. W. Aly, Der kretische Apollonkult, Leipzig 1908.

Der auf den kretisch-mykenischen Denkmälern vorkommende Bogen stellt sich als ein einfacher Bogen dar. Einen einfachen Bogen sehen wir auf einem altkretischen Steatitrelief, das einen (Fig. 43) Bogenschützen im Schießen begriffen darstellt[1]). Dieser Bogen ist mit denen, die wir auf den ägyptischen Denkmälern kennen gelernt haben, identisch. Auch alle anderen Abbildungen zeigen deutlich nur die gleiche einfache Konstruktion. Wir erinnern uns z. B. der Bogen, die auf der ägyptischen Palette vorkommen, in denen wir einfache Bogen erkannt haben[2]). Ein einfacher Bogen genau derselben Art kommt auf einem Karneol aus Kreta vor[3]) (Fig. 44). Wie dort, so ist auch hier der Bogen überaus groß und nur gegen die Enden ziemlich stark gebogen. Eine Frauengestalt, offenbar eine mit der griechischen Artemis wesensverwandte Göttin, spannt ihn, um einen Pfeil abzuschießen.[4]) Es sei schon hier bemerkt, daß eben diese Art des Bogens das ganze Altertum hindurch der Artemis in die Hände gegeben wird.

Fig. 43.

Fig. 44.

Apollo wird in den Denkmälern der historischen Zeit stets mit einem einfachen Bogen dargestellt, was deswegen beachtenswert ist, weil Herakles auf den kretischen Münzen, ebenfalls aus der historischen Zeit, einen völlig anderen Bogen trägt, nämlich einen zusammengesetzten, aber nicht den aus zwei Hörnern verfertigten, sondern einen von

[1]) A. J. Evans, in Annual British School, Bd. VII (1900/01), S. 44, Fig. 13. — M. J. Lagrange, La Crète ancienne, Paris 1908, Fig. 85. — Vgl. noch A. J. Evans in Annual British School, Bd. VIII, S. 21, Fig. 10. — Eine Terrakotta aus Präsos (abgebildet Journ. Amer. Archeol. Bd. V, Fig. 25, S. 392 wird von E. Forster, Annual British School, Bd. VIII, S. 281, fälschlich als ein Bogenschütze gedeutet. Es ist ein kniender Krieger mit Helm auf dem Kopf, Schild in der Linken und Schwert in der Rechten.

[2]) A. J. Reinach, der früher einfache Bogen in den Paletten sah, hat jetzt seine Meinung geändert und glaubt, es seien zusammengesetzte; vgl. Le disque de Phaistos, in Revue arch. Bd. XV (1910), S. 36, Anm. 2.

[3]) Vgl. A. Furtwängler, Antike Gemmen, Bd. I, Taf. II, n. 24. — Perrot et Chipiez, a. a. O. Bd. VI, S. 843, Fig. 426, n. 11. — A. Furtwängler und G. Loeschcke, Mykenische Vasen, S. 77, Taf. E, 36. — Tsountas and Manatt, The mycenaean age, London 1897, S. 298, Fig. 153.

[4]) Auf dem Rücken trägt die Göttin nicht einen Köcher, wie Furtwängler-Loeschcke, Mykenische Vasen, S. 77, zu sehen glauben, sondern eine Art Umschlagtuch mit Quasten, dessen eines Ende rückwärts sichtbar ist, während das andere vorne, zwischen den Beinen herabfallend, die Erde berührt. Vgl. darüber L. A. Milani, Studi e materiali, Firenze (1899—1901), Bd. I, S. 193.

viel künstlicherer Art, der aus verschiedenen Materialien besteht. Daß es sich um einen zusammengesetzten Bogen handelt, das beweist schon die Form der Waffe, die einem griechischen Sigma sehr ähnlich ist.[1]) Dieser Umstand, daß Herakles einen anderen Typus der Waffe führt, charakterisiert ihn ganz besonders als einen nach Kreta und überhaupt nach Griechenland von anderswoher eingewanderten Gott; denn auch auf außerkretischen griechischen Denkmälern führt Herakles im Gegensatz zu Apollo nahezu ausschließlich einen zusammengesetzten Bogen, was auf seine asiatische Herkunft hindeutet[2]), da, wie wir sahen, dieser Art der zusammengesetzten Bogen sich fast alle asiatischen Völker bedienen.

Fig. 45.

Auch andere Bildwerke beweisen, daß die einfache Art des Bogens in der kretisch-mykenischen Epoche die herrschende war. Eine einfache Waffe hat der Bogenschütze auf der bekannten Dolchklinge aus dem vierten mykenischen Schachtgrabe[3]), einfache Bogen führen die Bogenschützen auf dem aus demselben Schachtgrabe stammenden Silberbecher[4]).

Wir besitzen aber ein Denkmal, welches einen völlig anderen Bogen aufweist. Es ist der Bogen auf dem Diskus vom Phästos[5]) (Fig. 45). Er ist aus zwei in der Mitte durch einen Stab verbundenen Hörnern zusammengesetzt[6]) und mit der Sehne bespannt. Ist dies nun ein auf Kreta öfters gebrauchter Bogen, oder geht die Darstellung des Diskus auf ein fremdländisches Vorbild zurück? Das Material zu diesem Bogen — die Hörner — stand den Kretern zweifellos zur Verfügung, da es in Kreta viele Pasenge gab,

[1]) J. N. Svoronos, Numismatique de la Crète anc. Taf. XXIII, 6, 13, 17—18; Taf. XXIV, 1—3, 6—7, 12—15, 23; Taf. XXVII, 1—10; Taf. XXVIII, 7.

[2]) Vgl. v. Wilamowitz, Euripides, Herakles, Bd. I[2], S. 19 ff. — L. A. Milani, Studi e materiali, Bd. I, S. 22.

[3]) Perrot et Chipiez, a. a. O. Bd. VI, Taf. XVIII. — Tsountas and Manatt, a. a. O. S. 200 f., Fig. 89. — W. Reichel, Homerische Waffen, Fig. 1. — Springer-Michaelis, Kunstgeschichte, Bd. I[9], Taf. V, 2 b.

[4]) Tsountas and Manatt, a. a. O. S. 213, Fig. 95. — Perrot et Chipiez, a. a. O. Bd. VI, S. 774, Fig. 365. — W. Reichel, a. a. O. S. 13, Fig. 17. — Τσούντας, in Ἐφημ. ἀρχαιολ. 1891, Taf. II, n. 2.

[5]) Luigi Pernier, Un singolare monumento della scrittura pittografa Cretese, in Rendiconti d. R. Accad. d. Lincei, 1908, S. 642—651. — Derselbe, Il disco di Phaestos, Ausonia III (Roma 1909), S. 255—302, Taf. IX—XIII. — Al. Della Seta, Il disco di Phaistos, Rendiconti d. R. Accad. d. Lincei, 1909, S. 297—367, mit 4 Taf. — Ed. Meyer, Der Diskus von Phästos und die Philister auf Kreta, in Sitzungsberichte der Königlichen Preußischen Akademie der Wissenschaften, 1909, S. 1022—1029. — A. J. Reinach, Le disque de Phaistos, in Revue arch. Bd. XV (1910), S. 1—65. — A. Mosso, The dawn of mediterr. civilisation, S. 22 ff., Fig. 5 und 6. — A. J. Evans, Scripta Minoa, Oxford 1909, Bd. I, S. 22—38, 273—293.

[6]) L. Pernier, Ausonia III, S. 290: »un arco concavo-convesso di tipo scitico«. — A. J. Reinach, a. a. O. in Revue arch. Bd. XV (1910), S. 35: »il est exactement composé comme celui du Lycien Pandaros«

wie wir aus den vielen Abbildungen auf Gemmen und Steinen entnehmen können.[1]) Doch der Umstand, daß wir an allen anderen Bogen der kretisch-mykenischen Epoche ebenso wie an den kretischen bis in die späteste historische Zeit nur einfache Systeme erkennen können, zwingt uns, in dieser Gattung einen für die Kreter fremden, in der kretisch-mykenischen Kulturstufe völlig allein dastehenden Typus zu erblicken.[2]) Die Meinungen der Gelehrten über die Herkunft des Diskus sind bekanntlich sehr verschieden. A. J. Evans fand auf vielen in Knossos ausgegrabenen Täfelchen die Hörner des Steinbockes — richtiger des Pasengs — abgebildet[3]) und meint, diese Zeichen können ein Beweis des Gebrauches des Hornbogens sein. Als Beispiel zitiert er eine schon längst bekannte Bronzeplatte aus Kreta, die aber unserer Meinung nach auch nur einen einfachen Bogen darstellt.[4]) Wir sehen zwei Jäger, von denen der eine den erlegten kretischen Paseng (Bezoarziege »ἄγριμι«) auf den Schultern trägt, der andere in der Linken den Bogen und zugleich das Horn des erlegten Tieres hält, wodurch der Unterschied zwischen Horn und dem Material, aus welchem der Bogen gemacht ist, noch deutlicher hervortritt. Auch auf den Denkmälern der historischen Zeit aus Kreta haben wir (die Münzen mit Herakles ausgenommen) nur einfache Bogen. Ohne jeden Zweifel ist auf einer Stele aus Elyros[5]) und auf einer zweiten ganz ähnlichen[6]) (Fig. 46), deren Herkunft nicht sicher ist (Knossos?) ein einfacher Bogen wiedergegeben[7]).

Fig. 46.

Fig. 47.

Ferner müssen wir unsere Aufmerksamkeit noch auf ein anderes auf dem Diskus vorkommendes Zeichen lenken, auf die geschlossene, mit Handschuh bedeckte Hand (Fig. 47). Die Handschuhe konnten in Kreta von den Faustkämpfern gebraucht worden sein und dies war auch wirklich

[1]) Vgl. Annual British School, Bd. IX, Taf. III.

[2]) A. J. Reinach, a. a. O. in Revue arch. Bd. XV (1910), S. 35—36.

[3]) A. J. Evans, Annual British School, Bd. X, S. 58—59, Fig. 21 b, c.

[4]) Vgl. A. Milchhoefer, Bronzi arcaici di Creta, in Annali dell' Istituto, 1880, S. 213 ff., Tav. d' agg. T. — Auch A. Milchhoefer, Anfänge der Kunst in Griechenland, Leipzig 1883, S. 168—169, Fig. 65.

[5]) T. Halbherr, Iscrizioni cretesi, in Museo italiano, Bd. III, S. 747—748.

[6]) L. Mariani, Antichità Cretesi, Monumenti antichi, Bd. VI, S. 194—195, Fig. 38. Beide abgebildet bei O. Benndorf, Stele im Museum von Kandia, Jahreshefte d. öst. arch. Inst., Bd. VI, S. 2—3, Fig. 2—3.

[7]) Vgl. noch L. Savignoni, Esplorazione archeologica, Monumenti antichi, Bd. XI, S. 301—302, Fig. 9; vgl. Taf. XXVI, n. 3.

der Fall[1]), aber die auf dem Diskus dargestellten werden vielleicht anders aufzufassen sein, nämlich als Schutzvorrichtung gegen die Sehne während des Spannens. Ob dieser Gebrauch in Kreta verbreitet war, läßt sich nicht sagen, er ist aber sicher bei asiatischen Völkern[2]) nachgewiesen worden und war immer üblich bei denjenigen zusammengesetzten Bogen, die so schwer zu bespannen waren, daß die Sehne während des Spannens leicht die Hand verwunden konnte.

Die bisher bekannten kretisch-mykenischen Denkmäler erlauben leider nicht auf ein genaueres Studium der Spannungsmethoden einzugehen. In den frühesten Zeiten war die Spannung eine schwache, denn die Sehne reichte nur bis zum Ellbogen; in späteren, schon historischen Zeiten war die Spannung überaus stark, bezeichnend ist aber, daß der Bogen nicht wie in Ägypten zum Ohr, sondern zur Brust gespannt wird.[3])

Das Bespannen des kretisch-mykenischen Bogens erforderte keine große Kraft, denn das einfache Holz bot dem die Sehne anbringenden Bogenschützen keinen namhaften Widerstand. Als bildliche Zeugnisse für dieses Verfahren können uns vielleicht einige Münzen aus Kydonia[4]) dienen. Der Schütze stemmt das eine Bogenende gegen den rechten Oberschenkel, während er gleichzeitig das elastische Holz mit der linken Hand hält und mit der rechten die Sehne an dem zweiten Bogenende zu befestigen versucht.[5]) Eine kleine Abweichung von der eben beschriebenen Methode kann man auch hier verzeichnen; man pflegte nämlich den Bogen zwischen beiden Oberschenkeln zu halten, wobei die Manipulation der Hände dieselbe blieb.[6])

Auf den ältesten Denkmälern der kretisch-mykenischen Kultur haben wir keine Abbildungen von Pfeilen; sie werden sich sicher nicht von denen der anderen Völker unterschieden haben und am untersten Ende stets mit einer Kerbe ausgestattet, etwas oberhalb dieser befiedert gewesen sein.[7])

---

[1]) Vgl. R. Burrows, Discoveries in Creta, London 1907, Taf. I. — A. Mosso, Escursioni nel Mediterraneo e gli scavi di Creta, Milano 1907, Fig. 89, 149.

[2]) v. Luschan, a. a. O. in Festschrift für O. Benndorf, S. 195 f. — Vgl. A. J Reinach, a. a. O. in Revue arch. Bd. XV (1910), S. 5, Anm. 1.

[3]) Vgl. Schol. ad. Il. VIII, 328.

[4]) J. N. Svoronos, Numismatique de la Crète, Bd. I, 5, 99.

[5]) J. N. Svoronos, Numismatique de la Crète, Taf. IX, n. 2, 7, 8.

[6]) Derselbe, Numismatique de la Crète, Taf. IX, n. 3—5, 15—16, 18.

[7]) A. J. Evans fand in Knossos zwei knöcherne Reste unterer Pfeilschäfte, die aber offenbar nur Votivpfeile sind. Er sagt darüber: »Two bone relics are of considerable interest. They represent the notched end and plume of an arrow, the incised decoration of the shaft showing a red inlay. Both specimens are smooth below, with rivetholes, which point to the former existence of a middle plate of metal. The lower ends of these objects are sawn off, and had been probably applied to a metal shaft, fixed on to or forming one piece with the metal plate between the two bone pieces. Such an arrow could have served no practical use, and the relic may therefore be regarded as of a votive nature.« Annual British School, Bd. IX, S. 61—62, Fig. 40; vgl. auch Bd. X, S. 3.

Pfeilspitzen sind in ziemlich großer Anzahl auf uns gekommen.[1]) Die steinernen Spitzen gleichen meistens den von Schliemann in Mykenä entdeckten.[2]) Die bronzenen zeigen zwei Typen, den einen mit einem kleinen Stiel zum Einsetzen in den Schaft, den zweiten ohne diesen. Er war am Pfeilschafte mit der Einkerbung, welche die Widerhaken bilden, befestigt[3]) (Fig. 48). Es ist recht merkwürdig, daß die später so häufigen Pfeilspitzen mit Tülle im kretisch-mykenischen Bereiche bis jetzt nicht bekannt sind.[4]) Die Köcher sind uns aus den ältesten Zeiten nicht bekannt. Nur die späteren kretischen Denkmäler zeigen uns einige, die schon von O. Benndorf gelegentlich der Beschreibung einer Stele im Museum von Kandia genau beschrieben sind; der Köcher »ist zweimal umreift und endet des Pfeilgefieders halber oben trichterförmig. Den Deckel bildet ein Lederlappen, der straff angezogen sich dem Trichterabschlusse anschmiegt, indem er den oberen Querreifen verdeckt und überschneidet; plastisch angedeutet ist er fast nur durch den inneren Kontur, den ich anfänglich für einen Riß hielt, und gewiß war er auch gefärbt, wogegen das Tragband lediglich gemalt zu denken ist.«[5])

Fig. 48.

Ob genau derselbe Köcher in früheren Zeiten gebraucht wurde, kann nicht festgestellt werden, ebensowenig, seit wann Köcher überhaupt bekannt waren; es befremdet, daß wir sie nirgends auf kretisch-mykenischen Denkmälern vorfinden.

So wenig wie die Ägypter haben die Bogenschützen in der kretisch-mykenischen Epoche einen Schild gehabt, vielmehr schossen sie ihre Pfeile ungedeckt ab.

Daß das Abschießen der Pfeile vom Wagen aus in dieser Zeit schon bekannt war, zeigen einige Darstellungen, wie z. B. die des bekannten Goldringes aus dem vierten Schachtgrabe in Mykenä.[6]) Ob diese Kampfart allgemein oder nur wenig verbreitet war, kann nicht entschieden werden.

[1]) Die Pfeilspitzen kommen auch auf den späteren kretischen Münzen oft vor. — Vgl. J. N. Svoronos, Numismatique de la Crète, Taf. I, 21—23; Taf. IV, 16—18, 20; Taf. V, 22; Taf. VI, 6; Taf. XII, 9—10; Taf. XVIII, 7—9; Taf. XXI, 1—3. — Vgl. weiter Annual British School, Bd. XI, S 1—2.

[2]) A J. Evans, Annual British School, Bd. VII, S. 44.

[3]) A. J Evans, Annual British School, Bd. X, S. 61. — L. Savignoni, Monumenti antichi, Bd. XIV, S. 536—573, Fig. 21. — A. J. Evans, The prehistoric tombs of Knossos, London 1906, S. 32, Fig. 28. — Tsountas and Manatt, a. a. O. S. 206, Fig. 92, 93.

[4]) W. Reichel, a. a. O. S 115, Anm. 1.

[5]) O. Benndorf, Jahreshefte d. öst. arch. Inst., Bd. VI, S. 2—3, Anm. 6, 7.

[6]) Vgl. A. Furtwängler, Antike Gemmen, Bd. I, Taf. II, n. 8. — W. Reichel, a. a. O. S. 92, Fig. 35. — Perrot et Chipiez, a. a. O. Bd. VI, S. 839, Fig. 420.

II. Der griechische Bogen.

Bei den Ägyptern, Assyriern, Persern, Skythen usw. fanden wir die ganze Geschichte dieser Völker hindurch den Bogen als die wichtigste unter den Angriffswaffen.[1]) Und noch heute wird nicht nur in all den Gegenden Afrikas, Asiens und Ost-Europas, wo die moderne Zivilisation die Feuerwaffe nicht verbreitet hat, der Bogen als Kriegswaffe gebraucht, sondern er wird bei der Jagd auch dort, wo die moderne Feuerwaffe bekannt ist, vor dieser wegen seiner Geräuschlosigkeit bevorzugt. In Griechenland hat der Bogen in der geschichtlichen Zeit nur geringe Bedeutung, gilt aber auch hier nach den mythischen Erzählungen als die älteste Waffe und erscheint in den Händen vieler Götter und Heroen.[2]) Ist er doch die gefürchtete Waffe des Apollo[3]) und seiner Schwester Artemis.[4]) Ihn, den fernschießenden Gott, rufen die Helden vor dem Schießen an, wie z. B. Odysseus vor dem Freiermord[5]), Pandaros vor dem Schuß gegen Menelaos[6]), Meriones vor dem Wettschießen[7]); er beschenkt ihm er-

[1]) Vgl. M. Duncker, a. a. O. Bd. I⁴, S. 146.

[2]) Von geschickten Bogenschützen hören wir in der vorhomerischen Zeit. Wie Philoktet seinen Bogen vom Herakles geerbt hatte, bekam Odysseus den seinen vom Öchalier Eurytos, der ein so tüchtiger Schütze zu sein glaubte, daß er selbst Apollo zum Wettkampf herausforderte (Od. VIII, 226—228). Auch ist es nicht ohne Bedeutung, daß gerade durch den Bogen Troja zum Fall gebracht wird. Paris erlegt den größten der homerischen Helden, die vor Troja kämpften, mit Bogen und Pfeil. Man kann dem Bogen auch in der Odyssee eine entscheidende Rolle zusprechen, denn das τόξου ἄεθλον gibt Anlaß zum Morde der Freier der Penelope. Vgl. darüber M. Jähns, a. a. O. S. 307, und L. Grasberger, a. a. O. Bd. III, S. 152; O. Schrader, Sprachvergleichung und Urgeschichte, Bd. II, S. 105; vgl. noch Il. XI, 85; XV, 313; XVI, 359 u. v. a.

[3]) Vgl. seine auf den Bogen bezüglichen Beinamen, wie: ἀργυρότοξος Il. II, 766; V, 449; Od. VII, 64; XVII, 251. — ἑκάεργος Il. I, 147; XXI, 478; Od. VIII, 323. — ἑκατηβόλος Il. XVII, 333; Od. VIII, 339. — ἑκηβόλος Il. I, 21; XVI, 513. — κλυτότοξος Il. IV 101, 119; Od. XXI, 267.

[4]) ἰοχέαιρα Il. V, 53; Od. XI, 198. — τοξοφόρος Il. XXI, 483. — χρυσηλάκατος Il. XVI, 183; Od. IV, 122.

[5]) Od. XXII, 7.

[6]) Il. IV, 119—120.

[7]) Il. XXIII, 872.

gebene Krieger mit dem Bogen [1]), straft und tötet diejenigen, die es wagten, mit ihm im Bogenschießen wettzueifern [2]) oder die es versäumten, vor dem Schießen sich an ihn um Hilfe zu wenden. [3]) Seinen Pfeilen unterliegen sowohl die plötzlich sterbenden kräftigen Männer [4]), wie auch die an Altersschwäche Leidenden. [5]) Rachenehmend vertilgt er mit Pfeilen die Griechen wegen der Beleidigung seines Priesters Chryses [6]), sowie die Söhne der Niobe [7]), und konnte jemand einem anderen selbst keine Gewalt antun, so pflegte er dem Gegner den Tod durch die Pfeile des Apollo zu wünschen. [8]) Ebenso ist seine Schwester Artemis die Gebieterin mit dem Bogen, die, wie Apollo, entweder mit dem Bogen belohnt oder mit den Pfeilen tötet. [9]) Durch Artemis' Pfeile wünscht Achilles der Briseis [10]), Penelope sich selbst den Tod. [11])

Als die Götter nach der ersten Feier der Olympien dem Herakles als dem größten Helden ihre Huld durch Geschenke zu erkennen gaben, schenkte ihm Apollo seinen Bogen und unterrichtete ihn in der Schießkunst. [12]) Später wetteifert Herakles selbst mit Apollo [13]), er richtet sogar seinen Bogen gegen Hera und Hades [14]), die er beide mit den Pfeilen verwundet. Der Messenier Idas erhebt gegen Apollo den Bogen, als ihm der Gott die Marpessa raubt. [15]) Ohne Philoktets Bogen konnte Troja nicht genommen werden. [16])

Die Griechen der historischen Zeiten benutzten aber den Bogen fast nie als Hauptkriegswaffe; ebensowenig auch im homerisch-heroischen

---

[1]) Pandaros, Il. II, 827; Teukros, Il. XV, 441; Iphitos, Od. XXI, 38.

[2]) Er tötet den Eurytos, weil dieser ihn zum Bogenwettkampf herauszufordern wagte. Od. VIII, 224—228. Vgl. noch Apoll. II, 4, 9—11; VI, 6, 2, 3. Paus. IV, 27, 4.

[3]) Teukros, Il. XXIII, 863 f.

[4]) Il. XXIV, 759; Od. III, 280; VII, 64.

[5]) Od. XV, 409 ff.

[6]) Il. I, 43.

[7]) Il. XXIV, 599—620.

[8]) Od. XVII, 251, 494.

[9]) Artemis unterrichtet den ihr lieben Jäger Skamandrios im Bogenschießen. Il. V, 49 f. Die mit den Pfeilen tötende Göttin erscheint Il. VI, 428; XXIV, 606; Od. XV, 410, 478.

[10]) Il. XIX, 59.

[11]) Od. XX, 61 f., 80.

[12]) Diodor, IV, 14, 3. — Vgl. J. H. Krause, Die Gymnastik und Agonistik der Hellenen, Leipzig 1841, Bd. I, S. 600.

[13]) Od. VIII, 234.

[14]) Il. V, 392—397.

[15]) Il. IX, 558 f.

[16]) Philoktet bekam seinen Bogen und Pfeile von Herakles. Vgl. darüber Roschers Mythologisches Lexikon, Bd. III[2], S. 2311 f.

Zeitalter, wie v. Wilamowitz meint[1]), denn der Bogen gehört schon bei Homer nicht zu den durchaus notwendigen Hauptwaffen des Kriegers;[2]) manchmal wird er sogar geschmäht[3]), wie Il. XI, 385, wo Alexander als τοξότα, λωβητήρ gescholten wird. Die geschickte Bogenführung wird dem Paris und Pandaros keineswegs als Tüchtigkeit angerechnet; vielmehr herrschte die Überzeugung, daß sich Helden nur Brust gegen Brust gegenübertreten sollen und daß nur der Feigling seinen Gegner versteckt und aus der Ferne zu erlegen sucht.[4]) Il. XI, 385—387:

τοξότα, λωβητήρ, κέραι ἀγλαέ, παρθενοπῖπα,
εἰ μὲν δὴ ἀντίβιον σὺν τεύχεσι πειρηθείης,
οὐκ ἄν τοι χραίσμῃσι βιὸς καὶ ταρφέες ἰοί.

Doch ist diese Mißachtung des Bogens nicht allgemein, die Lokrer ziehen gegen Troja, auf ihre Bogen fest vertrauend. Il. XIII, 716—717:

ἀλλ' ἄρα τόξοισιν καὶ εὐστρόφῳ οἰὸς ἀώτῳ
Ἴλιον εἰς ἅμ' ἕποντο πεποιθότες .[5])

Herakles, der griechische Nationalheld, ist noch in der Unterwelt mit dem Bogen ausgerüstet, Od. XI, 607:

γυμνὸν τόξον ἔχων καὶ ἐπὶ νευρῆφιν ὀιστόν.

W. Ridgeway behauptet irrig[6]), daß keiner von den Achäern den Bogen im Kampfe benutzte; denn als Hektor den Zweikampf des Menelaos und Paris ankündigen wollte, begegneten ihm die Achäer mit dem Bogen[7]), Il. III, 79:

τῷ δ' ἐπετοξάζοντο κάρη κομόωντες Ἀχαιοί.

Odysseus erzählt zweimal ausdrücklich von dem Bogenschießen der Achäer:

---

[1]) v. Wilamowitz, Euripides, Herakles, I², S. 44.

[2]) O. Schrader, Sprachvergleichung und Urgeschichte, Bd. II, S. 105. — O. Lippelt, Die griechischen Leichtbewaffneten bis auf Alexander den Großen, Weida in Th. 1910, S. 19.

[3]) A. Lang, Homer and his age, New York and Bombay 1906, S. 105. — M. Jähns, a. a. O. S. 307. — Ameis-Hentze, Ilias, Anmerkung. Il. XI, 385. — A. Schaumberg. a. a. O. S. 82.

[4]) Vgl. L. Grasberger, a. a. O. Bd. III, S. 150. — J. H. Krause, a. a. O. Bd. I, S. 599. — A. J. Reinach, a. a. O., in L'Anthropologie, Bd. XX (1909), S. 70. — A. Lang, a. a. O. S. 137.

[5]) Hesiod. Ἀσπὶς Ἡρακλέους V. 25, bezeichnet die Lokrer als Schwerbewaffnete — ἀγχέμαχοι — vgl. auch Paus. I, 23, 4, welcher schreibt: »Λοκροὺς γὰρ τοὺς Ὀπουντίους ὁπλιτεύοντας ἤδη κατὰ τὰ Μηδικὰ ἴσμεν (vgl. Herodot VII, 203), οὓς Ὅμηρος ἐποίησεν ὡς φερόμενοι τόξα καὶ σφενδόνας ἐς Ἴλιον ἔλθοιεν.«

[6]) W Ridgeway, The early age of Greece, Cambridge 1901, Bd. I. S. 301.

[7]) Vgl. A. Lang, a. a. O. S. 136.

Od. VIII, 217—218:

εἰ καὶ μάλα πολλοὶ ἑταῖροι
ἄγχι παρασταῖεν καὶ τοξαζοίατο φωτῶν.

und gleich darauf 219—220:

οἶος δή με Φιλοκτήτης ἀπεκαίνυτο τόξῳ
δήμῳ ἔνι Τρώων, ὅτε τοξαζοίμεθ' Ἀχαιοί.

Die Griechen, die unter Philoktets Führung gegen Troja auf sieben Schiffen zogen, waren nach der Anschauung des Dichters des Schiffskataloges, Il. II, 716 ff., sämtlich Bogenschützen;[1]) an solche Bogenschützen wie Philoktet selbst, Teukros, Diomedes, Meriones, Odysseus brauchen wir nicht erst ausdrücklich zu erinnern.[2])

In den historischen Zeiten trat der Bogen, verdrängt durch Speer und Schwert, bei den übrigen Griechen fast gänzlich in den Hintergrund. Er wurde besonders von den Athenern verschmäht, bei welchen τοξότης um so verächtlicher klang, als die Polizeisoldaten, meist skythische Sklaven, denselben Namen führten.[3]) Die spezifisch griechische Waffe war jetzt der Speer[4]), »die freiheitskriege waren dem volke als der sieg des hellenischen speeres über die asiatischen pfeile erschienen«, schreibt v. Wilamowitz.[5]) Während in der Heldensage und in den homerischen Gedichten Götter und manche Helden als τοξόται doch noch in Ehren erscheinen, verlegen die Tragiker die Mißachtung dieser Waffengattung schon in die heroische Zeit. In diesem Sinne äußert sich der sophokleische Aias über den Bogenschützen Teukros V. 1120:

ὁ τοξότης ἔοικεν οὐ σμικρὸν φρονεῖν.

Viel kraftvoller gab dieser Mißachtung Euripides im »Herakles« Ausdruck, wo Lykos vom Helden folgendes sagt 159—162:

---

[1]) Vgl. auch A. J. Reinach, a. a. O., in L'Anthropologie, Bd. XX, S. 70f. — Il. II, 716—720: οἳ δ' ἄρα Μηθώνην καὶ Θαυμακίην ἐνέμοντο / καὶ Μελίβοιαν ἔχον καὶ Ὀλιζῶνα τρηχεῖαν, / τῶν δὲ Φιλοκτήτης ἦρχε, τόξων εὖ εἰδώς ἕπτα νεῶν· ἐρέται δ' ἐν ἑκάστῃ πεντήκοντα, ἐμβέβασαν, τόξων εὖ εἰδότες ἶφι μάχεσθαι.

[2]) Il. X, 260: Odysseus führt Bogen und Köcher; Il. XIII, 650: Μηριόνης δ' ἀπιόντος ἵει χαλκήρε' ὀιστόν κτλ. Die Bogenschützen auf trojanischer Seite sind: Pandaros, Il. II, 827; IV, 105ff; V, 171f.; Paris, Il. III, 17; XI, 370, 505, 581 usw.; Helenos, Il. XIII, 582—583; Dolon, X, 533 ff., vgl. auch Od. XVIII, 262 (Τρῶας ῥυτῆρας ὀιστῶν); Il. II, 848 (Παίονες ἀγκυλότοξοι) und X, 428.

[3]) G. F. Schömann, Griechische Altertümer, Berlin 1897, IV Aufl., Bd. I, S. 370, und A. Böckh, Die Staatshaushaltung der Athener, Berlin 1886, III. Aufl., S. 262ff. — St. Waszyński, De servis Atheniensium publicis, Berolini 1898, S. 25 ff.

[4]) H. Delbrück, Geschichte der Kriegskunst, Berlin 1900, Bd. I, S. 37.

[5]) v. Wilamowitz, a. a. O. I[2]. S. 139f. — Aischyl. Persai, 86—87 ἐπάγει δουρικλύτοις ἀνδράσι τοξόδαμνον Ἄρη. Vgl. auch V. 150—152, 242—243 (ed Wecklein); Herodot V, 97.

ὃς οὔποτ᾽ ἀσπίδ᾽ ἔσχε πρὸς λαιᾷ χειρὶ
οὐδ᾽ ἦλθε λόγχης ἐγγύς, ἀλλὰ τόξ᾽ ἔχων
κάκιστον ὅπλον, τῇ φυγῇ πρόχειρος ἦν.
ἀνδρὸς δ᾽ ἔλεγχος οὐχὶ τόξ᾽ εὐψυχίας.[1])

Zwar verteidigt diese Waffe Amphitryon, in demselben Drama einige Zeilen später von dem Bogen redend, V. 195—201:

ὅσοι δὲ τόξοις χεῖρ᾽ ἔχουσιν εὔστοχον,
ἓν μὲν τὸ λῷστον, μυρίους οἰστοὺς ἀφείς,
ἄλλοις τὸ σῶμα ῥύεται μὴ κατθανεῖν,
ἑκὰς δ᾽ ἀφεστὼς πολεμίους ἀμύνεται
τυφλοῖς ὁρῶντας οὐτάσας τοξεύμασι,
τὸ σῶμα τ᾽ οὐ δίδωσι τοῖς ἐναντίοις,
ἐν εὐφυλάκτῳ δ᾽ ἐστί· . .   κτλ.

Doch ist es sicher, daß der Bogen damals allgemein viel von seinem Ansehen eingebüßt hat.[2]) Natürlich verschwand er nie gänzlich; zur Zeit der persischen Kriege[3]) und das ganze historische Altertum hindurch blieb er bei leichteren Truppen in stetem Gebrauch.[4])

Es ist ferner natürlich, daß er insbesondere bei denjenigen Griechen üblich blieb, die an der östlichen Peripherie der griechischen Welt an den Ufern des Schwarzen Meeres und im westlichen Kleinasien lebten[5]), und ebenso bei den Griechen in Großgriechenland und Sizilien[6]), die stets mit bogenschießenden Völkern in Berührung waren. Mit dem Fortschreiten der antiken Kriegstaktik[7]) kam der Bogen immer häufiger wieder in Gebrauch, doch bedienten sich seiner anscheinend meistens nur die Söldner.[8]) So z. B. zählt Perikles beim Beginne des peloponnesischen

---

[1]) Vgl. die Anmerkungen v. Wilamowitz' zu dieser Stelle a. a. O. II², S. 43 und 44 und auch die recht merkwürdige Äußerung des Philostratos. Heroic. II. 3. p. 676 (ed. Kayser): τὸ μὲν γὰρ τοξεύειν δειλῶν ἡγεῖται, τὸ δὲ παλαίειν ἀργῶν.

[2]) v. Wilamowitz. a. a. O. II², S. 52 sagt von der Verteidigung des Amphitryon, »wie fadenscheinig die sophistische argumentation in allen stücken ist, braucht nicht gezeigt zu werden«.

[3]) Bei Platää kämpften 300 athenische Bogenschützen sehr tapfer, vgl. Herodot IX, 22; zu ihrer Ehre hat Simonides ein Epigramm geschrieben, Anthol. Palat. VI, 2. — Vgl. weiter O. Lippelt, a. a. O. S. 36ff.

[4]) O. Lippelt, a. a. O. passim.

[5]) G. v. Kieseritzky und C. Watzinger, Griechische Grabreliefs aus Südrußland, Berlin 1909, Nr. 574, 575, 597, 600, 606 usw. — E. Babelon, Monnaies grecques, Taf. VII, 3, 4; Taf. CLXXIV, 5, 10, 27, 32, 33. — Daremberg et Saglio, Dictionnaire, Fig. 477.

[6]) Thuk. VI, 20, 4; 67, 2; 69, 2; Herodot VII, 158; T. Liv. XXVII, 38, u. v. a.

[7]) Über das Zusammenwirken der Hopliten mit den Leichtbewaffneten vgl. H. Delbrück, a. a. O. Bd I, S. 28f.; 123ff. Xenoph. Kyrup. VI, 3, 25; Xenoph. Hellenik. II, 4, 33. Nach der Erfahrung in der marathonischen Schlacht (Herodot VI. 112) kehrte Athen zu der Verwendung von Bogenschützen zurück, so daß sie bereits bei Salamis verwendet wurden. Vgl. St. Waszyński, a. a. O. S. 30. Anmerkung 23.

[8]) Rüstow-Köchly, Geschichte des griechischen Kriegswesens, Aarau 1852, S. 128ff. — L. Grasberger, a. a. O. Bd. III, S. 155.

Krieges in einer Rede Athens Truppen auf und erwähnt dabei auch 1600 Bogenschützen.[1]) Es ist hier nicht der Platz zu fragen, ob diese Zahl richtig oder unrichtig ist[2]), sie ist jedenfalls ein positives Zeugnis für das Vorhandensein dieser Waffengattung.[3]) Ein anderes unzweideutiges Zeugnis liefern uns die so zahlreichen Kunstdenkmäler. In manchen Schulen unterrichteten besondere Lehrer die Jugend im Bogenschießen. Von einer solchen Schule auf der Insel Teos gibt uns eine von Hirschfeld publizierte Inschrift genauere Nachricht.[4]) Die Inschrift, ein Beschluß des Gemeinderates von Teos, sagt unter anderem: ὁπλομάχον δὲ καὶ τόν διδάξοντα τοξεύειν καὶ ἀκοντίζειν μισθοῦθωσαν, ὅ τε παιδονόμος καὶ ὁ γυμνασιάρχος ἐπ' ἀναφορᾷ τῇ πρὸς τὸν δῆμον. Wir werden auf diese und ähnliche Nachrichten in einem späteren Abschnitte noch zurückkommen.

1. Der homerische Bogen.

Unsere Besprechung des ältesten griechischen Bogens muß naturgemäß von Homer ausgehen.[5])

Zwei Helden sind es, von deren Bogen Homer uns näheres berichtet, Pandaros und Odysseus. Von der Waffe des letzteren lesen wir, daß sie παλίντονον (Od. XX, 11; 59), μέγα (Od. XXI, 74), ἐύξοον (Od. XXI, 92) war, daß Odysseus sie genau beschaute, ob nicht die Würmer das Horn während seiner Abwesenheit zerfressen hätten, Od. XXI, 393—395:

. . ὁ δ' ἤδη τόξον ἐνώμα
πάντῃ ἀναστρωφῶν, πειρώμενος ἔνθα καὶ ἔνθα,
μὴ κέρα ἶπες ἔδοιεν ἀποιχομένοιο ἄνακτος.

Genauer ist der Bogen des zweiten Helden, des Pandaros beschrieben, Il. IV, 105—111:

αὐτίκ' ἐσύλα τόξον ἐύξοον ἰξάλου αἰγὸς
ἀγρίου, ὅν ῥά ποτ' αὐτὸς ὑπὸ στέρνοιο τυχήσας
πέτρης ἐκβαίνοντα, δεδεγμένος ἐν προδοκῇσιν,

---

[1]) Thuk. II, 13, 8: ἑξακοσίους δὲ καὶ χιλίους τοξότας. — H. Delbrück, a. a. O. Bd. I, S. 15.

[2]) Vgl. darüber H. Delbrück, a. a. O. Bd. III, S. 15 ff.

[3]) Als weitere Beweise vgl. Arist. Ἀθην. πολ. (St. d. Athen.), 24, 3; Aisch. Pers. 460 (Salamis); Herodot IX, 22, 60 (Platäa); Thuk. II, 23, 2; III, 98, 1; 107, 1; IV, 28, 4; 129, 4; V, 52, 2; 84, 1; VI, 22, 1; 43, 1; VII, 42, 1; Plut. Them. 14; IG I, 54, 79; II, 1, 316; vgl. auch 465, 467, 469, 470 und 471. — A. Böckh, a. a. O. S. 326 ff., 331 ff.

[4]) Hermes, IX, S. 501 ff. Vgl. auch die Inschrift aus Sestos, Hermes, VII, S. 116, Z. 64, wo von Einsetzung von Speerwurf und Bogenschuß geredet wird: θέσεις ἀκοντισμοῦ καὶ τοξείας und IG II, 2360.

[5]) Nicht ohne Interesse ist die Äußerung des Aristophanes, wonach die beste Quelle zum Studium der Waffen Homer sei, Ranae 1032—1036; vgl. auch Horaz. Epist. ad Pisones 73—74.

βεβλήκει πρὸς στῆθος, ὁ δ' ὕπτιος ἔμπεσε πέτρῃ·
τοῦ κέρα ἐκ κεφαλῆς ἑκκαιδεκάδωρα πεφύκει·
καὶ τὰ μὲν ἀσκήσας κεραοξόος ἤραρε τέκτων,
πᾶν δ' εὖ λειήνας χρυσέην ἐπέθηκε κορώνην.

Aus dieser Schilderung können wir entnehmen, daß bei beiden Bogen das Horn den wichtigsten Bestandteil bildete. Zunächst aber ist die Frage zu entscheiden, welches Tier Homer als αἲξ ἄγριος bezeichnet; meint er den Alpensteinstock oder den Paseng? Nach dem Stande der jetzigen Kenntnisse über die Verbreitung des Alpensteinbockes ist als gewiß anzunehmen, daß er in Griechenland überhaupt unbekannt war.[1]) Sicher dagegen war auf den griechischen Inseln wie auch im westlichen Kleinasien der Paseng oder die Wildziege (capra aegagrus) allgemein verbreitet[2]), und die Gelehrten sind darin einig, daß auch bei Homer nur dieses Tier in Betracht kommen kann[3]). So lesen wir z. B. Od. XVII, 294—295:

τὸν (Ἄργον) δὲ πάροιθεν ἀγίνεσκον νέοι ἄνδρες
αἶγας ἐπ' ἀγροτέρας ἠδὲ πρόκας ἠδὲ λαγωούς,

die jungen Männer führten also des Odysseus Hund Argos gegen die αἶγας, worunter keinesfalls der Steinbock gemeint sein kann, weil dieser doch nur im Hochgebirge, aber nicht auf Ithaka lebt. Und wenn auch die Beiwörter ὀρεσκῷος (Od. IX, 155) und ἴξαλος (Il. IV, 105) sowohl dem Paseng wie auch dem Steinbock beigelegt werden können, da alle zwei bekanntlich gute Kletterer und Springer im Hochgebirge sind, so kann doch das Attribut ἰονθάς (bärtig, Od. XIV, 50) nur den Paseng bezeichnen, denn der Steinbock hat keinen Bart und kann unmöglich als ἰονθάς = zottig, haarig (Passow s. v.) bezeichnet werden, da seine Behaarung nicht rauh ist. Die Pasenge leben wie die Steinböcke im Gebirge unter der Führung eines alten Männchens, das, während die Herde ruhig weidet, auf einem vorspringenden Felsen über sie wacht.[4]) Das Erlegen eines solchen Führers gehört zu den schwersten Leistungen und wenn Homer das glückliche Treffen (τυχήσας) hervorhebt, wenn er sagt, Pan-

[1]) O. Keller, Tiere des klassischen Altertums, Innsbruck 1887, S. 37. — St. Fellner, Der homerische Bogen, Zeitschrift für österreichische Gymnasien, Bd. XLVI (1895), S. 199. — O. Keller, Die antike Tierwelt, Leipzig 1909, Bd. I, S. 299. — R. Johannes, De studio venandi apud Graecos et Romanos, Gottingae 1907, S. 5.

[2]) O. Keller, Tiere des klassischen Altertums, S. 38: »Paseng (capra aegagrus) ist eine Mittelgattung zwischen Ziege und Steinbock, von letzterem besonders durch das unregelmäßig gezackte, in eine schneidige Form zusammengepreßte Gehörn verschieden.« Vgl. auch O. Keller, Die antike Tierwelt, S. 296f. — St. Fellner, a. a. O. S. 201. Vgl. Schliemann, Ilios, Fig. 1883 ein Tonwirtel mit einer sehr rohen Darstellung des Pasengs.

[3]) O. Keller, Tiere des klassischen Altertums, S. 40. — St. Fellner, a. a. O. S. 201. — v. Luschan, a. a. O. in Festschrift für Benndorf, S. 190. — Ameis-Hentze, zu Il. IV, 105. — R. Johannes, De studio venandi. S. 21.

[4]) Vgl. St. Fellner, a. a. O. S. 200. — O. Keller, Tiere des klassischen Altertums, S 40f.

daros habe die Wildziege, während sie über eine Klippe herunterkam, von unten her (ὑπὸ στέρνοιο) getroffen (der Jäger hat sie aber an seinem Standort ἐν προδοκῇσιν erwartet), so glauben wir, daß es sich hier eben um ein ausgewähltes Exemplar, um einen Pasengführer handelt.[1]) Ausdrücklich wird hervorgehoben, daß die Kraft des geschleuderten Pfeiles so groß war, daß der Paseng rücklings auf den Felsen hinsank — ὁ δ' ὕπτιος ἔμπεσε πέτρῃ.

Die Hörner des erbeuteten Pasengs wurden vom Bogenmacher zur Verfertigung der Waffe des Pandaros verwendet[2]), indem er sie miteinander verband (ἤραρε). Weiterhin aber ist die homerische Beschreibung unzureichend, denn es fehlt die genauere Angabe, auf welche Weise diese Pasenghörner miteinander verbunden wurden. In dieser Richtung müssen wir also zunächst unsere Untersuchung führen. Es kann nun kaum einem Zweifel unterliegen, daß die Hörner selbst fast keine Elastizität besaßen, daß sie vielmehr bei einer größeren Krümmung an der Innenseite brechen, an der Außenseite dagegen zerreißen mußten. Aber auch wenn nicht dieser äußerste Fall eintrat, so konnte doch das Horn allein nie völlig in seine frühere Lage zurückkehren. Es muß also die notwendige Elastizität des Bogens, der ja ein παλίντονον war, nicht in den Hörnern allein, sondern auch in dem Bindematerial vorausgesetzt werden. Und wir müssen uns wundern, daß diese homerische Beschreibung so viele verschiedene Meinungen über die Gattung und Art des Bogens hervorgerufen hat, zumal sie philologisch ganz klar ist und auch sachlich nichts unmögliches bringt.

F. v. Luschan, der die homerische Beschreibung beiseite läßt, erklärt den Bogen des Pandaros als zusammengesetzten Bogen (»Doppelbogen«), den er für den einzig möglichen und für den homerischen überhaupt ansieht. Seiner Meinung nach ist es vom technisch-ethnographischen Standpunkte aus unmöglich, aus diesen zwei Paseng-Hörnern einen brauchbaren Bogen herzustellen. Dann schreibt er aber weiter: »natürlich kann man zwei solche Hörner an einen Handgriff stecken und mit großem Aufwande von verschiedenen Hilfsmitteln auch wirklich haltbar befestigen — aber kein irdisches Wesen wäre je imstande, einen solchen Bogen zu spannen.«[3])

[1]) Vgl. auch Od. IX, 152—158 die Jagd des Odysseus und seiner Gefährten auf die αἶγας ὀρεσκώους.

[2]) Pollux, Onom. I, 137: τόξον καὶ (τὰ) τοῦ τόξου (μέρη), κέρας καὶ νευρὰ καὶ ὀϊστός. Vgl. Simmias, Anth. Palat. VI, 113 (ed. Dübner, Bd. I). — Philostr. Imag. I, 10: τὸ μὲν γὰρ κέρας αἰγὸς ἰξάλου ποιηταί φασι, χρῆται . . ὁ τοξότης ἐς τὰ οἰκεῖα. Oppianus, Halieut. II, 54—55: ἐκ δὲ κεράων τόξα κυκλοτερῆ.

[3]) F. v. Luschan, a. a. O in Festschrift für Benndorf, S. 190; vgl derselbe, Berliner philologische Wochenschrift, 1899, S. 411 f; derselbe, Jahrbuch d. deutsch. arch. Inst., Bd. XII (1899), Anzeiger, S. 12 f.; derselbe, Zeitschrift für Ethnologie, Bd. XXXI (1899), Verhandlungen S. 228 ff.

Indessen wird es sich aus dem Folgenden zeigen, daß es doch Leute gab, die einen solchen Horn-Bogen nicht nur zu spannen, sondern auch zu bespannen imstande waren. Ob die Berechnung des Spanngewichtes, 500—1000 *kg*, wie es v. Luschan angibt, wirklich zutreffend ist, wissen wir nicht, doch darf darauf hingewiesen werden, daß der Dichter dem Krieger, der diesen Bogen führt, die Kraft zuschreibt, einen Panzer zu durchschießen. (Il. IV, 131 ff.)

Den Anschauungen v. Luschans folgten W. Reichel[1]) und M. Jähns.[2]) Der erstere suchte den homerischen Text dem Doppelbogen anzupassen, indem er Il. IV, 110—111 folgendermaßen übersetzte: »Nachdem der hornschnitzende Künstler diese (Hörner) verarbeitet, fügte er sie (zum Bogen) zusammen, und als er das ganze sorgfältig geglättet hatte, setzte er eine goldene κορώνη darauf.« Es ist klar, daß die von Reichel gegebene Übersetzung der betreffenden homerischen Stelle zwar haltbar ist, aber noch keineswegs zur Annahme des Luschanschen »Doppelbogens« nötigt.

Auch M. Jähns meint, v. Luschan habe Recht, wenn er den Doppelbogen als den homerischen ansieht, die bisherige Auslegung der homerischen Beschreibung scheine ihm falsch zu sein. M. Buchner[3]) ging noch weiter. »Der Bogen des Pandaros, der im Homer eine Rolle spielt, wenn er überhaupt ernst genommen und beachtet zu werden verdient (?), kann nur chinesisch verstanden werden.« Zuletzt hat sich mit dem Pandaros-Bogen auch A. Schaumberg beschäftigt[4]); nach seiner Meinung war der Bogen aus mehreren flachen Lagen von Paseng-Hörnern zusammengesetzt. Als moderne Analogie zieht er die orientalischen Bogen, die aus mehreren Lagen von Hornplatten zusammengesetzt sind, heran.[5]) Es ist klar, daß man alle diese modernen Bogen, die als Analogien für den Pandaros-Bogen angeführt werden, mit dem homerischen Text absolut nicht in Einklang bringen kann.

Einige Erklärer der homerischen Stelle dachten, indem sie κορώνη falsch übersetzten, die Hörner wären mit einem metallenen Beschlag

---

[1]) W. Reichel, a. a. O. S. 112ff.

[2]) M. Jähns, a. a. O. S. 286f.

[3]) M. Buchner, Das Bogenschießen der Ägineten, in Zeitschrift für Ethnologie, Bd. XL (1908), S. 856.

[4]) A. Schaumberg, a. a. O. S. 71ff.

[5]) Diese Bogen sind von Boeheim, Zeitschrift für historische Waffenkunde, Bd. I, S. 191f., publiziert worden. Schaumberg erwähnt weiter (S. 77) einen asiatischen Bogen der Münchener ethnographischen Sammlung, »der offenbar aus mehreren mit Sehnenbelag umkleideten Hornschichten besteht; auch sein Mittelstück scheint Hornmasse zu sein.« Wie wenig dies dem homerischen Text entspricht, braucht nicht gezeigt zu werden.

verbunden[1]); aber davon kann überhaupt nicht die Rede sein, denn Kupfer, Bronze, Eisen eignen sich nicht als Bindungsmaterial, auch fehlt ihnen die in diesem Falle notwendige Elastizität. Man könnte nur an Stahl denken, aber gehärteter Stahl, wie er für einen Bogen notwendig ist, war Homer noch unbekannt.[2])

Es ist Fellners Verdienst, die Aufmerksamkeit darauf gelenkt zu haben, daß Homer den Bogenmacher τέκτων nennt.[3]) In dieser Benennung, glauben wir, kann man die Antwort auf die Frage des Verbindungsmateriales finden, es war ohne Zweifel Holz.[4]) Den Bearbeiter des Metalls, ohne Rücksicht auf die Gattung des verarbeiteten Materials, nennt Homer immer nur χαλκεύς.[5]) Hätte Homer den Bogenmacher χαλκεύς genannt — das Bindungsmaterial spielt bei dieser Art der zusammengesetzten Bogen eine sehr wichtige Rolle —, so könnte man vielleicht an ein metallenes Bindungsstück denken. Homer nennt den Bogenmacher aber κεραοξόος τέκτων; daraus geht hervor, daß τέκτων, wenn auch dieser Name überhaupt einen mit Geschicklichkeit und einer gewissen Kunstfertigkeit verfahrenden Arbeiter kennzeichnet, doch in unserem Fall nur eine Gattung der Arbeiter bezeichnen kann, die sich nicht mit dem Metall beschäftigten. Im engeren Sinn bezeichnet dieses Wort aber den Holzarbeiter.[6]) In dem zweiten Wort der Benennung des Arbeiters — κεραοξόος — liegt die spezielle Hervorhebung seiner Berufstätigkeit.[7]) Er macht Bogen, indem er die Hörner glättet, schabt und sie dann auch als geschickter Holzarbeiter — τέκτων — verbindet[8]), so daß daraus ein haltbarer und brauchbarer Bogen entsteht. Aber der homerische Text gibt auch noch andere Beweise

[1]) Rüstow-Köchly, Geschichte des griechischen Kriegswesens, S. 21. — J. B. Friedreich, Die Realien in der Ilias und Odyssee, Erlangen 1851, S. 360. — H. Droysen, Heerwesen und Kriegsführung der Griechen, Freiburg i. B. 1889, S. 19. — Guhl und Koner, Leben der Griechen und Römer, Berlin 1893, VI. Aufl., S. 402. — J. U. Faesi, VII. Aufl. ad Odyss. XXI, 179.

[2]) St. Fellner, a. a. O. S. 202ff. — H. Blümner, Technologie und Terminologie der Gewerbe und Künste, Leipzig 1887, S. 212f. — H. Helbig, Homer. Epos aus den Denkmälern erl. Leipzig 1887, II. Aufl., S. 105. — O. Schrader, Real-Lexikon der indogermanischen Altertumskunde, Straßburg 1901, S. 795f. — P. Cauer, Grundfragen der Homer-Kritik, Leipzig 1909, II. Aufl., S. 257f.

[3]) St. Fellner, a. a. O. S. 202ff.

[4]) Diels, Jahrbuch d. deutsch. Inst., Bd. XIV (1889), Anzeiger, S. 12. — Derselbe, Berliner philologische Wochenschrift, 1899, S. 411f.

[5]) H. Blümner, a. a. O. Bd. IV, S. 42 und 290. — A. Riedenauer, Handwerk und Handwerker in den homerischen Zeiten, Erlangen 1873, S. 99f.

[6]) A. Riedenauer, a. a. O. S. 86ff.

[7]) Nonnius Panop. Dionys. III, 76. — Simmias, Anth. Palat. VI, 113 (ed. Dübner, Bd. I). — Oppianus, Halieut. II, 509—512. — Pollux, Onom. VII, 156, nennt den Bogenmacher τοξοποιός.

[8]) H. Blümner, a. a. O. Bd. II, S. 358.

für den Horn-Bogen und gegen den zusammengesetzten Doppelbogen. Als Odysseus nach zwanzig Jahren seinen Lieblingsbogen in die Hand zurückbekommen hatte, prüfte er ihn eingehend, ob die Würmer die Hörner nicht zerfressen hätten, Od. XXI, 393—395. Wäre der homerische Bogen ein »Doppelbogen«, so müßte er demgemäß auch ganz mit Birkenrinde oder Tierfasern bedeckt gewesen sein und dann könnte ja Odysseus den Bogen nicht in solcher Art untersuchen, weil er doch die Bestandteile überhaupt nicht sehen könnte.[1]) Wir finden aber bei Homer noch ein weiteres Argument gegen den Metallbeschlag und für die Holzverbindung, denn wir lesen Od. XXI, 176—180, daß Antinoos nach den vergeblichen Versuchen der Freier, den Bogen zu bespannen, dem Hirten Melanthios befahl:

> ἄγρει δή, πῦρ κῆον ἐνὶ μεγάροισι, Μελανθεῦ.
> πὰρ δὲ τίθει δίφρον τε μέγαν καὶ κῶας ἐπ' αὐτοῦ·
> ἐκ δὲ στέατος ἔνεικε μέγαν τροχὸν ἔνδον ἐόντος,
> ὄφρα νέοι θάλποντες, ἐπιχρίοντες ἀλοιφῇ.
> τόξου πειρώμεσθα καὶ ἐκτελέωμεν ἄεθλον.

Horn mittels Feuer weicher zu machen, war ein im Altertum bekanntes Verfahren[2]) und da es sich hier um einen Horn-Bogen handelt, ist begreiflich, daß die Freier es anwenden. Mit Talg konnte man jedoch weder Horn, noch den metallenen Beschlag weicher und elastischer machen, sehr wohl aber das bindende Holz. Fellner, der das Wort τέκτων richtig interpretierte, ist darin zu weit gegangen, daß er einen vollständigen Holz-Bogen angenommen hat, an dessen Enden die Hörner nur zum Schmuck dienen sollten[3]), so daß der homerische Bogen nur ein einfacher Holz-Bogen gewesen wäre. Daß dies unrichtig ist, daß die auf diese Weise angebrachten Hörner der Elastizität der Waffe, ihrer Kraft sowie ihrer Widerstandsfähigkeit keinen Nutzen brachten, leuchtet ein. Und wenn wir auch gegen die technische Möglichkeit eines solchen Bogens nichts einwenden können, so müssen wir doch bemerken, daß diese Art von Bogen nirgends bekannt ist und daß sie mit dem homerischen Text unter keinen Umständen in Einklang gebracht werden kann.

Es heißt ja, der Bogenmacher habe die Hörner von den Wülsten befreit, geglättet — τὰ μὲν ἀσκήσας — dann habe er sie mittels eines Holzstabes miteinander verbunden — κεραοξόος ἤραρε τέκτων — und

[1]) Vgl. das, was v. Luschan selbst über die ἶπες berichtet. — Vgl. auch W. Reichel, a. a. O. S. 114.

[2]) Paus. V 12, 2; vgl. auch H. Blümner, a. a. O. Bd. II, S. 358. Vgl. weiter Od. XXI, 245—246:

> Εὐρύμαχος δ' ἤδη τόξον μετὰ χερσὶν ἐνώμα
> θάλπων ἔνθα καὶ ἔνθα σέλαι πυρός κτλ.

[3]) St. Fellner, a. a. O. S. 205ff.

nachdem er alles poliert hatte, d. h. sowohl die Hörner wie auch das Mittelstück — πᾶν δ' εὖ λειήνας —, befestigte er an einem Ende die goldene κορώνη. Die Verfertigung des Bogens entwickelt sich so gewissermaßen vor unseren Augen.

Daß so konstruierte Bogen existieren, gibt selbst v. Luschan zu[1]), indem aber »Hörner gewisser zentralafrikanischer Antilopen und auch der thibetischen Pantholops« verwendet werden. Jetzt sind wir auch in der glücklichen Lage, Reste von Horn-Bogen, die auf die nämliche Art verfertigt waren, wie es Homer schildert, aus einem Privatgrab in Abydos, welches neben dem des Den Setui (I. Dynastie) gelegen war, nachzuweisen (Fig. 2).

Dieser Fund gibt uns Antwort auf alle Streitfragen und löst überhaupt alle Rätsel des Pandaros-Bogens[2]), und wenn es auch zu bedauern ist, daß uns diese Bogen nicht in ganz gutem Zustande erhalten sind, so genügen sie vollkommen, um zu zeigen, daß es wirklich im Altertum Bogen von der Art gab, wie Homer sie geschildert hat. Nur sind die ägyptischen Horn-Bogen aus den Hörnern des Oryx verfertigt, während man im homerischen Griechenland die Hörner des Pasengs dazu benützte.

Es wird damit zugleich die Annahme bestätigt, daß in der Bezeichnung des Verfertigers als τέκτων ein Hinweis auf das Material des bindenden Mittelstückes zu erkennen sei. Es war ein zu beiden Seiten spitz zulaufendes Holz (ein Handgriff), an welches man die geglätteten, von den Wülsten befreiten Hörner ansteckte. Auf der Fig. 2 sehen wir tatsächlich in der Mitte unter den zwei Hörnern ein solches Mittelstück. Es bleibt noch eine Frage zu beantworten. Es wäre nämlich möglich, daß bei einer größeren Spannung des Bogens entweder die Hörner an den Wurzelenden zerreißen oder daß das Bindeholz, an dem die Hörner stecken, herausspränge. Mit vollem Recht nimmt daher W. M. Flinders Petrie an, daß die Bogen an den Bindepunkten, die am meisten der Spannung ausgesetzt waren, mit einer Schnur umwickelt waren, um auf diese Weise jede Lockerung zu verhüten. Wir glauben, daß diese Annahme auch eine Bestätigung in den griechischen Vasenbildern findet, auf denen wir manchmal an den Bogen neben dem Griff beiderseits mehrere Linien finden, die eine solche Umschnürung an den Bindungspunkten andeuten sollten.[3])

[1]) v. Luschan, a. a. O. in Festschrift für O. Benndorf, S. 191.

[2]) Auch die Meinung Schwatlos, Homerisches und Mykenisches I (Der Kriegsbogen und sein Zubehör) in Wochenschrift für klassische Philologie, 1911, Nr. 47, 49 und 51, daß die homerischen Gedichte keinen zweiteiligen Bogen kennen, ist danach hinfällig. Auf welche Weise man aus einem Pasenghorn den Bogen verfertigen könnte, verstehen wir nicht. Daß Homer nur von einem Bogen spricht, bei welchem beide Hörner Verwendung fanden, ist klar.

[3]) Vgl. z. B. Gerhard, A. V. Taf. 4, 78, 124, 190—191, 221—222.

Als der Bogen des Pandaros fertig war, befestigte der Bogenmacher daran die goldene κορώνη. Diese war ein Metallhaken, welchen man an dem oberen Ende des Bogens anzusetzen pflegte. An dieser κορώνη — die gemäß der Kostbarkeit der Waffe aus Gold gemacht war — wurde, wenn man schießen wollte, das freie Ende der Sehne angebracht.[1]) Die κορώνη war entweder ein ganz einfacher Haken[2]) wie bei Homer, oder sie hatte nach Art der Bogen, die uns spätere Vasenbilder zeigen, die Form eines Vogelkopfes.[3]) Sie war aber keinesfalls ein metallener Beschlag, der die zwei Hörner zusammenhalten sollte[4]); denn der Bügel oder das bindende Stück Holz, das zugleich als Griff für den Bogen diente, und an welchem die Spitze des Pfeiles ruhte, hieß πῆχυς.[5])

Il. XI 375, ὁ δὲ τόξου πῆχυν ἄνελκεν κτλ.[6])

Dieser πῆχυς ist dasselbe wie die »regula« des Ammianus, von welcher wir bei der Untersuchung des skythischen Bogens S. 53 gesprochen haben.

Noch bleibt die Größe des homerischen Bogens zu erörtern. Diejenigen Gelehrten, die den zusammengesetzten Bogen — den »Doppelbogen« — als den homerischen angenommen haben, meinen, die Hornplatten seien ἑκκαιδεκάδωρα gewesen;[7]) aber Homer sagt nicht, daß es

[1]) Eusth. ad Il. IV, 110 = (451.8) εἰς ἣν δηλαδὴ ἐνίεται ἡ νευρά. — Vgl. Ebeling, Lex. Homeric. Bd. I, S. 868. — W. Reichel, a. a. O. S. 114 f. — Das Wort κορώνη kommt bei Homer sechsmal vor, Od. I, 441; VII, 90; XXI, 46, 138, 165; Il. IV, 111, aber nur in der Ilias in der Bedeutung von »Haken« am Bogen zur Befestigung der Sehne, sonst als Ring an der Außenseite der Türe; so muß man es auch auffassen in der Od. XXI, 138, 165, wo es heißt: αὐτοῦ δ' ὠκὺ βέλος καλῇ προσέκλινε κορώνῃ; denn Od. XXI, 136 heißt es ausdrücklich, Telemachos habe den Bogen auf die Erde gelegt — τόξον θῆκε χαμᾶζε — somit konnte er den Pfeil nicht an die κορώνη des Bogens, sondern nur an die Türe anlehnen. Vgl. darüber ausführlich W. Reichel, a. a. O. S. 115. — Wenn A. Schaumberg, a. a. O. S. 69, schreibt, κορώνη sei das obere Bogenhorn, so ist das, was den homerischen Text anbelangt, absolut irrig, da Homer klar die spätere Zufügung der κορώνη hervorhebt. Wenn aber der Bogen keinen metallenen Haken hatte, kann das Wort κορώνη nur einzig und allein die Einschnitte kennzeichnen, die am oberen Ende zuweilen zum festeren Anbinden der Sehne gemacht wurden, nie aber das ganze obere Bogenende, was schon die Erklärung des Wortes durch Eustathius ausschließt.

[2]) Das Material der κορώνη ist leider auf den Vasenbildern nicht durch andere Farbe als der Bogen gekennzeichnet. Vgl. z. B. Gerhard, A. V, 28, 29, 61, 78, 144.

[3]) Vgl. z. B. Robert, Sarkophagreliefs, III, S. 186, Nr. 1542 (Athen. Nationalmuseum).

[4]) Vgl. die oben S. 76, Anm. 1 erwähnten Arbeiten, die vom metallenen Beschlag sprechen.

[5]) Eust. ad Od. XXI, 419 (1915. 35) schreibt von πῆχυς, ἡ τοῦ τόξου λαβή. — Ebeling, Lex. Hom. Bd. II, S. 125. — E. Buchholz, a. a. O. Bd. II, Abt. I, S. 354.

[6]) Vgl. auch Il. XI, 58, 2—3.

[7]) W. Reichel, a. a. O. S. 114, mit einem kleinen Fehler in der Rechnung; anstatt 0·984 soll es 1·184 heißen. — Vgl. auch A. Schaumberg, a. a. O. S. 75.

sich um Hornplatten handelt, sondern nur, daß der Paseng so große Hörner hatte, womit nach unserer Ansicht nur gesagt werden soll, daß das erlegte Tier ein Prachtexemplar war, nicht aber, daß der Bogenmacher die Hörner in derselben Länge zum Verfertigen des Bogens benützt hatte.[1] Sicher ist, daß die Länge des antiken griechischen Bogens ungefähr einen Meter betrug.[2]

Die Sehne wurde aus Rindshaut[3] verfertigt, zuweilen mehreremal gedreht, wahrscheinlich auch geflochten und also auf diese Weise verstärkt.[4] An dem einen, dem unteren Bogenende war die Sehne stets fest angebunden, an das obere pflegte man sie anzubringen, wenn man schießen wollte. Der Grund dafür, daß man die Sehne nicht ständig an beiden Enden angebunden ließ, liegt hauptsächlich darin, daß man ihre volle Elastizität erhalten wollte.[5] Das freie Ende der Sehne wurde entweder durch künstliche Verknotung[6] oder mittels einer Öse an dem Bogen befestigt. Daß jeder Schütze mit mehreren Vorratssehnen ausgerüstet in den Krieg zog, scheint nicht nur wahrscheinlich, sondern sogar notwendig.

Zum Schluß dieser Betrachtungen über den Hornbogen möchten wir noch auf die Frage, wo diese Bogenart vermutlich erfunden worden ist, eingehen. Wir fanden den Hornbogen in Ägypten, in Palästina (den Haru-Bogen) und im Skythenland. Durch Homer erscheint er bezeugt für die Troas. Da wohl das Horn des Pasengs überall in Kleinasien zum Verfertigen des Hornbogens gebraucht wurde, könnten wir das Verbreitungsgebiet des Hornbogens dort annehmen, wo der Paseng lebte, im lydisch-phrygisch-mysischen Gebirge einerseits, in Lykien, also in Südkleinasien anderseits.[7] Von Kleinasien mag der Bogen möglicherweise nach Griechenland entweder durch die Skythen, oder direkt gekommen sein. Es muß hervorgehoben werden, daß der ägyptische Hornbogen aus den Hörnern des Oryx, der Haru-Bogen aus den Hörnern des

---

[1] Netolicka, Naturhistorisches aus Homer, Programm des k. k. Gymnasiums in Brünn 1855, erklärte den Ausdruck ἑκκαιδεκάδωρα in dieser Weise, daß die Pasenghörner 14—16 quergestellte, runde Wülste haben. Ebenso Ameis ad Il. IV, 105. Dies scheint nicht zutreffend zu sein, da die Wülste nicht regelmäßig an den Hörnern wachsen. — Vgl. dazu St. Fellner, a. a. O. S. 201. — E Buchholz, a. a. O. Bd. II, Abt. I, S. 354, Anm. 2.

[2] W. Reichel, a. a. O. S. 114.

[3] Il. IV, 122 (νεῦρα βόεια). — Vgl. Eust. ad Il. IV, 122 (452, 31); ad Il. III, 336 (421, 20); ad Od. XVIII, 358 f. (1851, 33); ad Od. XXI, 419 (1915, 34). Roßhaar, Ovid. Ep. ex P. I, 2, 21; Verg. Aen. IX, 622. Kamelsehne, Arist. Hist. anim. V, 2 (Bd. I, S. 540 ed Acad. R. Boruss.).

[4] Vgl. Mon. dell' Inst. V, Taf. 28.

[5] Herodot, II, 173.

[6] Vgl. Gerhard, A. V. 130, 264. — Furtwängler-Reichhold, Griech. Vas. 21. 91.

[7] O. Keller, Tiere des klassischen Altertums, S. 38—42.

syrischen Steinbockes und der kleinasiatische aus den Hörnern des Pasengs verfertigt wurden, also jedes Land oder besser gesagt jedes Volk die Hörner desjenigen Tieres benutzte, welches in seinem Gebiete vorhanden war. Damit wollen wir nicht sagen, daß der Hornbogen in jedem dieser Länder abgesondert erfunden wurde, eher glauben wir, daß der Hornbogen in einem Zentrum erfunden wurde und von diesem aus sich erst verbreitet hat. Daß dieses Zentrum in Kleinasien, vielleicht in Lykien zu suchen ist, scheint uns am wahrscheinlichsten zu sein. Die Erfinder zu nennen ist unmöglich, doch werden wir nicht fehlgehen, wenn wir die Erfindung dieser Bogengattung noch auf die prähistorische Bevölkerung zurückführen; durch Beziehungen, die in jener Zeit die einzelnen Länder verbanden, mag er von hier aus weiter verbreitet worden sein.

2. Der Bogen in den Darstellungen der Kunst.

Die bisherigen Untersuchungen haben drei Bogengattungen festgestellt. Wir fanden erstens den einfachen Holzbogen, dann den zusammengesetzten Doppelbogen und endlich glauben wir nachgewiesen zu haben, daß die homerische Schilderung des Bogens auf reeller Basis beruht, d. h. daß der homerische Hornbogen nicht nur wirklich existierte, sondern in homerischer Zeit wahrscheinlich in allgemeinem Gebrauch stand. Alle diese drei Bogenarten lassen sich auf den griechischen Denkmälern leicht nachweisen und wir werden Gelegenheit haben, bei Besprechung der einzelnen Bogenformen unsere Aufmerksamkeit auch auf ihre technische Seite zu lenken; doch soll im vorhinein bemerkt werden, daß es eine Fülle von Bogendarstellungen in der antiken Kunst gibt, die nicht nur keine Scheidung nach der Form erlauben, sondern vielmehr den Zweifel erwecken, ob solche Bogen überhaupt jemals möglich waren, ob sie nicht bloß ein Produkt der Phantasie des Künstlers sind oder seiner sachlichen Unkenntnis zuzuschreiben sind. Danach ergab sich auch die Notwendigkeit, unsere Untersuchung nur auf die ganz zweifellosen Bogendarstellungen zu beschränken.

α) Der Bogen auf Bildwerken des geometrischen Stiles.

Im Gegensatz zu den zeitlich späteren Denkmälern zeigen die des geometrischen Stiles den Bogen verhältnismäßig selten und auch da, wo er vorkommt, ist eine mehr oder weniger sichere Entscheidung für diese oder jene Gattung fast ausgeschlossen. Immerhin können wir in den Denkmälern einige unterscheidende Merkmale finden, die das ganze für uns verwendbare Material in drei Gruppen teilen lassen.[1])

[1]) Vgl. auch A. Schaumberg, a. a. O. S. 92 f.

I. Bogen in der Form eines einfachen, fast könnte man sagen, »mykenischen« Holzbogens, gleichmäßig in der ganzen Länge, halbkreisförmig gekrümmt, etwas weniger als hüfthoch. Das Anbinden der Sehne ist an keinem Ende sichtbar:

Vasenscherbe aus dem argivischen Heraion [1]) mit drei Männern, von denen nur der Unterkörper erhalten ist. In der Mitte steht ein Bogenschütze, mit der spitzwinkelig gebogenen Hand den Bogen haltend, im Begriff ihn zu spannen.

Vasenfragment ebenfalls aus dem argivischen Heraion mit einem Bogenschützen, der einen Pfeil abschießt. [2])

Scherbe einer geometrischen Vase von der Akropolis. Ein Mann, fragmentarisch erhalten, schießt nach links gegen einen Krieger. [3])

II. Bogen, der in der Mitte der Außenseite stark eingezogen ist, so daß zwei Wölbungen und gleichzeitig zwei deutlich abgegrenzte Arme entstehen. Etwa hüfthoch. Das Anbinden der Sehne ist, wie bei der vorhergehenden Gruppe, nicht sichtbar:

Fragment eines großen Kraters im Louvre. Unter mehreren Kriegern mit Schwert und Lanze befindet sich ein Bogenschütze. Er hält einen zweimal gewölbten Bogen in der linken Hand, in der rechten den Pfeil; die Sehne ist geradlinig. Ein zweiter Krieger hält einen bogenähnlichen Gegenstand, der nach Helbig eher als Rundschild in Seitenansicht statt als Bogen zu deuten ist. [4])

Vasenfragment, ebenfalls im Louvre. Vorderteil eines Schiffes mit drei Kriegern. Einer von ihnen schießt seine Pfeile gegen einen anderen ab. Ein Pfeil hat dem Feinde den Hals durchbohrt. Der Bogenschütze faßt den Bogen an der eingezogenen Stelle. [5])

Oinochoe in Kopenhagen mit einem Seeräuberkampf und zwei Bogenschützen, von denen einer am Land, der zweite auf dem Schiffe

[1]) J. C. Hoppin, The vases and vases fragments, in Ch. Waldstein, The Argive Heraeum, Boston and New York 1905, Bd. II, Taf. 57, Nr. 10.

[2]) J. C. Hoppin, a. a. O. Bd II, Taf. 57, Nr. 13. Vgl. auch S. 113, wo Hoppin auf die Ähnlichkeit dieser Bogen mit denen der mykenischen Silberschale und der Dolchklinge aus dem vierten Schachtgrabe hinweist.

[3]) B. Graef, Die antiken Vasen von der Akropolis zu Athen, Berlin 1909, Bd. I, Heft I, Taf. 10, Nr. 291. — Vgl. weiter ähnliche Bogen auf einer boiotisch-geometrischen Bronzefibel aus Thisbe, Jahrbuch d. deutsch. Inst., Bd. IX (1894), Anzeiger, S. 116, Fig. 1; auf einer Scherbe in Delphi, Perdrizet in Fouilles de Delphes, Bd. V, S. 138, Fig. 538; derselbe Bogen kommt auch auf einer gravierten Bronzevase in geometrischem Stil aus Georgien in Transkaukasien vor, Revue arch. Bd. XL (1902), S. 74, Fig. 7.

[4]) Perrot et Chipiez, a. a. O. Bd. VII, S. 182, Fig. 67. — E. Pottier, Vas. ant. du Louvre, Bd. I, S. 23, Taf. XX, A 519. — W. Helbig, Jahreshefte d. öst. arch. Inst., Bd. XII (1909), S. 52, Fig. 38 und S. 56.

[5]) Cartault, Monuments Grecs, Bd. II (1882), S 47, Fig. 2. — Vgl. E. Pottier, a. a. O. S. 24. A 528.

sich befindet. Der Bogen des am Land stehenden Kriegers (Fig. 49) zeigt vorne eine gerade Linie, dagegen zwei Wölbungen in dem dem Schützen zugewendeten Teil. Offenbar haben wir es mit einem Versehen des Künstlers zu tun. Noch fehlerhafter gezeichnet ist der Bogen des auf dem Schiffe stehenden Kriegers. Er weist je zwei Wölbungen sowohl an der dem Krieger, wie an der nach außen zugewandten Seite auf, so daß der Bogen die Form der arabischen verlängerten Zahl 8 hat[1]) (Fig. 50). Auf demselben Gefäß ist noch ein dritter Schütze mit einem fragmentarisch erhaltenen Bogen in der Hand dargestellt. Der Bogen hatte wie der letztbeschriebene wahrscheinlich ebenfalls auf beiden Seiten je zwei Wölbungen. Trotz der zeichnerischen Fehler müssen diese Bogenformen derselben Gruppe wie

Fig. 49.

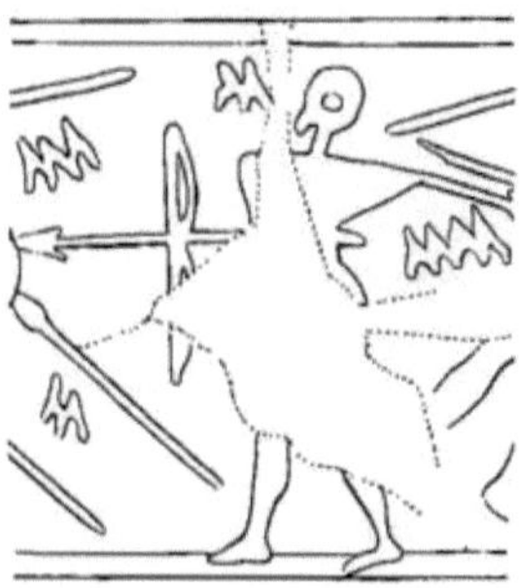

Fig. 50.

die vorher erwähnten Bogen zugerechnet werden, weil sie zwei Wölbungen aufweisen.

III. Bogen mit zielwärts aufgebogenen Enden, die Sehne ist stark gerundet, also als gespannt zu denken; an den Bogenenden läuft die Sehne parallel mit den Enden. Der Bogen selbst ist kaum hüfthoch:

Spätgeometrischer Napf aus Eleusis. Beiderseits zwischen den Henkeln Bogenschützen. Auf der einen Seite ein Schütze auf einem Schiffe, der seine Pfeile gegen einen Vogel, der am Schiffsende sitzt, entsendet Der Bogen ist ein wenig gewölbt, sein oberes Ende deutlich zielwärts gebogen.[2]) Auf der anderen Bauchseite des Gefäßes schießen zwei Bogenschützen scheinbar gegeneinander ihre Pfeile ab. Zwischen ihnen liegen am Boden zwei Männer. Bogen und Sehne sind gewölbt.[3])

[1]) Archäologische Zeitung. Bd. XLIII (1885). Taf. VIII, 1 und 1c — Perrot et Chipiez, a. a. O. Bd. VII, S. 179, Fig. 62 und 63. — Jahreshefte d. öst. arch. Inst., Bd. XII (1909), S 55, Fig. 40

[2]) 'Εφημ. ἀρχαιολ. 1898, πίν. V, Nr. 1.

[3]) 'Εφημ. ἀρχαιολ. 1898, πίν. V, Nr. 1a.

Napf im Athenischen Nationalmuseum Inv. Nr. 194. Am Bauch zwischen den Henkeln sieben laufende Männer, von denen sechs je einen Bogen in der linken Hand halten.[1])

Diese drei Gruppen entsprechen den drei Bogengattungen, denen wir bis jetzt begegneten. Die erste Gruppe entspricht dem einfachen Holzbogen. Die Gruppe II, deren Bogen zwei Wölbungen aufweisen, kann ohne Bedenken mit dem Hornbogen in Zusammenhang gebracht werden. Was die dritte Gruppe anbelangt, so ist zunächst hervorzuheben, daß sie erst auf den Gefäßen des spät-geometrischen Stiles vorkommt. In ihr möchten wir den zusammengesetzten »Doppelbogen« erkennen. Wenn diese Vermutung richtig ist, so wäre das wichtig, da damit das Erscheinen des Doppelbogens auf griechischem Boden gegen Ende der geometrischen Epoche fixiert würde.

β) Der Bogen auf Bildwerken des archaischen Stiles.

Die Denkmäler des archaischen Stiles zeigen schon eine größere Mannigfaltigkeit von Bogenformen, darunter auch solche, die kaum in Wirklichkeit existieren konnten. Bei der Bearbeitung der Bogenformen der geometrischen Epoche hatten wir mit Darstellungen immer desselben Stiles zu tun, jetzt müssen wir Denkmäler, die nicht nur verschiedener künstlerischer Richtung angehören, sondern auch ihrem Entstehungsort nach weit voneinander entfernt sind, in Betracht ziehen.

I. Einfacher, halbkreisrunder, gleichmäßiger Bogen, meistens kaum hüfthoch:

Protokorinthische Lekythos, Archäologische Zeitung, 1883, Taf. X, 1 und 2. Herakles die Pfeile gegen die Kentauren abschießend.

Fragment einer protokorinthischen Lekythos aus Ägina, Athenische Mitteilungen, Bd. XXII (1897), S. 304, Fig. 29.

Korinthischer Aryballos aus Berlin, Nr. 2955, Jahrbuch d. deutsch. arch. Inst., Bd. I (1886), S. 146, Artemis bogenschießend.[2])

II. Einfacher Bogen, halbkreisrund, nach den Enden zu sich stark verjüngend, mit einem geschweiften Horn an jedem Ende. Bogen meistens mit Umwicklung:

Altattische Amphora mit Gigantomachie, Gerhard, A. V. 95—96.

Archaische Schale aus Vulci mit Gigantomachie, Gerhard, A. V. 61 und 62.

Schwarzfigurige Amphora in Paris, de Ridder, Cat. des Vas. peints, Bd. I, S. 133, Fig. 15. Herakles und Athena gegen Geryones.

---

[1]) Vgl. Collignon-Couve, Catalogue des vas. peints du musée national d'Athènes, Textband, S. 61 f., Nr. 241.

[2]) Vgl. Etruskische Vase aus Cervetri, Gazette archéol. Bd. VII (1881/82), S. 200, Taf. 28 (Seegefecht). — Gerhard. Etruskische Spiegel, Bd. I, Taf. 87. — Vgl. auch A. Schaumberg, a. a. O. S. 111.

Fragment einer archaischen Bronzeplatte, Annali 1880, Tav. H, mit Eberjagd.[1])

Karneol-Skarabäus in Berlin, A. Furtwängler, Antike Gemmen, Bd. II, Taf. VII, Nr. 53. Herakles mit Bogen und Keule.[2])

III. Bogen in der Mitte eingezogen, wodurch zwei Wölbungen entstehen, kaum hüfthoch:

Korinthisches Alabastron aus Samothrake, Athenische Mitteilungen, Bd. XXXIII (1908), S. 112, Fig. 32.

Amphora aus Corneto, Antike Denkmäler, I, 22. Apollo und Artemis schießen ihre Pfeile gegen die Niobiden ab.

Schwarzfigurige Amphora, Gerhard, A. V. 105—106. Herakles im Kampf gegen Geryones.

Schwarzfigurige Schale. Gerhard, A. V. 133, Nr. 1. Herakles im Begriffe, den eben getöteten nemeischen Löwen auszuweiden.

Schwarzfigurige Amphora in Paris, de Ridder, Cat. des vas. peints, Bd. I, S. 147, Fig. 19. Herakles im Kampfe mit dem nemeischen Löwen.

Schwarzfigurige Lekythos, de Ridder, Cat. des vas. peints, Bd. I, S. 203, Fig. 34. Herakles bei dem Kentauren Pholos.

Schwarzfigurige Amphora, Monumenti antichi, Bd. XVII, Taf. 40. Herakles und der nemeische Löwe.[3])

Über das Material oder über die Art der unter III. angeführten Bogen läßt sich, wie auch bei der entsprechenden geometrischen Gruppe der Bogendarstellungen kaum etwas mit vollständiger Sicherheit sagen. Der Umstand aber, daß sich die Knickung an der äußeren Seite des Bogens befindet, zwingt auch hier zu der Annahme, daß wir es mit Hornbogen zu tun haben.

IV. Bogen, bei denen die zwei Wölbungen nicht von einem Punkte, sondern von den zwei Stellen ausgehen, an denen die beiden Hörnerarme durch einen Steg verbunden sind (Fig. 51).[4]) In diesen haben wir ohne Zweifel den Hornbogen zu sehen. Diese Bogenform ist mit der

[1]) Vgl. auch de Ridder, Catalogue de Bronzes de la Société arch. d'Athènes, Paris 1894, S. 138, Nr. 799.

[2]) Vgl. noch Athenische Mitteilungen, Bd. XXVI (1901), Fig. auf S. 146. — Bulletin corr. Hellén. Bd. XXII (1898), S. 463, Fig. 8 und Taf. VI. — Lenormant et de Witte, Élite céramograph. Bd. I, Taf. I. — Monumenti Antichi, Bd. XVII, Taf. XXIII. — O. Benndorf, Griechische und sizil. Vasenbilder, Taf. XII, 6. — A. Furtwängler, Olympia, Bronzen, Taf. XXXVIII. — Gerhard, Etruskische Spiegel, Bd. I, Taf. 77.

[3]) Vgl. noch Gerhard, A. V. 43, 97, 193, 215, 246, 322. — B. Graef, a. a. O. Bd. I, Taf. 25, Nr. 425. — Archäologische Zeitung, 1846, Taf. XXXIX, 1, Olpe des Amasis. — O. Benndorf, Griechische und sizil. Vasenbilder, Taf. LI, 2. — A. Conze, Melische Tongefäße, Taf. IV (soweit sichtbar).

[4]) Vgl. Gerhard, A. V. 116, 135. — Gerhard, Etruskische und kampanische Vasen, Taf. XV—XVII, 1. — H. B. Walters, Catalogue of the Bronzes in the Brit. Mus. Taf. XVIII.

vorausgehenden auf das engste verwandt. so daß sie eigentlich nur als eine Weiterentwicklung der Darstellungsart des Hornbogens angesehen werden kann. Sie ist ein neuer Beweis für die Existenz und Form des homerischen Hornbogens. Wegen der getreuen Wiedergabe der Waffe ist sie für uns von größter Wichtigkeit. Wenn die Form verhältnismäßig selten vorkommt, so liegt die Schuld offenbar nur an der Ungenauigkeit der Künstler, deren Zeichnungen manchmal in dieser Beziehung so dürftig sind, daß wir nicht imstande sind zu entscheiden, ob wir einen Hornbogen oder einen skythischen Sigmabogen vor uns haben.

V Am häufigsten kommt auf den Denkmälern die als Sigmabogen oder als der skythische Bogen bezeichnete Form vor. Es ist dies der zusammengesetzte — »Doppelbogen« — in Form einer Ranke oder des griechischen Sigmazeichens, wie wir es bei der Untersuchung des skythischen

Fig. 51.

Fig. 52.

Bogens, S. 54 ff., nachgewiesen haben (Fig. 52). Diese skythische Form war in der geometrischen Epoche anscheinend unbekannt. Wir besitzen also zwei verschiedene Formen des zusammengesetzten Doppelbogens, eine, die auf die spätgeometrischen Denkmäler beschränkt ist und die z. B. der Form nach dem altbabylonischen Bogen entspricht[1]), und eine skythische, die für sich eine Gruppe bildet und im Skythenland und auf den Denkmälern griechischer Kunst vorkommt, außerdem noch in etruskischen Bogendarstellungen[2]), die sichtlich unter dem griechischen Einfluß stehen:

Korinthische sogenannte Dodwellvase, Lau, Griechische Vasen, Taf. III, 1 b.

Jüngerkorinthische Eurytios-Amphora, Mon. dell' Inst. VI bis VII, Taf. 33.

Melische Vase, A. Conze, Melische Tongefäße, Taf III.

Altionische Amphora mit reitenden Schützen, Römische Mitteilungen, Bd. II (1867), Taf. IX.

[1]) Vgl. den Bogen des Königs Naram-Sin, Fig. 14.

[2]) Vgl. z. B. Gerhard, Etruskische Spiegel, Taf. 80, 133, 160.

Akropolisscherbe unbekannter Fabrik, B. Graef, a. a. O. Taf. 25, Nr. 465a.

Attisch-schwarzfiguriger Dinos von der Akropolis, B. Graef, a. a. O. Taf. 31, Nr. 606.

Schwarzfigurige Hydria in London, Jahrbuch d. deutsch. arch. Inst., Bd. VII (1892), S. 48.

Chalkidische Vase, Furtwängler-Reichhold, Griech. Vas. Taf. 101.

Klitias und Ergotimos-Vase, Furtwängler-Reichhold, Griech. Vas. Taf. 13.[1])

γ) Die Bogenformen seit dem V. Jahrhundert.

Schon die archaische Kunst zeigt eine große Zahl von Bogenformen, aber eine noch reichere Fülle finden wir in der entwickelten Kunst. Mit dem Aufschwung der ganzen Kunst hat auch die Exaktheit in der wahrheitsgetreuen Wiedergabe der Einzelheiten gewonnen, wenn auch gelegentlich noch Bogendarstellungen begegnen, die es ungewiß lassen, ob jemals in Wirklichkeit solche Bogenformen vorhanden waren oder ob sie überhaupt möglich sind. Wir können folgende Formengruppen unterscheiden:

I. Einfacher Bogen, bespannt in Form eines großen C, gegen die Mitte fast immer verdickt, mit kleinen, meistens nach außen gebogenen Haken an den Enden.[2]) Wir ersehen aus dieser Aufzählung, daß sich der einfachen Bogenform meistens Apollo und Artemis bedienen. Diese Konstatierung ist deswegen interessant, weil dadurch der einfache Bogen als der echt griechische Bogen im Gegensatze zu dem sogenannten skythischen Bogen erscheint. Es ist jene Form, die, wie wir schon bemerkt haben, von Apollo erfunden worden sein soll.

II. Bogen, der ungefähr die Form eines großen D hat; der eigentliche Bogen ist fast gerade, nur an den Enden scharf nach innen

[1]) Vgl. weiter Archäologische Zeitung, 1859, Taf. 125; 1878, Taf. X; 1881, Taf. XI. — Ἐφημ. ἀρχαιολ. 1883. πίν. 3; 1885, πίν. 3. — Römische Mitteilungen, Bd. IX (1894), S. 317, Fig. 22 (Bronzerelief). — Jahrbuch deutsch. Inst., Bd. IV (1889), Taf. 5, 6; Bd. XIII (1898), Taf. 1. — Mon. dell' Inst. I, Taf. 51; VI, Taf. 30, 2, 3; IX, Taf. 55. — Gerhard, A. V. 69, 70, 113, 114, 119—120; 190—191. — M. N. Tod and A. J. Wace, Catalogue of the Sparta Mus. Nr. 694, Bleifigürchen aus dem argivischen Heraion. — A. Furtwängler, Antike Gemmen, Bd. I, Taf. VI, 35, 58; Taf. VII, 58; Taf. VIII, 36, 38. — Collignon-Thraemer, Geschichte der griechischen Plastik, Bd. I, Fig. 85, Relief vom Tempel von Assos, Herakles gegen die Kentauren — Jahreshefte d. öst. arch. Inst., VI (1903), S. 185, Fig. 108.

[2]) Vgl. Mon. dell' Inst. I, Taf. 20 (Apollo und Idas); II, Taf. 23 (Apollo); X, Taf. 9 (Amazone); Taf. 28 (Herakles); XI, Taf. 33. — Gerhard, A. V. 3—4 (Artemis); 28 (Artemis); 78 (Artemis); 165 (Amazone). — Furtwängler-Reichhold, Griech. Vas. 112 (Artemis); 127 (Apollo). — O. Benndorf, Griechische und sizil. Vasen, Taf. 49, 4 (Artemis). — Millin, Peintures de Vases, I, 20 (Eros); II, 77 (Artemis und Gefährtinnen). — Vgl. Annual British School., Bd. III (1896/97), Taf. XIII, Archaistisches Relief in Konstantinopel (Artemis). Brunn-Bruckmann, Denkmäler, Taf. 60.

gebogen (Fig. 53, 54). Der Bogen, der der archaischen Kunst unbekannt ist, behält seine Form, ob bespannt oder unbespannt, bei, ein Beweis, daß die Krümmung der Enden nicht durch das Bespannen hervorgerufen wurde, sondern daß der eigentliche Bogen schon bei der Verfertigung diese Form bekommen haben muß. Doch sind wir nicht imstande, den Vorteil dieser Form zu erkennen, die eher die Kraft des Schusses beeinträchtigen mußte, anstatt sie zu erhöhen, weil die Spannungskraft, die sich sonst bei anderen Formen in der Mitte neben dem Griff ansammelte, hier sich zwischen die nach innen gebogenen Enden verteilen mußte.[1])

Fig. 53.

III. Der Hornbogen, der auf den Denkmälern der entwickelten Kunst viel häufiger und viel deutlicher als früher dargestellt wird. Die Hörnerarme setzen scharf von dem verbindenden Mittelsteg ab.[2]) Hier seien auch die Bogen der bekannten Dariusvase erwähnt[3]), die eine besonders merkwürdige Form aufweisen. Nach v. Luschan beweisen sie »eine erstaunliche Unkenntnis

[1]) Vgl. Mon. dell' Inst. I, Taf. 9 (Apollo); 23 (Apollo); III, Taf. 12 (Apollo); IX, Taf. 17 (Artemis); X, Taf. 20 (Apollo). — Vgl. noch Furtwängler-Reichhold, Griech. Vas. Taf. 55 (Apollo); 96 (Apollo); 115 (Artemis). — Äußerst selten findet man dagegen diese Form in anderen als Apollos oder Artemis' Händen. — Vgl. Furtwängler-Reichhold, Griech. Vas. Taf. 58 (Amazone). — Jour. Hell. Stud. Bd. XXIV (1904), Taf. VIII (Amazone) — Vgl. noch Gerhard, A. V. 28, 78, 202 (Artemis). — Vgl. auch die Artemis-Terrakotten von Kerkyra, Athenisches Nationalmuseum, Inv. Nr. 1115—1119, 1136. Brunn-Bruckmann, Denkmäler, Taf. 150.

[2]) Mon. dell' Inst. I, Taf. 55; II, Taf. 11; V. Taf. 28 (Thronsessel des Apollo); VI, Taf. 21, 27 A. — Heuzey-Daumet, Mission arch. en Macédoine, Taf. IV, 2. — Roscher, Myth. Lex. I, S. 2157 (Silbermünze aus Metapont); S. 2204 (Herakles im Sonnenbecher durch den Okeanos fahrend). — W. Amelung, Die Skulpturen des Vatikanischen Museums, Bd. II, Taf. 10, Nr. 38. — Furtwängler-Reichhold, Griech. Vas. Taf. 108.

[3]) Furtwängler-Reichhold, Griech. Vas. Taf. 88.

der allereinfachsten Gesetze des Bogenbaues«.[1]) Indessen glauben wir, daß nur dem Künstler in seinem Bestreben, alles wahrheitsgetreu »persisch« wiederzugeben, bei der Ausführung des Mittelsteges, der die zwei Hörner verbindet und der zu dünn ausgefallen ist, einige Fehler unterlaufen sind (vgl. Fig. 79).

IV. Die am meisten verbreitete Form ist die des skythischen Sigmabogens. Sie unterscheidet sich fast gar nicht von derselben Form der archaischen Kunst, nur an Größe hat sie vielleicht etwas verloren. Während Bogen dieser Art in archaischer Kunst etwas mehr als hüfthoch dargestellt werden, sind sie jetzt kaum hüfthoch. Die Darstellungen dieser Form unterscheiden sich in verschiedenen Einzelheiten von einander, doch ist der Unterschied kein wesentlicher und beschränkt sich auf die Zahl der Krümmungen, auf die ungerade Länge der Arme. und auf die Form, die der Bogen bespannt und gespannt annimmt.[2])

Fig. 54.

Zum Schluß sind noch einige Einzelformen zu erwähnen, die sonst keine Analogie in der antiken Kunst haben.[3]) So haben wir Fig. 55 einen Bogen, der scheinbar aus zwei Stücken zusammengesetzt ist, die nicht mittels eines geraden Steges, sondern unmittelbar verbunden sind. Dabei ist zu bemerken, daß die Arme unmöglich aus Horn gemacht sein können. Was für ein Material der Künstler sich vorstellte, kann nicht erraten werden. Eine andere Form weist die Fig. 56 auf. Hier ist der Bogen ganz gerade, nur an den Enden hat er zwei Haken — Krümmungen —, die zur Aufnahme der Sehne dienten. Bemerkenswert ist der Griff — πῆχυς —, der sich deutlich vom Material des Bogens abhebt. Es scheint,

[1]) v. Luschan, a. a. O. in Festschrift für O. Benndorf, S. 192.

[2]) Furtwängler-Reichhold, Griech. Vas. Taf. 22, 47, 62, 74, 81, 90, 91, 96, 109, 110. — Gerhard, A. V. 143, 144. — Mon. dell' Inst. II, Taf. 49/50; V, Taf. 11; X, Taf. 53 (Odysseus gegen die Freier); XI, Taf. 28. — Lenormant et de Witte, Élite céramogr. Bd. II, 56, 74. — A. Furtwängler, Ant. Gemmen, Bd. I, Taf. IX, 20, 21, 23; Taf. XIV, 7, 8, 10; Taf. XX, 47, 55 usw. — Th. Homolle, Fouilles de Delphes, Bd. IV, Taf. 44—45. — O. Benndorf, Gjölbaschi-Trysa, Taf. VII, XXIII, XXIV usw.

[3]) Antike Denkmäler, II, Taf. 14.

als wäre der Bogen aus Metall und sein Griff aus Holz gemacht. Ob das möglich ist, ob im griechischen Altertum jemals solche Bogen gebraucht wurden, kann nicht entschieden werden, jedenfalls fehlen uns dafür andere Beispiele. Endlich erwähnen wir hier noch den Bogen des Herakles auf dem Relief aus Thasos, das uns nur in einer Zeichnung von Christides überliefert ist.[1]) Die Form dieses Bogens ist wahrscheinlich fehlerhaft wiedergegeben. Das Original zeigte wohl einen gewöhnlichen Sigmabogen, wie er auf den thasischen Münzen dargestellt ist.[2])

Fig. 55.

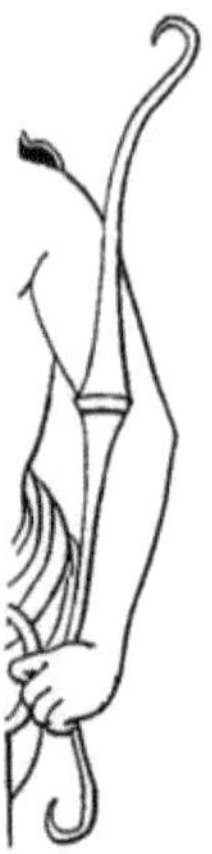

Fig. 56.

3. Das Bespannen des Bogens.

Das Anbringen der Sehne an einen τόξον παλίντονον oder besser gesagt, das Befestigen der Sehne an das freie Ende des eigentlichen Bogens war und ist noch heute eine schwere Leistung, denn es erfordert neben großer und langer Übung ziemlich viel Kraft und Geschicklichkeit. Das Anbringen der Sehne bezeichneten die Griechen stets mit dem Ausdruck ἐντανύειν oder τανύειν.[3]) Homer erwähnt manchmal ausdrücklich die Sehne[4]), manchmal dagegen spricht er nur vom ἐντανύειν τὸ τόξον.[5])

---

[1]) Studniczka, Jahreshefte öst. arch. Inst., Bd. VI (1903). S. 180, Fig. 106—107.

[2]) Derselbe, a. a. O. S. 185, Fig. 108.

[3]) v. Luschan, a. a. O. in Festschrift für O. Benndorf, S. 190.

[4]) Od. XXI, 97 und 127: νευρὴν ἐντανύειν; Od. XXIV, 170—171: οὐδέ τις ἡμείων δύνατο κρατεροῖο βιοῖο / νευρὴν ἐντανύσαι κτλ.

[5]) Vgl. Od. XIX, 577: XXI, 92, 114, 150, 171, 174, 185, 247 usw. — A. Schaumberg, a. a. O., S. 81 f., bestreitet die Möglichkeit, den Ausdruck τόξον (oder βιὸν) ἐντανύειν mit dem Worte »bespannen« zu übersetzen, und fordert eine mehr »sinngemäße Übersetzung«. Ist die Sehne bei Homer erwähnt, dann kann man freilich an der betreffenden Stelle die Übersetzung »Anbringen der Sehne« gebrauchen, ist aber die Sehne nicht erwähnt, wie es doch meistens der Fall ist, so ist der Ausdruck »bespannen« der beste, wie z. B. Od. XXI, 184—185:

(τῷ τόξῳ) ῥα νέοι θάλποντες ἐπειρῶντ', οὐδὲ δύναντο
ἐντανύσαι. πολλὸν δὲ βίης ἐπιδευέες ἦσαν.

Für das eigentliche »Spannen« gebraucht Homer immer τιταίνειν, z. B. Il. V, 97; VIII, 266, oder wie Il. IV, 124 τείνειν. In bezug auf die Stelle Od. XXI, 259 meint A. Schaumberg, Homer hat τιταίνειν anstatt ἐντανύειν gebraucht. Indes ist diese Auffassung nicht richtig, denn Antinoos spricht hier nicht vom Anbringen der Sehne, sondern vielmehr meint er das Bogenschießen selbst. Es sei ein Fest des Apollo und an einem solchen Tage darf aus religiösen Rücksichten nicht geschossen werden, auch die Schande vor den Bewohnern von Ithaka wird nicht so groß sein, es werde heißen, das Schießen würde des Festes wegen auf den nächsten Tag verlegt. Das ist der Gedankengang des Antinoos als Antwort auf das Jammern des Eurymachos.

In der prächtigen Szene des Meisterschusses des Odysseus handelt es sich um drei Aufgaben: *a)* den Bogen zu bespannen, *b)* aus irgendeiner Entfernung überhaupt das Ziel zu treffen und *c)* mit demselben Schuß die zwölf hintereinander stehenden Beile zu durchschießen.[1]

Daß aber das Bespannen des Bogens den wichtigsten Teil der Wette bildete, daß es großen Kraftaufwand erforderte, davon geben uns das beste Zeugnis die fruchtlosen Anstrengungen des Telemachos und der Freier. Vergeblich kränkt sich Telemachos seiner Ungeschicklichkeit wegen, Od. XXI, 131—133:

ὢ πόποι, ἦ καὶ ἔπειτα κακός τ' ἔσομαι καὶ ἄκικυς.
ἠὲ νεώτερός εἰμι καὶ οὔ πω χερσὶ πέποιθα
ἄνδρ' ἀπαμύνασθαι, ὅτε τις πρότερος χαλεπήνῃ.

Vergeblich klagen auch die Freier in den Worten des Eurymachos, Od. XXI, 249 und 253—255:

ὢ πόποι, ἦ μοι ἄχος περί τ' αὐτοῦ καὶ περὶ πάντων.
. . .
ἀλλ' εἰ δὴ τοσσόνδε βίης ἐπιδευέες εἰμὲν
ἀντιθέου Ὀδυσῆος, ὅτ' οὐ δυνάμεσθα τανύσσαι
τόξον· ἐλεγχείη δὲ καὶ ἐσσομένοισι πυθέσθαι.

Weder das Fett, noch das Feuer konnte helfen, erst Odysseus konnte die Sehne an seinem Bogen anbringen, Od. XXI, 405—409:

αὐτίκ' ἐπεὶ μέγα τόξον ἐβάστασε καὶ ἴδε πάντῃ,
ὡς ὅτ' ἀνὴρ φόρμιγγος ἐπιστάμενος καὶ ἀοιδῆς
ῥηιδίως ἐτάνυσσε νέῳ περὶ κόλλοπι χορδήν,
ἅψας ἀμφοτέρωθεν ἐυστρεφὲς ἔντερον οἰός,
ὣς ἄρ' ἄτερ σπουδῆς τάνυσεν μέγα τόξον Ὀδυσσεύς.

Wie also pflegte man den Bogen zu bespannen? Die Denkmäler geben uns darauf die beste Antwort. Bei dem einfachen griechischen Bogen stemmte man das eine Bogenende gegen die Erde und preßte die Innenseite mit dem linken Knie; zugleich mußte man mit der linken Hand das andere Bogenende gegen die Brust herabdrücken und mit der rechten das freie Ende der Sehne an dasselbe befestigen, wie wir es auf einer Neapler Vase sehen können (Fig. 57); dort schießen drei Jünglinge ihre Pfeile gegen einen auf einer kannelierten Säule aufgestellten Hahn. Einer von den Bogenschützen ist dargestellt, wie er den Bogen nach der eben geschilderten Methode bespannt. Es ist die-

[1]) Wenn W. Reichel, a. a. O., S. 117 meint, daß das Kunststück aus zwei Aufgaben (den oben als *b* und *c* bezeichneten) bestanden habe, so irrt er. Denn aus dem Hergang des Wettens geht klar hervor, daß eben das Bespannen die wichtigste Rolle dabei spielte.

selbe Methode, die wir schon früher in Ägypten kennen gelernt haben. Kurz und doch genau ist diese Methode auch von Ovid beschrieben worden:[1])

Lunavitque genu sinuosum fortiter arcum.

Es muß im Altertum aber noch eine andere Bespannungsmethode bekannt gewesen sein, denn die oben geschilderte entspricht keinesfalls dem Vergleiche mit dem Aufziehen einer Saite an die φόρμιγξ (Od. XXI, 405—409). Diese Frage ist schon genügend von W. Reichel erläutert worden[2]) und die entsprechenden Denkmäler sind von P. Hartwig gesammelt.[3]) Als Pandaros seinen Bogen bespannte, legte er ihn auf die Erde, Il. IV, 112—113:

Fig. 57.

καὶ τὸ μὲν (τόξον) εὖ κατέθηκε
τανυσσάμενος ποτὶ γαίῃ
ἀγκλίνας κτλ.

In diesen Versen wurde immer falsch das Partizipium ἀγκλίνας mit dem Ausdrucke ποτὶ γαίῃ in Verbindung gebracht. Erst Reichel zeigte in seinen scharfsinnigen Anmerkungen zu dieser Stelle der Ilias, daß ἀγκλίνας nicht zu ποτὶ γαίῃ, sondern zu τανυσσάμενος gehört, so daß die Wortfolge beim Übersetzen folgende sein soll: κατέθηκε ποτὶ γαίῃ τανυσσάμενος ἀγκλίνας, wobei das letzte Partizipium »indem man (ihn) hinaufbog« zu übersetzen ist.[4]) Wie man dieses Hinaufbiegen des Bogens vornahm, zeigt uns der Skythe von der bekannten Elektron-Vase (Fig. 58) aus Kul-Oba. Er legt den Bogen so unter den linken Oberschenkel, daß das Bogenende mit der aufgebundenen Sehne auf dem rechten Oberschenkel ruht. Indessen biegt er mit der linken Hand das entgegengesetzte Bogenende hinauf, während er mit der rechten die Schlinge der Sehne an der κορώνη befestigt. In diesem Falle berührt das untere Bogenende nicht den Boden, sondern den Oberschenkel. Es war aber wahrscheinlich öfters der Fall, daß das Bogenende bei Beibehaltung derselben Bespannungsmethode direkt auf den Boden gestemmt war, wie wir es auf Fig. 59 sehen können, wo eine Amazone im Moment

[1]) Ovidius Am. I, 1, 23.
[2]) W. Reichel, a. a. O. S. 118f.
[3]) P. Hartwig, Die griechischen Meisterschalen, S. 121, Anmerkung 2.
[4]) W Reichel, a. a. O. S. 118.

des Bespannens dargestellt ist. Das zweite Bogenende ist zwar nicht sichtbar, aber man muß es sich auf der Erde liegend denken. War die Sehne einmal angebracht, mußte man das von dem eigentlichen Bogen und der Sehne umschlossene Bein aus dem Bogen herausziehen. Da man aber das Bespannen in kniender oder wenigstens stark gebückter Stellung vollzog, konnte man das Bein dadurch am leichtesten befreien, daß man den Bogen auf die Erde niederlegte. Dieses Verfahren erklärt auch, warum Pandaros den Bogen, nachdem er ihn bespannte, auf die Erde legte.

Fig. 58.

Fig. 59.

Diese Art der Bespannung der Bogen muß, wie es die Münzen und Vasenbilder beweisen, stark verbreitet gewesen sein.[1]) Bei genauerer Betrachtung zeigen manche Darstellungen kleine Abweichungen von der zuletzt beschriebenen Art der Bespannung. So haben wir auf einer Vase im Louvre (Fig. 60) einen Jüngling, der seinen Bogen nicht kniend, sondern stehend und stark gebückt bespannt. In derselben Haltung ist auch der Bogenschütze von Gjölbaschi-Trysa dargestellt.[2])

[1]) Barclay V. Head, Catalogue of Greek coins (Central Greece), London 1884, Taf. XII, 4 und 5. — Vgl. P. Hartwig, Die griechischen Meisterschalen, S. 121, Anmerkung 2. — W. Reichel, a. a. O. S. 118, Anmerkung 1; L. Grasberger, a. a. O. Bd. III, S. 154.

[2]) Vgl. O. Benndorf und G. Niemann, Das Heroon von Gjölbaschi-Trysa, Taf. XXIV, S. 202. »Er steht mit vorgebeugtem Oberkörper auf dem einknickenden rechten Beine, hat das eine Ende seines gehörnten Bogens auf den rechten Oberschenkel gelegt, das andere mit der linken Hand erfaßt, das linke Bein schwebend über die Mitte des Bogens geführt, um ihn mit dem Kniegelenke zusammenzudrücken, und ist nun mit der

Diese kleine Abweichung in der Art der Bespannung scheint darauf hinzuweisen, daß der Bogen dem Bogenschützen geringeren Widerstand bot; sonst pflegte man wahrscheinlich den Bogen gegen die Erde zu stemmen. Homer hat das Anbringen der Sehne an dem Bogen mit dem Aufziehen der Saiten auf die φόρμιγξ verglichen.[1]) So lange man glaubte, daß der Bogen nach der zuerst geschilderten Methode zu bespannen war, mußte der Vergleich unverständlich bleiben. Wenn wir aber die in Fig. 58—60 z. B. gezeigte Methode voraussetzen, so ist die Äußerung Homers einfach und klar, denn »auch die Phorminx besaitete man, indem man sie zwischen die Schenkel klemmte, mit der einen Hand die unter dem Stege eingespannte Saite hinaufzog und mit der anderen oben den Wirbel drehte«.[2])

Fig. 60.

Hier sei auch an einige Erosstatuen, die bis jetzt meistens falsch ergänzt wurden, erinnert. Sie gehören einem weitverbreiteten Typus an, der wahrscheinlich im vierten Jahrhundert entstanden ist[3]), als der Bogen als Attribut des Eros aufkam.[4])

Es lassen sich bei diesen zwei Motive der Bespannung nachweisen:

Eros stemmt entweder den Bogen seitwärts an das rechte Bein, seine linke Hand faßt ihn in der Mitte, während seine rechte mit der Schlinge der Sehne auf dem oberen Bogenende liegt[5]), oder er bedient sich der Bespannungsmethode, die wir in Fig. 60 sehen; er legt den Bogen auf den rechten Oberschenkel, drückt die Mitte des Bogens mit dem linken Schenkel zurück, zieht zugleich

---

geschlossenen rechten Hand an dem obersten Bogenende beschäftigt, die angezogene (plastische) Sehne zu befestigen.« Vgl. auch dieselbe Figur bei W. Reichel, a. a. O., Fig. 62. Ein Bogenschütze im Moment des Bespannens auf einer Vase dargestellt bei J. Bankó, in Festschrift für O. Benndorf, S. 66.

[1]) Od. XXI, 406—408.

[2]) W. Reichel, a. a. O. S. 119; als bildliche Darstellung vgl. Furtwängler-Reichhold, Griech. Vas. Taf. 71.

[3]) W. Amelung, Die Skulpturen des Vatikanischen Museums, Bd. I. S. 634. — Baumeister, Denkmäler des klassischen Altertums, Bd. I, S. 497. — A. Furtwängler, Meisterwerke der griechischen Plastik, S. 538f.

[4]) A. Furtwängler in Roschers Lex. Myth. Bd. I, S. 1363f.

[5]) Friederichs-Wolters, Die Gipsabgüsse antiker Bildwerke, Berlin 1885, S. 636f. — Vgl. Clarac-Reinach, Répertoire Stat. Bd. I, Fig. 1464, 1471, 1485, 1495. — W. Helbig, Führer durch die öffentlichen Sammlungen in Rom, Leipzig 1899, Bd. I, Nr. 437. — W. Reichel, a. a. O. S. 118f., Anmerkung 1. — W. Amelung, a. a. O. Bd. I, S. 633f.

mit der linken Hand das obere Bogenende an die Brust und versucht mit der rechten die Sehne anzubringen.[1])

Wenn Sauer behauptet[2]), die Mittelfigur (Apollo) des olympischen Westgiebels »begnügt sich nicht den Bogen zu halten (in der linken Hand und auf den Boden aufgestützt), sondern drückt ihn nieder, damit die Rechte die vom Zeigefinger der Linken schon bereit gehaltene Sehne bequem einhängen kann«, so muß bemerkt werden, daß dieses Verfahren physisch unmöglich ist, denn erstens kann eine und dieselbe Hand gleichzeitig nicht den Bogen niederdrücken (krümmen) und die Sehne hinaufziehen, zweitens müßte, wenn diese Handlung möglich wäre, der Körper Apollos zumindest eine kleine Neigung nach links aufweisen; er steht aber ganz aufrecht. Unserer Meinung nach hat Treu die richtige Erklärung der Handlung des Apollo gegeben[3]): die Rechte hatte überhaupt kein Attribut, dagegen hielt die herabgelassene Linke Bogen und Pfeile, und zwar so, daß der Zeigefinger beim Halten der Pfeile half. Das Motiv, in der linken Hand neben dem Bogen noch Pfeile zu halten, war in Griechenland verbreitet und bekannt.[4])

Reichel hat in diesem Zusammenhange noch auf einen homerischen Vers, der vom Dichter in zwei augenscheinlich verschiedenen Fällen gebraucht wurde, aufmerksam gemacht.[5]) In der Ilias XXI, 176 und in der Odyssee XXI, 125, lesen wir:

τρὶς μέν μιν πελέμιξεν ἐρύσσεσθαι μενεαίνων.

In der Odyssee malt dieser Vers die vergeblichen Bemühungen des Telemachos, die Sehne an dem oberen Bogenende zu befestigen, in der Ilias dagegen die eitlen Anstrengungen des Asteropaios, den Speer des Achilleus aus der Erde herauszuziehen. Offenbar war, obgleich die Handlungen der Jünglinge verschieden waren, doch das Hauptmotiv ihrer Bemühungen dasselbe: beidemale handelte es sich nämlich darum, einen Gegenstand in die Höhe zu sich zu ziehen.

Unsere Bemerkungen über das Bespannen des Bogens wären aber nicht vollständig, wenn wir nicht noch eines Gerätes gedächten, welches nach der Meinung mancher Erklärer zum Anbringen der Sehne, zum

[1]) Clarac-Reinach, Répertoire Stat. Bd. I, Fig. 1471 A, 1471 B, 1471 C, 1491. — — S. Reinach, Répertoire Stat. Bd. II. S. 427, Fig. 1—7; Bd. III, S. 261, Fig. 3 und 5. — W. Reichel, a. a. O. S. 118f, Anmerkung 1. — Roscher, Myth. Lex. Fig. auf S. 1363.

[2]) B. Sauer, Nachträgliches zum olympischen Westgiebel, Jahrbuch deutsch. arch. Inst., Bd. VI (1891), S. 93f.

[3]) Treu, Olympia-Ergebnisse, Bd. III. S. 69f., Taf. XXII.

[4]) Vgl. Furtwängler-Reichhold, Griech. Vas., Taf. 13, 22, 26, 27, 90, 110 usw.

[5]) W. Reichel, a. a. O. S. 119.

Einhängen an das freie Bogenende dienen sollte.[1]) Dieses Instrument hat die Form zweier aneinander gegossener Bronzeringe von ungefähr einer Fingerweite, über welchen drei, vier oder mehr Spitzen sitzen. Der Typus, den unsere Fig. 61 bietet, ist der gewöhnlichste. Schon seiner Form nach muß dieses Gerät als zur Bespannung eines Bogens praktisch unbrauchbar erscheinen. Wie wir bei keinem antiken Schriftsteller darüber eine Nachricht besitzen, so finden wir auch keine Spur davon auf den Denkmälern. Im Gegenteil, überall wird die Sehne[2]) nicht bei der Schlinge, sondern unterhalb derselben, nicht mit ausgestreckten Fingern — so müßte man nämlich die Sehne bei eventuellem Gebrauch des erwähnten Bespannungsringes halten — sondern mit der geballten Faust gefaßt. Wir glauben also, daß diese Annahme, die weder durch Denkmäler, noch durch literarische Nachrichten bezeugt wird, als unmöglich zurückzuweisen ist.

Fig. 61.

4. Das Spannen des Bogens.

Die nächstfolgende Handlung des Bogenschützen, nachdem er seinen Bogen bespannt hat, ist das Spannen und Schießen. Leider ist die Darstellung des Spannens auf den antiken Monumenten in zu kleinem Maßstabe wiedergegeben, auch sind manche Illustrationen dieses Vorganges so wenig sorgfältig, ja vielfach zweideutig, und zeigen so große Verschiedenheiten in der Darstellungsweise, daß von einer genauen Scheidung der Spannungsmethoden kaum die Rede sein kann, wie dies auch schon E. Morse in seinem Studium über die Spannungsmethoden gezeigt hat.[3]) Die griechischen Künstler haben eben wenig Sorgfalt auf die Darstellung dieses Motives verwendet.

Von dem raschen, zweckentsprechenden und richtigen Spannen des Bogens hängt die Kraft und Trefflichkeit des Schusses ab, denn wenn der Anonymus von Byzanz als Forderung an einen guten Bogenschützen das εὐστόχως, ἰσχυρῶς, ταχέως βάλλειν, also das zielrichtige, kräftige und schnelle Schießen hervorhebt, so hängt das eben alles von der richtig

[1]) Daremberg et Saglio, Dictionnaire, Bd. I. S. 389. — D. N. Anuczin, a. a. O. S. 359.

[2]) Vgl. unsere Figuren 58 und 59. — Vgl. auch Bankó, in Festschrift für Benndorf, S. 66, wo die Schlinge genau sichtbar ist.

[3]) E. Morse, Ancient and modern methods of arrow release, in Bulletin of the Essex Institute, Bd. XVII (1885), S. 145ff. — Vgl. M Buchner, Das Bogenschießen der Ägineten, Zeitschrift für Ethnologie, Bd. XL (1908), S. 854. — v. Luschan, Über das Bogenspannen, in Zeitschrift für Ethnologie, Bd. XXIII (1891), Verhandlungen S. 670ff. — M. Jähns, a. a. O. S. 292f. — A. Schaumberg, a. a. O. S. 14.

angewendeten Spannungsmethode und von dem entsprechenden Zurückziehen der Sehne ab.[1])

Plato mahnt[2]), beide Hände wechselweise sowohl beim Halten des Bogens, wie auch beim Spannen zu gebrauchen und auch Aristoteles rät dasselbe, indem er ausdrücklich hervorhebt: ὅπως ἀμφιδέξιοι γένωνται κατὰ τὴν μελέτην[3]). Auf den Denkmälern halten jedoch die griechischen Schützen während des Schießens stets den Bogen mit der linken Hand und spannen mit der rechten, ebenso auch die sogenannten skythischen Schützen, obwohl nach Plato bei den Skythen der abweichende Gebrauch beider Hände allgemein Sitte gewesen sein soll.[4])

Der genannte Anonymus von Byzanz beschreibt die Arten des Spannens bei den antiken Bogenschützen folgendermaßen[5]): Τῶν δὲ τοξευόντων οἱ μὲν τρισὶ τοῖς μέσοις δακτύλοις τὴν νευρὰν ἕλκουσι, οἱ δὲ δυσί, καὶ τούτοις οἱ μὲν τοῦ μεγίστου ἐπικειμένου τῷ λιχανῷ, οἱ δὲ τ'οὐναντίον, οἳ καὶ μᾶλλον τὴν νευρὰν ἕλκουσι καὶ πέμπουσι τὸ βέλος σφοδρότερον.

Danach gab es also zwei oder eigentlich drei verschiedene Spannungsmethoden, je nachdem wieviel und welche Finger beim Spannen verwendet werden:

1. οἱ μὲν τρισὶ τοῖς μέσοις δακτύλοις ἕλκουσι — die einen ziehen die Sehne mit den drei Mittelfingern an.

2. οἱ δὲ δυσί — die anderen gebrauchen nur zwei Finger, und zwar auf zwei Arten, *a)* οἱ μὲν τοῦ μεγίστου ἐπικειμένου τῷ λιχανῷ, indem der größte Finger — wohl der Mittelfinger — auf dem Daumen aufliegt, *b)* οἱ δὲ τ'οὐναντίον, indem umgekehrt der Daumen auf dem Mittelfinger liegt.

Die heutigen Bogenkenner, die sich mit den modernen Spannungsmethoden näher beschäftigten, unterscheiden ebenfalls mehrere Methoden, die sich fast alle bei den antiken Völkern nachweisen lassen; wir wollen uns aber zunächst an die Einteilung des Anonymus halten.

I. Spannungsmethode mittels der drei Mittelfinger; der Daumen bleibt dabei untätig; dagegen wird die Sehne durch die drei Finger gespannt, der Pfeil aber ruht, leicht gegen die Seite gestemmt, zwischen

---

[1]) Ἀνωνύμου Βυζαντίου περὶ τοξείας in Rüstow-Köchly, Griechische Kriegsschriftsteller, Leipzig 1855, Bd. IIb, S. 198ff.

[2]) Plato, Leges VII, 794c—VII, 795a.

[3]) Arist. Polit. II, 9, 8.

[4]) Plato, Leges VII, 795a: ἔδειξε δὲ ταῦτα ὁ τῶν Σκυθῶν νόμος, οὐκ ἐν ἀριστερᾷ μὲν τόξον ἀπάγων, δεξιᾷ δὲ οἰστὸν προσαγόμενος μόνον, ἀλλ' ὁμοίως ἑκατέραις ἐπ' ἀμφότερα χρώμενος.

[5]) I, 7 (S 200 ed. Rüstow-Köchly). Erwähnenswert ist in dieser Hinsicht auch ein Gleichnis bei Julian Imp. Ep. XL, 419b—c von gelegentlichen Übungen der Handgelenke, wohl wegen des Zielens mit der linken Hand: τὸ τῆς ἀρετῆς παράγγελμα διὰ πάντων σώζειν, οἷον ἀγαθὸν τοξότην, ὃς κἂν μὴ τὸν ἀντίπαλον ἔχῃ, πάντως ἐς τὸ καίριον ἀεὶ τὴν χεῖρα γυμνάζει. Vgl. dazu L. Grasberger, a. a. O. Bd. III, S. 153 f.

dem Zeige- und Mittelfinger. Diese Methode nennen wir die »Mittelmeermethode«. Sie kommt auf den antiken Denkmälern am häufigsten vor. Auch haben wir sie fast bei allen von uns besprochenen Völkern mit Ausnahme der Perser gefunden. Daß dabei in der Darstellungsweise kleine Unterschiede vorkommen, ist bei der Schwierigkeit der Wiedergabe des Spannungsmotives leicht verständlich. Am besten sieht man die Mittelmeermethode auf einer altattischen Amphora (Fig. 62) dargestellt, wo Herakles die Sehne mit der Rechten faßt, die dem Zuschauer die Innenseite zeigt.[1])

II. *a)* Der Mittelfinger liegt auf dem Daumen, d. h. der Mittelfinger krümmt sich über dem Daumen (natürlich krümmt sich auch der Zeigefinger, aber trotzdem bleibt er beim Spannen untätig), der Pfeil wird durch die zwei Finger gestützt, die Sehne aber läuft zwischen dem Zeigefinger und dem Daumen. Die modernen Bogenkenner sehen in dieser Methode eine Verbindung der allereinfachsten (unter III erwähnten) und der sogenannten »mongolischen Methode«. Nach M. Buchner bedient sich dieser Methode der sogenannte Paris im äginetischen Westgiebel.[2])

Fig. 62.

II. *b)* Der Daumen liegt auf dem Mittelfinger, die Sehne und der Pfeil werden ebenso gehalten wie bei II *a)*. Diese Methode kommt selten vor, ist übrigens schwer von der Methode II *a)* zu unterscheiden. Am ehesten entspricht sie der modernen »tertiären Spannung«.[3])

III. Dazu kommt die vom Anonymus nicht erwähnte allereinfachste Form, bei der der Pfeil mit der Sehne mittels des Daumens und des Zeigefingers zurückgezogen wird (Fig. 63). Einige Male, doch selten,

[1]) Vgl. Archäologische Zeitung. 1858, Taf. 114, 2. — Mon. dell' Inst. I. Taf. 20; Taf. 40. — Furtwängler-Reichhold, Griech. Vas. Taf. 96. — de Ridder, a. a. O. Bd. II, Fig. 71.

[2]) M. Buchner, a. a. O. S. 849, Fig. 4. 5. — Vgl. weiter Archäologische Zeitung, 1884, Taf. IV. — Furtwängler-Reichhold, Griech. Vas. Taf. 74. 96. 115. — Furtwängler, Olympia, Bronzen, Taf. 40. — Nach K. Lange, Die Komposition der Ägineten, Leipzig 1878, S. 33. weist auch eine Hand, die zu dem Ostgiebel gehört, dieselbe Methode auf.

[3]) Mon. dell' Inst. I, Taf. 52. — P. Hartwig, Meisterschalen, Taf. 56, 1 (Schale des Onesimos [?]). — Gerhard, A. V. 119. Besser wiedergegeben ist die spannende Hand bei M. Buchner, a. a. O. S. 855, Fig. 12. — Vgl. auch A. Schaumberg, a. a. O. S. 16.

nehmen die Schützen bei dieser Methode auch noch den Mittelfinger zu Hilfe[1]) (Fig. 64).

Auf einer großen Zahl von Darstellungen bleibt natürlich die Art der Spannung unklar, so daß, wie schon gesagt, weder die eine noch die andere Methode erkannt werden kann[2]) (Fig. 65). Eine gänzlich unverständliche Spannungsmethode finden wir auf einem bekannten Relief der Sammlung Carapanos im athenischen Nationalmuseum[3]), das einen jugendlichen pfeilschießenden Herakles zeigt. A. Emerson zweifelte an der Echtheit des Reliefs[4]) und behauptete, es sei eine moderne Fälschung. Dieser Meinung trat A. Furtwängler entgegen, nach dessen Überzeugung das Relief zwar nicht archaisch, aber archaistisch wäre[5]), und aus dem I. Jahrhundert v. Chr. stammen würde. Es ist nicht meine Absicht, hier den Stil des Reliefs zu besprechen, allein das eine können wir behaupten, daß die Spannungsmethode, deren sich der Herakles des Reliefs bedient, unmöglich, ja fast widersinnig ist. Herakles faßt die Sehne beinahe mit geballter Hand von unten, spannt den Bogen aber gar nicht stark, da die gespannte Sehne nur bis zum Ellbogen reicht, während sein Körper eine übernatürliche Kraftanstrengung zeigt. Eine solche Unkenntnis der Schießkunst bei einem griechischen Künstler anzunehmen, ist aber wohl schwer

Fig. 63.

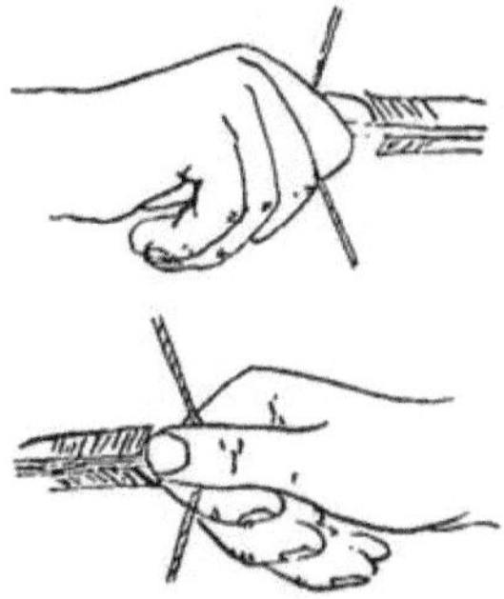

Fig. 64.

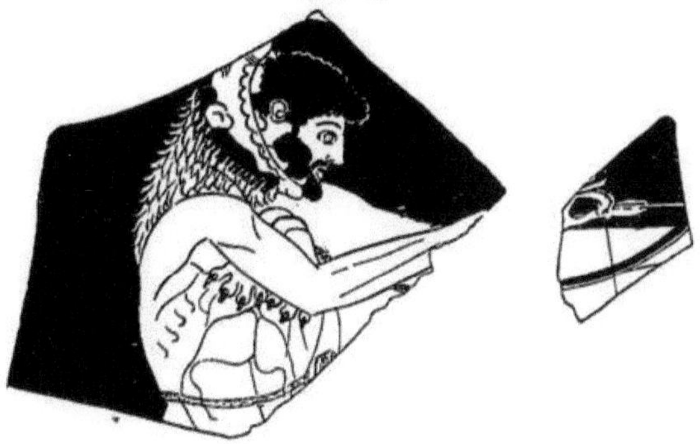

[1]) Mon. dell' Inst. I, Taf. 20, 51; X, Taf. 53. — Antike Denkmäler, II, Taf. 21, 3; Taf. 30. 22. — Furtwängler-Reichhold, Griech. Vas. Taf. 115 — Vgl. A. Schaumberg, a. a. O. S. 17. — H. Walters, Catalogue of the Bronzes of Brit. Mus. S. 52, Nr. 337.

[2]) Roscher, Myth. Lex. Bd. I[2], Fig. auf S. 1655.

[3]) O. Rayet, Monuments de l'art antique, Paris 1884, Bd. I, Taf. 23.

[4]) A. Emerson, Two modern antiques, Amer. Jour. Arch. Bd. I (1885), S. 152ff., Taf. V, 2.

[5]) A. Furtwängler, Note on Plate V, 2, of Volume I, Amer. Jour. Arch. Bd. II (1886), S. 52.

möglich. Daher scheinen uns Emersons Zweifel an der Echtheit sehr berechtigt zu sein.[1])

v. Luschan macht in seiner schon oft erwähnten Arbeit über den antiken Bogen darauf aufmerksam, daß »es unter den vielen bekannten und möglichen Arten des Spannens mit dem Pfeile kaum eine gibt, die nicht bei einem sehr kräftigen Bogen irgendwelche Schutzvorrichtung für die rechte Hand erforderte.«[2]) Es entsteht also von selbst die Frage, ob solche Schutzvorrichtungen auf den Denkmälern zu finden sind. Wir erinnern hier an das, was wir S. 64 f. über die Handschuhe, die auf dem Diskos von Phaistos vorkommen, gesagt haben. Auch Xenophon hat den Gebrauch der Handschuhe bei den Persern beobachtet.[3]) Und Eustathius bemerkt zu der Erzählung der Odyssee XXIV, 230, wonach Laertes, Odysseus' Vater, in Handschuhen im Garten gearbeitet habe, daß die

Fig. 65.

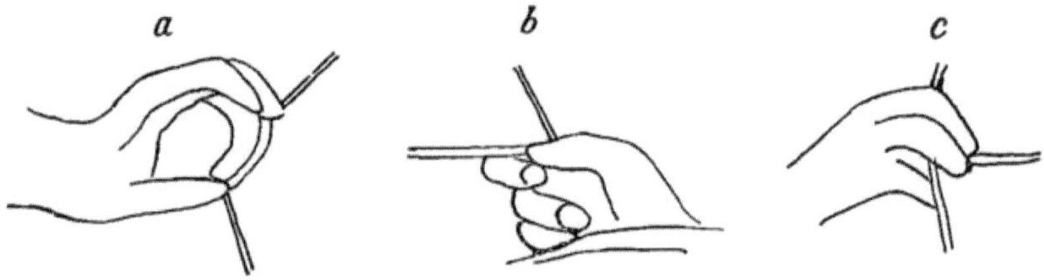

Bogenschützen sich ähnlicher Handschuhe, wie sie bei Laertes vorausgesetzt werden, jedoch ohne Finger bedienten.[4])

Auf den antiken Denkmälern ist indes dieser Brauch nicht nachzuweisen, wohl aber hat v. Luschan mit Recht auf einigen schwarzfigurigen Vasen eine Art Fingerlinge erkannt.[5]) In der Form erinnern sie an diejenigen, die wir S. 45, Fig. 31, erwähnt haben, und die an dem Relief mit dem Bogenschützen von Sendschirli[6]) deutlich zu sehen sind.

Eine Schutzvorrichtung für die linke Hand gegen den Anprall der Sehne läßt sich auf Denkmälern nicht nachweisen; es scheint also, daß die antiken Hellenen eine solche Schutzvorrichtung überhaupt nicht kannten.

[1]) Vgl. E. Morse, a. a. O. S. 179f.

[2]) v. Luschan, a. a. O. in Festschrift für O. Benndorf, S. 195.

[3]) Xenoph. Kyrup. VIII, 8, 17.

[4]) Eust. ad Od. XXIV, 230 (p. 1960) καὶ τοξεύοντες γοῦν τινὲς χειρῖσι χρῶνται, καὶ μὴ δακτυλωταῖς κτλ.

[5]) v. Luschan, a. a. O. in Festschrift für O. Benndorf, S. 195f, Fig. auf S. 196. Vgl. Gerhard, A. V. 94. 97. 102, 110, 119/120, 134, 141.

[6]) Vgl. S. 32, Fig. 23.

Fig. 66.

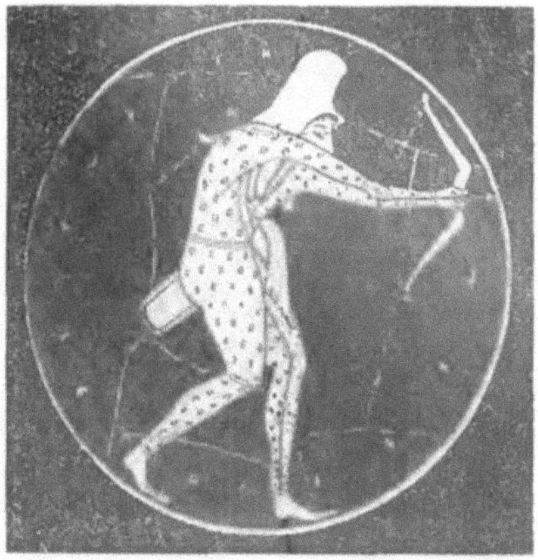

Von der Spannungsmethode wie von der Kraft, mit der die Sehne zurückgezogen wird, hängt jeder Schuß ab. Als Pandaros zum Schuß fertig war, Il. IV, 123 νευρὴν μὲν μάζῳ πέλασεν, τόξῳ δὲ σίδηρον, da zog er die Sehne zur Brust.[1]) Doch auch bis zum Ohr, oder richtiger zum Hals pflegte man die Sehne zu ziehen.[2]) In späterer Zeit, als die Bogen an Größe eingebüßt hatten, reichte die Sehne nur mehr bis zum Ellbogen[3]) (Fig. 66). Diese Arten des Zurückziehens der Sehne erwähnt auch der Anonymus I, 9: Κάμπτομεν δὲ τὸ τόξον ποτὲ μὲν κατὰ ὠτός [ποτὲ δὲ κατὰ τραχήλου,] ποτὲ δὲ κατὰ μαζοῦ τὴν νευρὰν ἕλκοντες· φέρεται δὲ τὸ βέλος ἰσχυρότερον μέν, ὅταν κατὰ ὠτὸς τὴν νευρὰν ἕλκωμεν, εἶτα, ὅταν κατὰ τραχήλου, ἀσθενέστατον δὲ ὅταν κατὰ μαζοῦ αὐτὴν ἕλκωμεν.

5. Die Formen des Pfeiles und der Pfeilspitze.

Wir haben schon am Anfang unserer Untersuchung gesagt, daß der Pfeil in seiner Grundform eigentlich eine verkleinerte Lanze ist und wie diese aus zwei Teilen, dem Schaft und der Spitze, besteht. Wie natürlich, unterlag die letztere verschiedenen Entwicklungsmöglichkeiten sowohl der Form wie dem Materiale nach.

Homer kennt nur eherne Pfeilspitzen, abgesehen von der eisernen des Pandaros; es braucht aber nicht besonders betont zu werden, daß in seiner Zeit auch steinerne Pfeilspitzen im Gebrauch waren, vielleicht noch mehr als eherne, die doch entschieden kostspieliger waren.[4]) Bei dem Versuche, das bekannte Material zu gruppieren, müssen wir alle Stücke zusammenfassen, die in den später von Griechen bewohnten Gebieten am Ägäischen Meere gefunden worden sind, ohne daß sich natürlich behaupten ließe, daß auch die in den ältesten Kulturschichten nachweisbaren Pfeile wirklich alle von »Griechen« herrührten. Die ersten

[1]) F. Dümmler, Römische Mitteilungen, Bd. II (1887), S. 187, Taf. IX — Loeschcke, Jahrbuch d. deutsch. arch. Inst., Bd. II (1887), S. 278. — Gerhard, A. V 190/191. — Mon. dell' Inst. VI, Taf. 33; Antike Denkmäler, II, 21, 3: 30, 22.

[2]) Gerhard, A. V. 5, 61, 96, 119/120.

[3]) Mon. dell' Inst. I, Taf. 51. — de Ridder, a. a. O. Bd. II, Fig. 71.

[4]) W. Reichel, a. a. O. S. 115.

Pfeile werden gewiß auch auf griechischem Boden wie anderswo bloß aus einem Stück Holz geschnitten worden sein, wobei der Schaft am oberen Ende scharf zugespitzt wurde. Später stellte man die Spitzen aus einem besonderen Stück von anderem Materiale her, wobei zunächst Knochenspitzen verwendet wurden, da dieses Material leichter als irgendein anderes verarbeitet werden konnte.[1])

Das nächstfolgende härtere Material, dessen sich der Mensch für die Pfeilspitze ebenso wie für die übrigen im Lebensunterhalt notwendigen Geräte bediente, war der Stein. Die auf griechischem Boden zutage gekommenen Steinpfeilspitzen sind im allgemeinen überwiegend aus zwei Steinsorten verfertigt worden, aus Feuerstein und Obsidian.[2]) Daneben sind auch noch Pfeilspitzen aus Kiesel zum Vorschein gekommen.[3])

Die Mehrzahl der uns bekannten Steinpfeilspitzen läßt sich der Grundform nach in zwei große Gruppen teilen: *A.* Pfeilspitzen mit der Schaftzunge, *B.* solche ohne Zunge.[4]) In jeder dieser Hauptgruppen werden sich dann noch mehrere Unterabteilungen bilden lassen:

Fig. 67.

Gruppe *A.* Pfeilspitzen mit der Schaftzunge.

I. Spitzen mit blattförmigem, zugespitztem Oberteil und mit bemerkbaren Einschnitten beim Übergang in die Schaftzunge, die schwach entwickelt ist (Fig. 67, Nr. 1).[5])

---

[1]) A. J. Reinach, in Daremberg et Saglio, Dictionnaire, s. v. »sagitta«.

[2]) Vgl. R. C. Bosanquet, in Excavations at Phylakopi in Melos, London 1904, S. 222 f. — Die Mehrheit der uns bekannten Steinspitzen ist aus Obsidian verfertigt, also aus einem dunklen, glasartigen, halb durchsichtigen Stein vulkanischen Ursprunges. Diesen Stein liefern die Inseln des griechischen Archipels. Es ist eine bekannte Tatsache, daß der schönste Obsidian auf der Insel Melos zu finden ist, und eben diese Insel hat diese Steinsorte überall hin exportiert. Vgl. näheres darüber bei H. Schliemann, Tiryns, Leipzig 1886, S. 29; D. Mackenzie, Annual British School, Bd. III (1896/97), S. 79; D. G. Hogarth, Annual British School, Bd. IV (1897/98), S. 1 ff.; Chr. Blinkenberg, Archäologische Studien, S. 6, wo auch näheres über die Eigenschaften der Steinsorten mitgeteilt wird; R. C. Bosanquet, in Excavations at Phylakopi, S. 216 ff.; G. Finlay, Παρατηρήσεις ἐπὶ τῆς ἐν Ἑλβετίᾳ καὶ Ἑλλάδι προϊστορικῆς ἀρχαιολογίας. Athen 1869, S. 16 f.

[3]) Unter den Pfeilspitzen aus Kiesel (silex) wären hervorzuheben die Exemplare aus dem Tholos zu Thorikos, Πρακτικά, 1893, S. 16; aus einem makedonischen Tumulus, Zeitschrift für Ethnologie, Bd. XXXIV (1907), S. 73; aus Vaphio, Athenisches Nationalmuseum, Nr. 1846.

[4]) Χρ. Τσούντας, Αἱ προϊστορικαὶ ἀκροπόλεις Διμηνίου καὶ Σέσκλου, Ἀθῆναι, 1908, S. 325.

[5]) Vgl. noch Χρ. Τσούντας, a. a. O. S. 325, Taf. XLII, Nr. 1, 3, 4, 8, 9, 10 (Obsidian).

II. Dreikantige, scharf zugespitzte, mit Einschnitten und deutlich abgegrenzter Zunge (Fig. 67, Nr. 2, 3, 4).[1])

Diese Gruppe der Steinpfeilspitzen mit Schaftzunge war wahrscheinlich in der mykenischen Zeit unbekannt, sie ist bis jetzt nirgends mit mykenischen Funden zusammen angetroffen worden und gehört möglicherweise der bis jetzt wenig bekannten »vormykenischen« Zeit Griechenlands an.

Die steinernen Spitzen der zweiten Gruppe *B* (ohne Schaftzunge) lassen sich etwa in folgende Unterabteilungen ordnen:

I. Roh gearbeitete Spitzen, in Form eines langgezogenen Tetraeders, mit ungleich zubehauenen Flächen (Fig. 68).[2])

II. Dreieckige, prismatische schmale Späne, mit gerader Basis, roh zugeschlagen (Fig. 69).[3])

Fig. 68.

Fig. 69.

III. Blattförmige, zugespitzte, mit abgerundeter Basis, fein ausgeführt (Fig. 70b).[4])

IV. Sorgfältig gearbeitete, dreieckige oder längliche ovale Spitzen, im Querschnitt ein spitz ausgezogenes Oval bildend, an der Basis mit halbmondförmigem oder eckigem Ausschnitt, dessen Enden in einen spitzen, meist auch scharfen und etwas nach innen gekrümmten Widerhaken auslaufen (Fig. 70a, c).[5])

[1]) In einem prähistorischen Grabe auf dem Südabhang der Akropolis wurden acht Pfeilspitzen dieses Typus gefunden. Vgl. darüber: Λ. Σκιάς, Τύμβος προϊστορικὸς ὑπὸ τὴν Ἀκρόπολιν, in Ἐφημ. ἀρχαιολ. 1902, S. 123 ff., Fig. 3. — Die bei A. Dumont, Mélanges d'archéologie et d'épigraphie, Paris 1892, S. 25, Fig. 15 und danach bei Perrot et Chipiez, a. a. O. Bd. VI, Fig. 2, Nr. 3 abgebildete Pfeilspitze aus Kiesel (silex) wurde in Kleinasien gefunden und gehört wahrscheinlich nicht zu den griechischen. Vgl. darüber C. R. Bosanquet, in Excavations at Phylakopi, S. 222, Anm. 2.

[2]) H. Schliemann, Tiryns, S. 196, Nr. 111. — Perrot et Chipiez, a. a. O. Bd. VI, S. 116, Fig. 2 (nach G. Finlay, a. a. O. Fig. 11, 13).

[3]) H. Schliemann, Tiryns, S. 88, 196. — H. Schliemann, Zeitschrift für Ethnologie, Bd. XVI (1884), S. 85–88 (Marathon).

[4]) H. Schliemann, Mykenä, S. 311 (Obsidian und Feuerstein), Fig. 435. — Kurt Müller, Alt-Pylos, die Funde aus den Kuppelgräbern von Kakovatos, Athenische Mitteilungen, Bd. XXXIV (1909), S. 292, Taf. XV, Nr. 7.

[5]) Vgl. H. Schliemann, Mykenä, S. 311. (Im vierten Schachtgrabe wurden 35 Obsidian-Pfeilspitzen gefunden, davon sind 15 abgebildet, a. a. O. Fig. 435. Vgl. auch S. 85.

V. Pfeilspitzen wie die unter IV beschriebenen, aber mit einem Loch in der Mitte zur Befestigung an dem Schaft (Fig. 70 d).[1])

Die Entstehungszeit der steinernen Pfeilspitzen läßt sich nicht mit Gewißheit bestimmen. In die eigentliche Steinzeit gehören vielleicht diejenigen mit der Schaftzunge, also die von Dimini und Sesklo sowie die von dem Grabe am Südabhange der Akropolis.[2]) Die anderen Typen der Gruppe *B*, Nr. I und II können in die gleiche Epoche gehören, wenn auch hier die Fundangaben nichts Positives sagen. Dagegen sind die anderen Gruppen sicher auch in der Bronzezeit gebraucht worden, wie aus den Fundangaben über die mykenischen Pfeilspitzen hervorgeht.[3])

Wann der Gebrauch der bronzenen Pfeilspitzen aufgekommen ist, läßt sich bis jetzt noch nicht feststellen, sicher ist es, daß schon in der

Fig. 70.

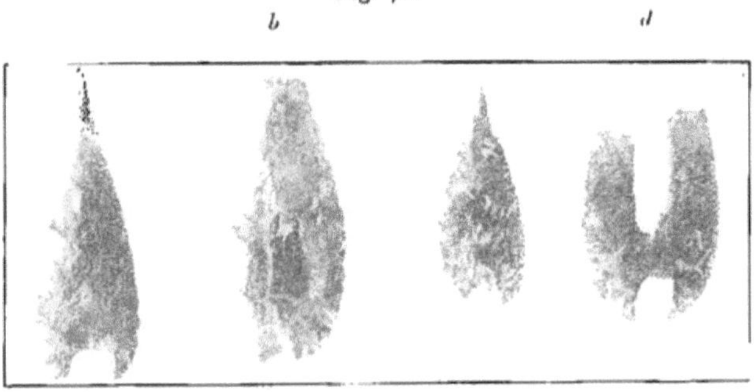

prämykenischen Zeit bronzene Pfeilspitzen, z. B. in Troja, gebraucht wurden[4]) und daß seither die steinernen und die bronzenen parallel nebeneinander im Gebrauch standen.[5]) Ja, anfangs waren, wie wir sehen werden, die bronzenen Pfeilspitzen in der Form, speziell in der Form eines zugespitzten Blattes, mit Widerhaken (vgl. unseren Typus *B*, III), bloß eine Nachahmung der steinernen.

Versuchen wir jetzt auch die bronzenen Pfeilspitzen in Gruppen zu scheiden:

Fig. 126.) — Kurt Müller, a. a. O. S. 292, Taf. XV, Nr. 1—6, 8. — Χρ. Τσούντας, a. a. O. S. 325, Taf. XLII, Nr. 11—13 (Nr. 11 und 13 aus Feuerstein, Nr. 12 Obsidian). — Candia-Museum, Nr. 283, 284, 281 aus Knossos. — Nationalmuseum in Athen, Nr. 1846 (Vaphio).

[1]) Kurt Müller, a. a. O. S. 292, Taf. XV, 9. Diese Art ist bis jetzt, wie uns Dr. K. Müller mitteilte, nur durch das abgebildete Exemplar vertreten.

[2]) A. Σκιάς, Ἐφημ. ἀρχαιολ. 1902, S. 123 ff. — C. R. Bosanquet, in Excavations at Phylakopi. S. 222.

[3]) Vgl. die 35 Obsidian-Pfeilspitzen aus dem vierten Schachtgrabe in Mykenä.

[4]) H. Schliemann, Ilios, S. 564, Nr. 931, 933, 942, 944, 946, aus der II. bis V. Schicht. — H. Schmidt, a. a. O. S. 249, Nr. 6162—6166.

[5]) A. Baumeister, Denkmäler, Bd. III, S. 2017.

a) Pfeilspitzen in Form eines Stiftes mit zwei deutlichen Teilen, von denen der obere — die eigentliche Spitze — stets rund, dagegen der untere Teil — die Schaftzunge — meistens vierkantig ist (Fig. 71)[1].

b) Ungefähr dolchblattförmige, dreikantige, blechartige Spitzen mit zwei Löchern am Blatte zur besseren Befestigung an dem Schaft, oder ohne diese und mit einem scharfen Einschnitte an der Basis, der die Widerhaken bildet (Fig. 72 *b*).[2]

c) Blechartige Spitzen von ähnlicher Form wie *b)*, mit Widerhaken und Schaftzunge (Fig. 72 *a*).[3]

Fig. 71.

Fig. 72.

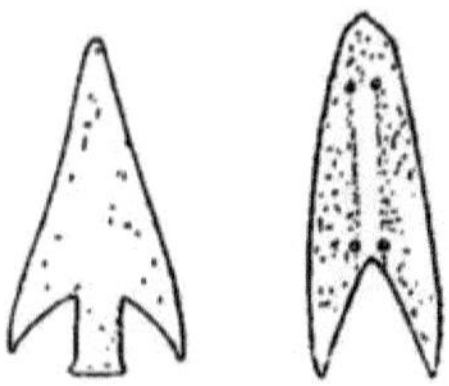

b

Fig. 73

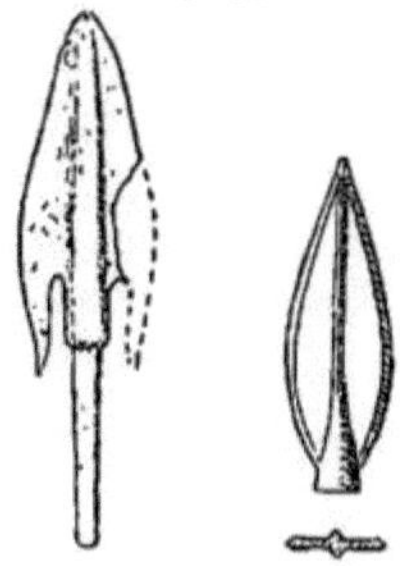

b

d) Blattförmige Spitzen mit Widerhaken, Mittelgrat, Schaftzunge und Schaftangel (Fig. 73 *a*).[4]

[1]) H. Schmidt, a. a. O. S. 249, Nr. 6162—6166, aus der II.—V. trojanischen Schicht. (Nach Schmidt vielleicht Pfriemen.) — Vgl. auch H. Schliemann, Ilios, S. 564, Nr. 931, 933, 942, 944, 946.

[2]) H. Schmidt, a. a. O. S. 256, Nr. 6451, aus der VI. trojanischen Schicht; bei A. Götze, a. a. O. S. 418, Fig. 448a als undatierbar bezeichnet. — Χρ. Τσούντας, Ἐφημ. ἀρχαιολ. 1888, πιν. 9, Nr. 22. (Gefunden in Mykenä im Kuppelgrab am Löwentor.) — Tsountas and Manatt, a. a. O. S. 206, Fig. 92. — Ἀθήναιον, Bd. VI (1877), Taf. E', Nr. 69 (aus Spata in Attika). — A. J. Evans, Annual British School, Bd. X (1903/04), S. 61. — Das Kuppelgrab von Menidi, Athen 1880, Taf. IX, 22.

[3]) H. Schmidt, a. a. O. S. 255, Nr. 6448—6450. Aus der VI. trojanischen Schicht; bei A. Götze, a. a. O. S. 418, Fig. 448b als undatierbar verzeichnet. — Χρ. Τσούντας, Ἐφημ. ἀρχαιολ. 1888, πιν. 9. Nr. 23. — Tsountas and Manatt, a. a. O. S. 206, Fig. 93. Ἀθήναιον, Bd. VI (1877), S. 167 ff., Taf. E', Nr. 67 (aus Spata in Attika). — C. R. Bosanquet and F. B. Welch, in Excavations at Phylakopi, S. 190, Taf. XXXVIII, Nr. 7, 8, 9. — J. E. Evans, Prehistoric tombs of Knossos, Fig. 28. — L. Savignoni, Monumenti antichi, Bd. XIV, S. 536, 537, Fig. 21 (Phaistos). — A. J. Evans, Annual British School, Bd. X (1903/04), S. 61. — Diese Form kommt auch in Spanien vor, worüber vgl. H. et L. Siret, Les premiers âges du métal dans le sud-est de l'Espagne, Anvers 1887, Atlas Taf. III, Nr. 15.

[4]) H. Schmidt, a. a. O. S. 260, Nr. 6534, 6535, und S. 261, Nr. 6536, 6537 (VII.—IX. trojanische Schicht); bei A. Götze, a. a. O. S. 418 f. als nicht datierbar erwähnt. — Vgl. auch H. Schliemann, Ilios, S. 675, Nr. 1423. — Ἀθήναιον, Bd. VI (1877), S. 167 ff., Taf. E', Nr. 68. — Nach Ohnefalsch-Richter, Zeitschrift für Ethno-

e) Scharfe, blattförmige, lange Spitzen wie die vorhergehenden, aber ohne Widerhaken, Mittelgrat stark (Fig. 74).[1]

Fig. 74.

Fig. 75.

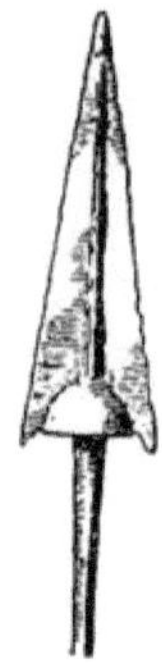

f) Ungefähr dolchblattförmige Spitzen, mit Widerhaken, starkem Mittelgrat, Schaftzunge, Schaftangel, sehr massiv (Fig. 75).[2]

g) Blattförmige Spitzen mit Mittelgrat und Schafttülle (Fig. 73 *b*).[3]

h) Der vorigen Gruppe ähnliche Spitzen, jedoch an der Tülle mit einem Haken versehen.[4]

i) Drei- oder mehrschneidige Spitzen mit Tülle. (Bei manchen verlängern sich die Schneiden nach unten zu scharfen Spitzen und bilden auf diese Weise Widerhaken.)[5]

j) Spitzen derselben Art, wie *i)*, aber noch mit einem Haken an der Schafttülle.[6]

k) Lanzettförmige, lange, aber schmale Spitzen mit scharfen Kanten, starkem Mittelgrat, zwei Widerhaken.[7]

logie, Bd. XXXI (1889), Verhandlungen S. 332, findet man Pfeilspitzen mit Widerhaken auf Kypros erst in Gräbern der hellenistischen Zeit. — Rößler, Zeitschrift für Ethnologie, Bd. XXXI (1899), Verhandlungen S. 266, Fig. 33, verzeichnet diesen Pfeilspitzentypus auch in Achmaki in Transkaukasien.

[1] C. R. Bosanquet and F. B. Welch, in Excavations at Phylakopi, S. 190, Taf. XXXVIII, Nr. 6, Gr. Lge. c·11. — Ridgeway, a. a. O. S. 302 (Nikosia. Kypros), Fig. 57. — Myres and Ohnefalsch-Richter, Catal. of Cyprus Museum, Nr. 565—571. — M P. Perdrizet, in Fouilles de Delphes, Bd. V, S. 97, Fig. 336c. Diese Spitzen zeigen eine kleine Abweichung von dem oben beschriebenen Typus, da sie mehr rundblattförmig sind.

[2] Olympia, Bronzen, Taf. LXIV, 1093—1096. — Perdrizet, in Fouilles de Delphes, Bd. V, S. 97, Fig. 336 a, b, 338. — Carapanos, Dodone et ses ruines, Taf. LVIII, 18. — W Froehner, Collection Gréau, Paris 1885, S. 142 f. — Nach A. Furtwängler, Olympia, Bronzen, S. 178, ist für diese Gruppe wichtig, daß sie auf den Münzen der Alexanderzeit als Beizeichen erscheint; solche Pfeilspitzen sollen sich auch in den Gräbern bei Marion auf Kypros gefunden haben.

[3] Olympia, Bronzen, Taf. LXIV, 1076, 1079. — H. Schmidt, a. a. O. S. 260, Nr. 6538 (VII.—IX. trojanische Schicht).

[4] Olympia, Bronzen, Taf. LXIV, 1077, 1078. — Froehner, a. a. O. S. 142. — Perdrizet, a. a. O. Fig. 337. — C. Friederichs, Kleinere Kunst und Industrie, Düsseldorf 1871, S. 238, Nr. 1113—1114. — K. Schumacher, Sammlung antiker Bronzen, Karlsruhe 1890, Taf. XIV, 37—39.

[5] Olympia, Bronzen, Taf. LXIV, 1079, 1082—1084, 1086, 1089. — A. Furtwängler, Ägina, Bd. II, Taf. 117, Nr. 42, 44, 46. — W. Froehner, a. a. O. S. 142. — K. Schumacher, a. a. O. Taf. XIV, 28—34. — Zu diesem Typus vgl. P Reinecke, Die skythischen Altertümer im mittleren Europa, in Zeitschrift für Ethnologie, Bd. XXVIII (1896), S. 21. — W. Helbig, Homerisches Epos, 2. Aufl. S. 341, Fig. 134. Deutlich ist diese Form auch auf dem Tityoskopf von Delphi zu sehen, vgl. Athenische Mitteilungen, Bd. XXXIV (1909), Taf. V, 4.

[6] Olympia, Bronzen, Taf. LXIV, 1080, 1085, 1087, 1088, 1092.

[7] Olympia, Bronzen, Taf. LXIV, 1094; Museo Italiano, Bd. II (1888), S. 763 bis 764. — Carapanos, a. a. O. Taf. LVIII, 17.

Wir haben hier alle bekannten Typen von Bronzepfeilspitzen hervorgehoben, die geeignet sind, die Formunterschiede klar zu machen. Sie zeitlich zu sondern, ist in vielen Fällen unmöglich, da die Fundberichte für chronologische Bestimmungen keinen ausreichenden Anhalt geben. Von den bronzenen Spitzen ist die jüngste die Gruppe *k)*, denn sie verbreitet sich erst in der hellenistischen Zeit.[1] Daß die verschiedenen Typen nebeneinander gebraucht wurden, ist nach den Funden nicht zu bezweifeln.

Wie die steinernen Pfeilspitzen neben den bronzenen im steten Gebrauch blieben, so kommen seit dem VI. Jahrhundert die eisernen Spitzen neben den bronzenen in den Gebrauch; diese ahmen im allgemeinen die Formen der bronzenen nach.[2]

In Delphi sind einige noch miteinander verbundene Bronzespitzen, so wie sie aus der Gußform herausgekommen sind, gefunden worden.[3]

Der Schaft war gewöhnlich aus Rohr (δόναξ)[4] oder aus sehr leichtem Holz verfertigt. An seinem unteren Ende mit Kerben oder Einschnitten (γλυφίδες) versehen[5], war er oberhalb der Kerbe befiedert (πτερόεις).[6] Diente die Befiederung zum Erlangen besserer Flugsicherung des Pfeiles, so waren die Kerben dazu bestimmt, den Pfeil sicherer an die Sehne stemmen und beim Schießen besser halten zu können.[7]

Am oberen Schaftende war die Spitze in einem Spalt befestigt. Wie das eigentliche Befestigen der dreikantigen Pfeilspitze (τριγλώχιν)[8] oder einer Spitze mit zwei Widerhaken (ὄγκοι)[9] erfolgte, schildert am besten W. Reichel folgendermaßen[10]: »Damit die Spitze, wenn sie auf einen harten Körper traf, den Spalt nicht noch mehr aufriß und in

1) A. Furtwängler, Agina, Bd. I, S. 423. Nr. 258; Bd. II, Taf. 117, Nr. 45.

2) H Schmidt, a. a. O. S. 259. Nr. 6502 (aus der IX. trojanischen Schicht). — Carapanos, a. a. O. Taf. LVIII, 14. — Baumeister, Denkmäler, Bd. III, S. 2042. — Jahrbuch d. deutsch. arch. Inst. Bd. XXII (1907). Anzeiger, S. 383. — W. M. Flinders Petrie, Naukratis I, London 1886, Taf. XI, 2—4 (aus dem VI. Jahrhundert v. Chr.).

3) Perdrizet, a a. O. S. 97, Fig. 339.

4) Il. XI, 584: ἐκλάσθη δὲ δόναξ, ἐβάρυνε δὲ μηρόν.

5) Il. IV, 122: ἕλκε δ' ὁμοῦ γλυφίδας τε λαβὼν καὶ νεῦρα βόεια; vgl. auch (Od. XXI, 419) Eust. 452, 11: γλυφίδες δὲ τὸ γλύμμα τοῦ ἀτράκτου, τὸ ἐντιθέμενον τῇ νευρᾷ. Nonnus Dionys. XV, 331: δάκτυλα μαρμαίροντα περὶ γλυφίδεσσι δοκεύων (ed. A. Köchly).

6) Vgl. Il. IV, 117; V, 171. — Liv. XLII, 65: huic ad abiegnae breves pinnae tres velut sagittis solent. circumdabantur. Vgl. Ovid. Met. VI, 258.

7) Vgl. E. Buchholz, a. a. O. Bd. II, S. 355f. — W. Reichel, a. a. O., S. 115, meint, der Schaft hieße πῆχυς und beruft sich auf Odyss. XXI, 419 τόν ῥ' ἐπὶ πήχει ἑλὼν ἕλκεν νευρὴν γλυφίδας τε. Indessen heißt, wie wir zeigten (S. 79), πῆχυς der Bügel am Bogen. Odysseus bekam seinen Bogen in die Hände, bespannte ihn, dann probierte er den Stimmenklang seiner Sehne, nahm den Pfeil vom Tisch, faßte den Bogen beim Bügel und spannte ihn (Od. XXI, 404—419).

8) Il. V, 393 ὀιστῷ τριγλώχινι; Il. XI, 507 ἰῷ τριγλώχινι. W. Helbig, Homer. Epos, S. 341, übersetzte τριγλώχιν mit dreischneidig.

9) Il. IV, 151; 214: ὀξέες ὄγκοι.

10) W. Reichel, a. a. O. S. 115f.

ihn zurückwich, war es praktisch, den Schaft über dem Spalte zwischen den Widerhaken mit einer Schnur oder Sehne zu umwinden (Fig. 76). Haftete der Pfeil im Körper, so widersetzten sich die Widerhaken dem Versuche, ihn nach rückwärts auszuziehen und verbogen sich, da sie absichtlich dünn gehämmert waren, wenn man Gewalt anwandte. Gewöhnlich ließ dann auch der Schaft die Spitze fahren, diese blieb in der Wunde zurück und konnte nur durch Ausschneiden entfernt werden[1], falls nicht auch das untunlich war und man als letzte und anerkannt gefährlichste Auskunft die Spitze durch Zugpflaster zum Herauseitern brachte.[2])

Ein derartiges Geschoß haben wir in der Pandaros-Menelaos-Szene vor Augen; Pandaros trifft den Menelaos an der Mitte des Bauches.[3]) Der Pfeil dringt ganz durch den Zoster und mit der vorderen Spitze auch durch die Mitre in die Haut. Menelaos erschrickt, da er sich bluten sieht, beruhigt sich jedoch, Il. IV, 151, ὡς δὲ ἴδεν νεῦρόν τε καὶ ὄγκους ἐκτὸς ἐόντας, weil die Wunde nun nicht kompliziert sein kann. Trotzdem mißlingt Machaons Versuch, den Pfeil auszureißen, weil die Widerhaken bereits innerhalb des Zosters stecken und sich sogleich verbiegen[4]) (214), so daß nichts übrig bleibt, als Menelaos ganz zu entkleiden. Ebenso unbedenklich verlaufen die beiden Pfeilschüsse, die Diomedes, Il. V, 97 f., und Il. XI, 375 f., erhält; beidemal durchdringt die Spitze den getroffenen Körperteil vollständig, der Pfeil kann daher einfach mit der Spitze voran (διαμπερές, Il. V, 112) ausgezogen werden.«

Fig 76.

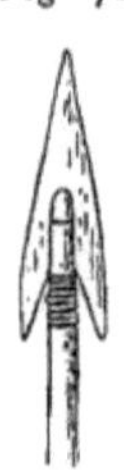

Der Pfeil führt das Beiwort χαλκήρης[5]) oder χαλκοβαρής[6]) wohl einerseits von dem Metall, aus dem die Spitze war, anderseits von der Schwere dieser bronzenen Spitze.

In der vielbehandelten Ilias-Stelle IV, 123, heißt die Spitze einfach σίδηρος.

(Πάνδαρος) νευρὴν μὲν μαζῷ πέλασεν, τόξῳ δὲ σίδηρον.[7])

[1]) Il. XI, 515; 829; 844, 845 ἐκ μηροῦ τάμνε μαχαίρῃ / ὀξὺ βέλος περιπευκές.

[2]) Vgl. Il. V. 395—402.

[3]) Il. IV, 132 f. αὐτὴ δ'αὖτ' ἴθυνεν ὅθι ζωστῆρος ὀχῆες / χρύσειοι σύνεχον καὶ διπλόος ἤντετο θώρηξ.

[4]) Ich ziehe trotz der Scholien πάλιν zu ἄγεν, nicht zu ἐξελκομένοιο. Bronzeblech bricht nicht wie Glas. Wären die Widerhaken abgebrochen, so hätte man dann den Pfeil ohneweiters ausziehen können (W. Reichels Anmerkung).

[5]) Dieses Beiwort finden wir bei den Pfeilen dreimal: Il, XIII, 650; 662; Od. I, 262.

[6]) Nur zweimal Il. XV, 465; Od. XXI, 423. Von sonstigen Beiworten des Pfeiles vgl. noch τανυγλώχιν (Il. VIII, 297), πικρός (Il IV, 118), ἐχεπευκές (Il. IV, 129), ὀξύς (Il. XI, 845), περιπευκές (Il. XI, 845), ὀξυβελής (Il IV, 126), ὠκύμορος (Il. XV, 441) u. v. a. Näheres darüber bei E. Buchholz, a. a. O. Bd. II, S. 356.

[7]) Die Homer-Forscher sind darin einig, daß diese Stelle als später eingeschoben anzusehen ist, weil sie bei den Zuhörern genauere Vertrautheit mit dem Eisen voraussetzt. P. Cauer, a. a. O. S. 285. — C. Robert, Studien zur Ilias, Berlin 1901, S. 209 f., 435. — W. Reichel, a. a. O. S. 115. Über das Verhältnis von Bronze zu

Das sind die wenigen Angaben, die aus den homerischen Gedichten für die Pfeile zu entnehmen sind; wir wenden uns jetzt den antiken Darstellungen der Pfeile sowie den Funden zu, die uns auch hier etwas mehr Licht bringen werden.

Zunächst kehren wir zum Pfeilschaft zurück. In den homerischen Gedichten ist, wie bemerkt, nur die Rede davon, daß der Schaft außer der Befiederung eine Einkerbung am unteren Ende hatte. Auf rotfigurigen Gefäßen weisen die Pfeile Einschnitte am unteren Schaftende auf, die unmöglich in das Schaftrohr selbst eingeschnitten sein konnten, da die Kerben meistens viel breiter dargestellt werden, als es der Schaft ist.[1]) Es ist wohl möglich, wenn auch literarisch nicht bezeugt, daß das Schaftrohr seiner leichten Spaltbarkeit wegen, durch ein anderes, festeres Holz oder vielleicht durch Knochen verstärkt war, wie wir es z. B. bei der analogen Waffe in Ägypten[2]) verzeichnet haben. Und wirklich glauben wir bei manchen Pfeildarstellungen dieses Verfahren voraussetzen zu dürfen, denn der Teil zwischen Befiederung und der eigentlichen Kerbe erscheint viel dünner und wie aus anderem Material als der Schaft selbst verfertigt[3]), womit vielleicht der Künstler diesen festeren Pfeilfuß anschaulicher machen wollte. Vom praktischen Standpunkte aus war eine solche Verstärkung notwendig, da sich sonst das Rohr während eines kräftigeren Spannens fast immer spalten mußte.

Daß die Befiederung aus drei, in bestimmten Abständen vertikal angeklebten Federn bestand, wird wohl als wahrscheinlich anzunehmen sein, wenn auch die Darstellungen in dieser Hinsicht uns keine genügenden Belege liefern. Die Federn werden immer flach dargestellt; die notwendige Schulung, um auch die dritte Feder in entsprechender Verkürzung wiederzugeben, fehlt dem antiken Künstler noch.

Der Pfeil in dem bekannten Bilde der Sosiasschale zeigt am Schaft dort, wo die Befiederung festsitzt, entweder eine Umwicklung (die vielleicht die Spaltung verhüten soll) oder es ist nur eine Art Dekorierung des Schaftendes beabsichtigt.

Danach lassen sich sowohl in bezug auf die Kerbe wie auch auf die Befiederung die Pfeile in kleine Untergruppen ordnen. Wir finden:

a) Pfeile ohne Befiederung, mit der Einkerbung im Schaft selbst.[4])

Eisen in den homerischen Gedichten vgl. G. Beloch. Rivista di Filologia class. Bd. II (1873), S. 42ff. — Griechische Geschichte, Leipzig 1893, S. 80f., Anmerkung 4.

[1]) Vgl. Friedrich Hauser in Furtwängler-Reichhold, Griech. Vas. Serie III, S. 16f. zu Taf. 123.

[2]) Vgl. Fig. 8.

[3]) Vgl. Furtwängler-Reichhold, Griech. Vas. 32.

[4]) Fragment eines protokorinthischen Gefäßes, Ath Mitt. Bd. XXII (1897), S. 304, Fig. 29. Dodwellvase. Lau, Griech. Vas. Taf. III, 1b. — Korinth. Vase, Jour. Hell. Stud. Bd. V (1884), Taf. zu S. 176. — Reliefpithos in Wien, K. Masner, Die Sammlung antiker Vasen und Terrakotten, Fig. 12.

b) Pfeile ohne Befiederung, bei denen das Schaftende eine knollenartige Verdickung am Ende aufweist, in welche wahrscheinlich die Kerbe eingeschnitten sein wird.[1]

c) Pfeile mit Befiederung, wobei das Schaftende eine kleine Gabelung aufweist, die breiter ist als der Schaft selbst.[2]

Wenn wir auf manchen Denkmälern die Kerbe des Schaftes nicht sehen, so ist der Grund hierfür der, daß die Pfeile meistens schon gegen die Sehne gestemmt sind; die Befiederung kommt erst etwa um die Mitte des VII. Jahrhunderts in allgemeinen Gebrauch. In der entwickelten Kunst sind Kerbe und Befiederung bei den freistehenden Pfeilen stets wiedergegeben.[3]

Von vergifteten Pfeilen haben die Griechen selten Gebrauch gemacht. Bei Homer wird das Gift nur einmal erwähnt, Od. I, 259—264, wo Athena erzählt, Odysseus habe sich nach der Stadt Ephyre zum Mermeriden Ilos begeben, um Pfeilgift zu holen, doch dieser habe es ihm aus Furcht vor den Göttern nicht gegeben; darauf habe er Gift von Anchialos, dem König der Taphier, bekommen.[4] Daß Herakles das Gift für seine Pfeile von der Hydra nahm, erzählt uns Pausanias.[5] Er soll sich auch gegen die Kentauren vergifteter Pfeile bedient haben;[6] vielleicht hat uns diese Erzählung eine Erinnerung an einmal weiter verbreiteten Gebrauch des Pfeilgiftes bewahrt.

6. Der Köcher.

Zur Aufbewahrung der Pfeile und manchmal auch des Bogens hatte man den offenen, oder den mit einem Deckel versehenen Köcher. Soweit wir heute nach den Darstellungen auf den antiken Denkmälern urteilen können, waren die Köcher aus leicht vergänglichen Stoffen, aus Leder oder aus Holz verfertigt;[7] daraus erklärt sich auch, daß keine erhalten sind.

---

1) Mon. dell' Inst. IX, Taf. 55; vgl. vielleicht auch Furtwängler-Reichhold, Griech. Vas. Taf. 16.

2) Mon. dell' Inst. I. Taf. 55. — Furtwängler-Reichhold, Griech. Vas. Taf. 32, 101.

3) Vgl. den Pfeil der Sosiasschale. — Furtwängler-Reichhold, Griech. Vas. Taf. 22, 55, 61, 90, 96. — Antike Denkmäler, II, 14; 21, 3. — Vgl. A. Schaumberg, a. a. O. S. 112f.

4) Vgl. dazu Strabo VIII, 3, 5 = C. 338 (ed. Meineke).

5) Paus. II, 37, 4.

6) Euripides, Herakles, 365, 366. ἔστρωσεν τόξοις φονίοις. Vgl. dazu noch V. 1184. Vgl. Verg. Aen. IX, 771, wonach Amycus im Vergiften der Pfeile besonders geschickt ist. Sonst erwähnt Vergil Pfeilgift noch Aen. X, 140; XII, 857.

7) Rüstow-Köchly a. a. O. S. 21.

Bei Homer haben die Schützen einen Köcher, der mit einem Deckel (πῶμα) versehen war. Als Pandaros seinen Pfeil gegen Menelaos schicken wollte, heißt es Il. IV, 116:

αὐτὰρ ὁ σύλα πῶμα φαρέτρης, ἐκ δ' ἕλετ' ἰόν [1]).

Über sein Aussehen, seinen Schmuck, das Material, aus dem er bestand, erfahren wir durch Homer nichts. Die Epitheta, die der Köcher führt, beziehen sich nur auf die Aufnahme der Pfeile.[2])

Bei dem ledernen Köcher nähte man wahrscheinlich parallele Seitenstäbe zur Verstärkung ein, um die gegebene Form ständig zu behalten. Aus den Darstellungen dieser Köcher geht weiter hervor, daß sie entweder gemalte oder aus anderem Leder verfertigte Verzierungen trugen (Fig. 77) oder aber mit metallenen Zierplatten bedeckt waren (Fig. 78).

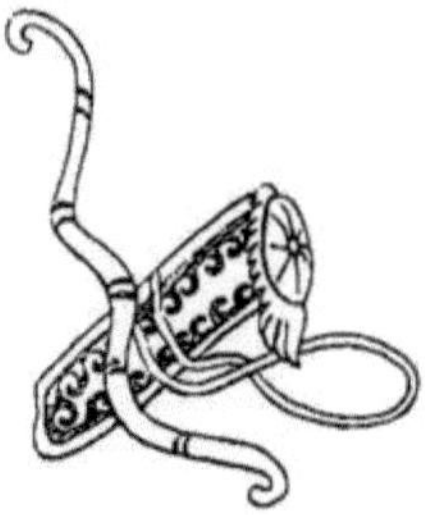

Fig. 77.

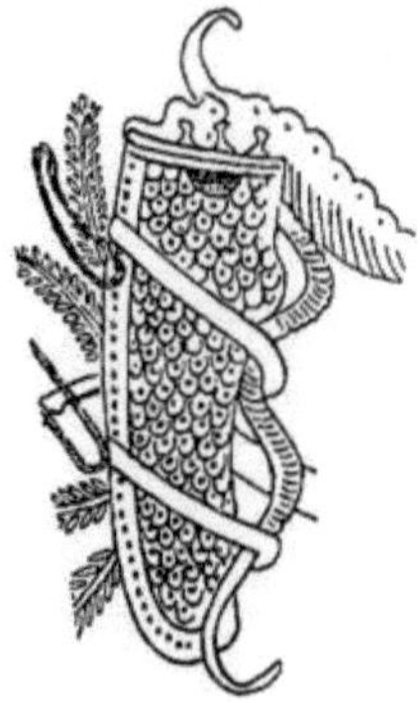

Fig. 78.

Der Köcher wurde mittels eines Bandes getragen, und zwar auf vierfache Art:

a) Auf dem Rücken, fast zwischen den Schultern, in einer derartigen Lage, daß die Pfeile gerade über die rechte Schulter herausgezogen werden konnten.[3])

b) An der linken Seite am Gürtel befestigt in Hüfthöhe.[4]) Das Band lief von der rechten Schulter herab, quer über die Brust gegen die linke Hüfte.

[1]) Vgl. Od. IX, 312—315, wo es heißt, Polyphemos der Riese habe so leicht den Felsblock vom Eingang entfernt, wie der Schütze den Deckel vom Köcher nimmt.

[2]) ἰοδόκος Il. XV, 444; Od. XXI, 12, 60; ἰῶν ἔμπλειος Od. XXII, 3; ἀμφηρεφής Il. I, 45; vgl. weiter Poll. Onom. X, 142; Anth. Pal. VI, 296.

[3]) Vgl. Gerhard, A. V. 120, 121, 130, 135; Furtwängler-Reichhold, Griech. Vas. 16; Mon. dell' Inst. III, Taf. 12.

[4]) Gerhard, A. V. 95/96, 104, 149; Mon. dell' Inst. I, Taf. 24, 55; VIII, Taf. 6. — Furtwängler-Reichhold, Griech. Vas. 26/27, 58, 74; W. Amelung, a. a. O. Bd. I, Taf. XI, 71; Michaelis, Jahrbuch d. deutsch. arch. Inst., Bd. I (1886), S. 1 ff.

c) Auf dem Rücken neben dem linken Arm.[1])

d) Auf der rechten Achsel.[2])

Manchmal, besonders in den Werken der archaischen Kunst, kann nicht mit Sicherheit gesagt werden, ob der Köcher (wenn er nicht am Gürtel befestigt ist) auf diese oder jene Weise getragen wird.[3])

Es ist klar, daß die Wiedergabe der Köcher ebensowenig wie die der Bogen immer wahrheitsgetreu ist. Im allgemeinen lassen sich alle Köcher in zwei große Gruppen teilen:

A. Form wie Fig. 78, meistens von den skythischen Schützen, von den Amazonen und von Herakles getragen.

B. Zylindrische Form (Fig. 79), von den Künstlern dem Apollo und seiner Schwester Artemis gegeben.

Fig. 79

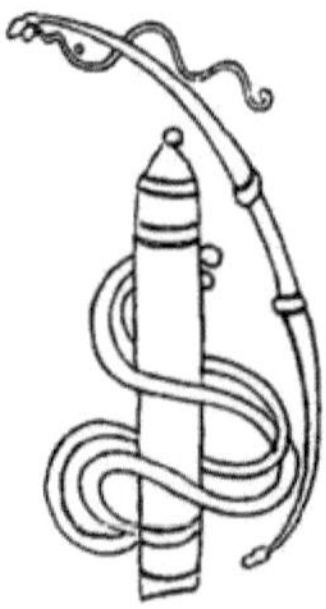

Fig. 80.

Innerhalb jeder dieser Gruppen lassen sich nicht nur einzelne Typen scheiden[4]), sondern auch die einzelnen Phasen ihrer Formentwicklung aufzeigen.

Gruppe *A.*

a) Köcher ohne Deckel, von oben bis unten in fast derselben Breite, entweder ungeziert oder mit nur sehr dürftiger Verzierung am oberen oder unteren Rande[5]) (Fig. 80).

---

[1]) Gerhard, A. V. 95/96, 97, 100, 101, 105/106, 110.

[2]) Mon. dell' Inst. I, Taf. 20 (Herakles), 23. — W. Amelung, a. a. O. Bd. I, Taf. XV, 92 und 108, Taf. XL, 120; Bd. II, Taf. XXXIX, 210.

[3]) Mon. dell' Inst. I, Taf. 51; Gerhard, A. V. 121, 130.

[4]) Vgl. A. Schaumberg, a. a. O. 114ff.

[5]) Lau, Griech. Vas. Taf. III, 1b (Dodwellvase). — Archäologische Zeitung, 1883, Taf. X, 1 (protokorinthisch). — Jahrbuch d. deutsch. arch. Inst. Bd. XIII (1898), Taf. 1 (Sophilosscherbe aus Menidi); Bd. IV (1889), Taf. 4 (Andokides). — Reliefpithos, Bull. Corr. Hell Bd. XXII, 1898, S. 463, Fig. 8. — Antike Denkmäler, II, Taf. XXIX, 9 (Korinth. Pinax). — Ἐφημ. ἀρχαιολ. 1883. πιν. 3 (tyrrhenische Amphora). Gerhard, A. V. 100 schwarzf. att. Vas. — E. Pottier, Vas. peints du Louvre, Bd. II, Taf. 89, G. 5 (rotfig.). — A. Furtwängler, Antike Gemmen, Taf. VI, 58.

b) Köcher mit Deckel, der Köcher oblong oder konisch, der Deckel rund und wie aus festem Material. Auf archaischen Darstellungen vorwiegend ohne Ornamentierung.[1])

c) Köcher, oblong, nach unten sich verjüngend, vorwiegend verziert, mit Deckel in Form eines kürzeren oder längeren Lappens[2]), stets am Gürtel getragen.

Gruppe *B.*

a) Zylindrische Form, oblong, gleichmäßig breit, unten meistens abgerundet, mit Deckel, der ebenfalls rund ist, aber etwas spitz in die Höhe ausläuft.[3])

b) Form wie *a)*, aber unten am Boden flach, mit Deckel in Form eines Lappens.[4])

Wir haben schon erwähnt, daß die Köcher verziert waren, sei es durch Malereien, sei es durch eigens hergestellte Metallplatten. Wenn auch auf griechischem Boden bis jetzt noch kein Rest eines Köchers gefunden worden ist, so besitzen wir doch ein Beispiel für die Art des Schmuckes der attischen Köcher aus dem V. Jahrhundert[5]), in dem bekannten Goldbeschlag von Nikopol (Fig. 81). Die darauf dargestellte Szene wurde schon vielfach behandelt. Stephani meinte, es sei auf dem Köcher der attische Mythos von Alope und Theseus dargestellt.[6])

[1]) K. Masner, a. a. O. Fig. 12. — Mon. dell' Inst. I, Taf. 23. 51; VI—VII, Taf. 27, 33. — Gerhard, A. V. 105/106, 190 191, 323. — Jahrbuch d. deutsch. arch. Inst. Bd. XIII (1898), Taf. 12. — Archäologische Zeitung 1881, Taf. XII, 1. — B. Graef, a. a. O. Bd. I, Taf. 31, Nr. 606. — Furtwängler-Reichhold, Griech. Vas. 101.

[2]) Diese Form zeigen fast immer die Bogen der skythischen Schützen, Amazonen, in der rotfigurigen Malerei auch der des Herakles. — Vgl. Furtwängler-Reichhold, Griech. Vas. 23. 26/27, 58, 74 usw. — Murray, Designs from Greek Vas. Taf. I, 3; IV, 15; V, 19. — Mon. dell' Inst. I, Taf. 55; VI—VII, Taf. 22; VIII, Taf. 6; X, Taf. 50. — Gerhard, A. V. 69, 94, 192. — Fouilles de Delphes, Taf. 41 und 44/45 (hängt an der Wand). — Furtwängler, Antike Gemmen, Bd. I, Taf. IX, 21; XVIII, 18. — Mon. Piot 1897, Taf. IV—V. — Jour Hell. Stud. Bd. VI (1885), Taf. 57. — Altertümer von Pergamon, II, Taf. XLIX, 16.

[3]) Gerhard, A. V. 29, 95. 119/120, 193, Nr. 4. — Furtwängler-Reichhold, Griech. Vas. 88 (Dariusvase). — Amer. Jour. Arch. Bd. XI (1907), Taf. XII. — Revue arch. Bd. XIII (1889), S. 31. — Jour. Hell. Stud. Bd. VI (1885), Taf. 58. — Mon. dell' Inst. XI, Taf. 40 (Artemis).

[4]) Mon. dell' Inst. I, Taf. 20. — Jour. Hell. Stud. Bd. XIII (1892), Taf. III. — Gerhard, A. V. 54, 70, 119/120. — Overbeck, Kunstmyth. Atlas, Apollo XXIII, 6. — Dümmler, Bonner Studien, S. 72. — Antike Denkmäler, I, 22. — Lenormant et de Witte, Élite céram. II, 17, 18.

[5]) Stephani, Compte Rendu 1864, Taf. 4. — Wiener Vorlegeblätter, Ser. B, Taf. 10. — Kondakoff-Tolstoi-Reinach, a. a. O. Fig. 263 (meinen, es sei ein Werk vom Anfang des III. Jahrhunderts). — An der Echtheit zweifelte B. Graef, Hermes, Bd. XXXVI (1901), S. 86. Es hat sich aber ein zweites Exemplar gefunden, Jahrbuch d. deutsch. arch. Inst. Bd. XVIII (1903). Anzeiger, S. 84.

[6]) Vgl. auch Kondakoff-Tolstoi-Reinach, a. a. O. S. 302ff.

Demgegenüber hat C. Robert wohl mit mehr Recht die Szene als Achilles unter den Töchtern des Lykomedes erklärt.[1])

Neben dem Köcher pflegte man den Bogen gewöhnlich in der Weise zu tragen, daß der Bogen mittels eines Riemens angebunden wurde. Auch in der Art des Anbindens gibt es zeitliche Unterschiede. In der älteren Kunst war der Bogen immer »untergebunden«[2]), vom V. Jahrhundert an wird er meistens seitlich angebunden.[3])

Fig. 81.

Zum Aufbewahren des Bogens diente der Gorytos. So hören wir, daß Penelope den Bogen aus dem Gorytos herausnimmt, um ihn dann den Freiern zum Wettkampf zu geben, Od. XXI, 53—54:

. . . . . αἴνυτο τόξον
αὐτῷ γωρυτῷ, ὅς οἱ περίκειτο φαεινός.

Trotzdem der Gorytos schon bei Homer erwähnt ist, war er doch in Griechenland wahrscheinlich wenig bekannt, was in der spärlichen Zahl der Gorytosdarstellungen sich geltend macht.[4]) Der Gorytos diente zugleich, wie aus den Abbildungen hervorgeht, als Pfeilbehälter. Am

---

1) Jahrbuch d. deutsch. arch. Inst. Bd. IV. (1889), Anzeiger, S. 151, und 16. Hall. Winckelmannsprogramm Nekyia, S. 38 (V. Jahrhundert).

2) A. Michaelis, Jahrbuch d. deutsch. arch. Inst. Bd. I (1886), S. 36, vgl. z. B. Archäologische Zeitung, 1881, Taf. XII, 1.

3) Vgl. Furtwängler-Reichhold, Griech. Vas. Taf. 4, 23, 26/27, 58 usw.

4) Visconti, Museo Pio Clementino, Bd. IV, Taf. 40, 43. — Zoega, Bassirilievi antichi, Roma (1808), Bd. II, Taf. 98. — W. Amelung, a. a. O. Bd. II, Taf. XXI, 79.

besten lernen wir ihn auf der bekannten Elektron-Vase aus Kul-Oba kennen. Danach ist auch wahrscheinlich, daß der Gorytos den Bogen nur selten ganz, meistens nur drei Viertel der Bogenlänge bedeckte.[1])

Zum Schluß dieser Betrachtungen weisen wir noch darauf hin, daß die Schützen, die weder Köcher noch Gorytos hatten, ihre Pfeile in der linken Hand neben dem Bogen führten. Ob diese Sitte allgemein verbreitet war, können wir nicht sagen; wir finden sie vorwiegend bei Herakles, Apollo und Artemis.[2])

7. Die Körperhaltung des Bogenschützen beim Abschießen.

Die Körperhaltung der Schützen während des Schießens war natürlich von den Verhältnissen, unter welchen geschossen wurde, abhängig. Was zunächst Homer betrifft, so lesen wir Il. I, 48 von Apollo, der erzürnt von den Höhen des Olymps kommt: ἕζετ' ἔπειτα ἀπάνευθε νεῶν, μετὰ δ'ἰὸν ἕηκεν. Keiner von den großen Bogenschützen der Ilias, also weder Pandaros (Il. IV, 113), noch Teukros (Il. VIII, 267 ff.), noch Alexandros (Il. XI, 371 ff.) führte zugleich mit dem Bogen auch den Schild, weswegen sie während der Schlacht anderweitig Schutz suchen mußten, Pandaros und Teukros hinter den Schilden der anderen Krieger[3]), Alexandros hinter einer natürlichen Deckung. Daraus erklärt sich auch die Körperhaltung der betreffenden Bogenschützen. Sie mußten entweder knieen oder wenigstens stark gebückt sein, denn aufrechtstehend boten sie dem Feinde ein zu großes Ziel, und der Schild des Gefährten konnte ihnen keine genügende Deckung vor dem Feinde geben. Und wenn wir z. B. von Pandaros lesen Il. IV, 112, 113:

> καὶ τὸ μὲν εὖ κατέθηκε τανυσσάμενος ποτὶ γαίῃ
> ἀγκλίνας· πρόσθεν δὲ σάκεα σχέθον ἐσθλοὶ ἑταῖροι,

so legt Pandaros den Bogen zweier Ursachen wegen auf die Erde, einmal um das Bein, mittels dessen er den Bogen bespannte, herauszuziehen, dann aber auch, weil er zum Schießen so wie so entweder knieen oder eine gebückte Haltung einnehmen und sich hinter dem Schild verstecken mußte. Als Beispiel eines knieenden Schützen kann uns die Statue

[1]) G. v. Kieseritzky und C. Watzinger, Griechische Grabreliefs aus Südrußland, Taf. XL, 587, 593, 594, 606; Taf. XLI, 575, 597, 599, 600.

[2]) Furtwängler-Reichhold, Griech. Vas. 22 (Herakles), 55 (Apollo), 61 (Herakles), 90 (Herakles), 96 (Artemis).

[3]) J. H. Krause, a. a. O. Bd. I, S. 604. — L. Grasberger, a. a. O. Bd. III, S. 155. — Vgl. das Zusammenkämpfen der Hopliten mit den Bogenschützen auf einer schwarzfigurigen Amphora in Berlin, Gerhard, A. V. Taf. 63; Furtwängler, Vasensammlung zu Berlin, Nr. 1865.

eines Skythen aus dem Athenischen Nationalmuseum dienen[1]) (Fig. 82). Der Skythe liegt beinahe auf dem linken Knie, sein rechter Fuß ist aufgestellt. Mit der gesenkten Linken hält er den fast auf der Erde liegenden Bogen, mit der Rechten zieht er den Pfeil aus dem Köcher heraus. Das Motiv des Schießens hinter einem Schild ist uns auf einer rotfigurigen Schale erhalten[2]), auf der ein skythischer Bogenschütze durch den Schild des ihn begleitenden Hopliten gedeckt wird. Ähnlich wird man sich auch das Verhalten des Alexandros beim Schießen zu denken haben, Il. XI, 371: στήλῃ κεκλιμένος. Diese Worte entscheiden zwar noch nicht über seine Haltung, denn er könnte stehen oder knieen, aber daß er kniete, erscheint gesichert, wenn wir weiter lesen[3]) Il. XI, 378—379:

Fig. 82.

.... ὁ δὲ μάλα ἡδὺ γελάσσας
ἐκ λόχου ἀμπήδησε.... κτλ.

Nur drei Monumente können wir namhaft machen, auf denen der Bogenschütze **selbst** einen Schild führt. Auf einer rotfigurigen Vase des Britischen Museums sehen wir (Fig. 83) einen Bogenschützen in Helm, Chiton, Panzer und Beinschienen; an der linken Seite hat er den Köcher; in geduckter Haltung schießt er

---

[1]) Καστριώτης, Γλυπτὰ τοῦ Ἐθνικοῦ Μουσείου, Athen 1908, S. 132. — A. Brückner, Der Friedhof am Eridanos, Berlin 1909, S. 84. — Arndt-Amelung, Einzelverkauf Nr. 623.

[2]) P. Hartwig, a. a. O. Taf. 56, Nr. 2: Schale des Onesimos (?). Diese Schale spricht gegen K. Wernicke, Hermes, Bd. XXVI, S. 63, der in der Kampfweise des Teukros etwas »Ungewöhnliches« sieht.

[3]) W. Reichel, a. a. O. S. 117 f. — A. Schaumberg, a. a. O. S. 85 f.

seine Pfeile ab. Auf dem linken Arme hat er einen Schild, der sowohl die Hände, wie auch fast den ganzen Bogen verdeckt.[1] Auf einem rotfigurigen Volutenkrater in New-York hält eine Amazone Schild und Bogen in der Linken[2]. Endlich sehen wir noch einen ähnlichen Bogenschützen mit sehr großem Schild auf einer Ciste aus Präneste.[3]

Was die Körperhaltung des Odysseus betrifft, so erzählt Penelope, Odysseus habe bei seinem Meisterschusse seine Pfeile στάς abgeschossen, Od. XIX, 575: στὰς δ' ὅ γε πολλὸν ἄνευθε διαρρίπτασκεν ὀιστόν. Wie soll dieses στάς verstanden werden? Sicher nicht so, daß Odysseus wirklich aufrecht stand, denn dann müßten die Äxte auch so hoch gewesen sein wie ein aufrechter Mann, da Ziel und Auge bekanntlich in einer Höhe stehen müssen. Selbst wenn die Äxte 1 *m* hoch gewesen wären, müßte Odysseus schon sehr stark gebückt gewesen sein; und sie waren wahrscheinlich nicht einmal 1 *m* hoch.[4] An einer anderen Stelle sagt aber Homer, daß Odysseus beim Schuß auf einem Sessel sitzt, Od. XXI, 419—421:

Fig. 83.

τὸν ῥ' ἐπὶ πήχει ἑλὼν ἕλκεν νευρὴν γλυφίδας τε,
αὐτόθεν ἐκ δίφροιο καθήμενος, ἧκε δ' ὀιστὸν
ἄντα τιτυσκόμενος κτλ.

Nach Reichel[5] soll man sich dieses Sitzen nur als ein leichtes Stützen vorstellen, wobei der Schütze sich dem Ziele entgegenneigt; sein Sitzen solle vielleicht geradezu eine erhöhte Fertigkeit, Kraft und Schießkunst erweisen, sowie einen Kontrast den Freiern gegenüber bilden.

Viel klarer wird die Haltung, die Odysseus annimmt, als er gegen die Freier schießt, Od. XXII, 2—4 beschrieben:

ἆλτο δ' ἐπὶ μέγαν οὐδὸν ἔχων βιὸν ἠδὲ φαρέτρην
ἰῶν ἐμπλείην, ταχέας δ' ἐκχεύατ' ὀιστοὺς
αὐτοῦ πρόσθε ποδῶν κτλ.

Odysseus hat seine Pfeile vor die Füße geschüttet, mußte also entweder knieend oder wenigstens gebückt — fast kauernd — gegen die Freier schießen.

---

[1] A. S. Murray, Designs from Greek Vas. Taf. IV, Nr. 15

[2] Furtwängler-Reichhold, Griech. Vas. Taf. 116.

[3] Mon. dell'Inst. Supplbd. XII (1884/85), Taf. XVII und XVIII.

[4] Chr. Blinkenberg, Archäologische Studien, S. 41.

[5] W. Reichel, a. a. O. S. 117.

In der Art, wie in künstlerischen Darstellungen die Körperhaltung der Bogenschützen wiedergegeben wird, beobachteten wir mit der Zeit manche Veränderungen. Stark nach vorne geneigt, in einer geduckten Stellung, die mehr als ein Laufen denn als Kauern gefaßt werden muß, schießt der Bogenschütze auf dem bekannten Steatit-Relief von Kreta.[1]) Fast dieselbe Stellung nimmt der Bogenschütze der mykenischen Dolchklinge ein.[2]) In einem Knielauf ist wahrscheinlich die bogenschießende Frau auf dem kretischen Karneol dargestellt.[3]) Einen kleinen Unterschied merkt man in der Körperhaltung der Bogenschützen auf dem Fragment des silbernen Bechers aus dem IV. Schachtgrabe von Mykenä, denn obwohl auch der Körper nach vorne geneigt ist, sind doch die rechten Beine stark vorgestreckt, während die linken tief gebeugt, fast im Knieen dargestellt sind.[4]) Knieend sehen wir auf einem geschnittenen Stein mykenischen Stiles einen Schützen, der einen Bock jagt.[5]) Wenn auch in diesen Denkmälern aus dem kretisch-mykenischen Bereiche die Bogenschützen im allgemeinen in ähnlicher Körperhaltung erscheinen, so ist doch immer die Stellung durch die jeweilige Situation bedingt.[6])

In der hocharchaischen Kunst sind die Schützen in einem Schema dargestellt, welches mehr dem eigentlichen Knieen nahekommt. Es ist dieses Schema meistens als ein gewöhnlicher Laufschritt aufzufassen, wie sich aus dem dargestellten Thema ergibt. Als laufend ist z. B. Herakles zu denken auf dem Relief von Assos[7]) oder auf einem rottonigen Pithos in Wien[8]); seine Stellung muß ähnlich aufgefaßt werden wie z. B. die des Achilles, der den berittenen Troilos auf einer schwarzfigurigen Amphora verfolgt[9]), denn »hier wie dort symbolisiert das Knielaufschema stürmischen Angriff und stürmische Verfolgung«.[10])

---

[1]) Annual British School, Bd. VII, S. 44, Fig. 13.

[2]) W. Reichel, a. a. O. Fig. 61.

[3]) A. Furtwängler, Antike Gemmen, Bd. I, Taf. II, 24.

[4]) W. Reichel, a. a. O. Fig. 17a.

[5]) Perrot et Chipiez, a. a. O. Bd VI, Taf. XVI, 8.

[6]) A. Furtwängler, Antike Gemmen, Bd. III, S. 53. 72, 94.

[7]) M. Collignon-Thraemer, Geschichte der griechischen Plastik, Bd. I, Fig. 85.

[8]) K Masner, a. a. O. S. 19. Über das Verfolgen der fliehenden Kentauren durch Herakles vgl. O. Puchstein, Archäologische Zeitung, 1881, S. 240ff. — A Furtwängler, Archäologische Zeitung, 1883, S. 156 ff. — Derselbe, Roschers Mythologisches Lexikon, Bd. II, S. 2193 ff.

[9]) Gerhard, A. V. Taf. 185. — E. Schmidt, Der Knielauf, in Münchener Archäologische Studien, 1909. S. 291, Fig. 18.

[10]) A. Kalkmann, Jahrbuch d. deutsch arch Inst. Bd. X (1895), S. 66. Über Herakles im Kentaurenkampf auf dem Kypseloskasten berichtet Pausanias nur, daß er τοξεύων dargestellt war (V 19. 9). Zu dem Knielauf der Bogenschützen vgl. noch folgende Denkmäler: A. Furtwängler, Olympia, Bronzen, Taf. 40. — Gerhard, A. V. Taf. 105, Herakles gegen Geryones, vgl. dazu Studniczka, Jahrbuch d. deutsch. arch. Inst. Bd. II (1887), S. 155 — Mon. dell'Inst. I, Taf 51. Chalkidische Amphora, mit dem Kampf um den Leichnam des Achilles, Paris wegfliehend. — Die François-Vase (Jagd

In der weiteren Entwicklung geht der starre Knielauf in ein Laufschema über, bei dem die Beine sehr gestreckt und nicht mehr so tief gebeugt sind, wie es die älteren Denkmäler zeigen.[1]) Hier sei bemerkt, daß auf manchen chalkidischen Vasen[2]) die Bogenschützen Fußflügel besitzen, die als Zeichen ihrer Schnellfüßigkeit aufgefaßt werden müssen.[3])

Neben dem älteren Knielauf, der auch manchesmal von dem Laufschema nicht zu unterscheiden ist[4]), kommt allmählich noch eine andere Körperhaltung der Schützen auf, nämlich das eigentliche Knieen[5]), wobei das Körpergewicht hauptsächlich auf dem stark angezogenen hinteren Bein ruht. Dieses Schema, das an den Bogenschützen der Äginetengiebel besonders ausgeprägt erscheint[6]), wird öfters in der archaischen Kunst wiederholt.[7]) Auch von späteren Künstlern wird es noch gebraucht[8]) und manchmal sind Knieschema und Knielauf auf einem und demselben Monument zu finden.[9])

Auf jüngeren Denkmälern begegnen uns auch Bogenschützen in einer Haltung, die uns von den mykenischen her bekannt ist; wir sehen dabei den Oberkörper stark nach vorne gebeugt, während der eine Fuß stark vorgestreckt und der andere ein wenig im Knie gebogen ist.[10])

---

auf den kalydonischen Eber). Mon dell' Inst. IV, Taf. 54—58; A. Furtwängler-Reichhold, Griech. Vas. Taf. 13.

[1]) Antike Denkmäler, I, 22, vgl. Löschcke, Jahrbuch d. deutsch. arch. Inst., Bd. II, S. 275 ff. (Apollo und Artemis schießen gegen die Niobiden). — Ἐφημ. ἀρχαιολ. 1883, 3. (Apollo und Artemis gegen die Niobiden schießend). — Wiener Vorlegeblätter, Serie D, Taf. IX, Nr. 8 (Herakles vor Prometheus). — Archäologische Zeitung, 1883, Taf. X 2 (protokorinthische Vase mit Löwenjagd).

[2]) Gerhard, A. V., 191, 322. — Vgl. F. Studniczka, Jahrbuch d. deutsch. arch. Inst. Bd. V (1890), S. 144 ff.

[3]) Vgl. Il. X, 358—359: λαιψηρὰ δὲ γούνατ' ἐνώμα / φευγέμεναι. — A. Kalkmann, Jahrbuch d. deutsch. arch. Inst. Bd. X (1895), S. 67 und Anmerkung 69.

[4]) Gerhard, A. V. 95, 96; vgl. dazu F. Studniczka, Jahrbuch d. deutsch arch. Inst. Bd. I (1886), S. 89 ff.; F. Hauser, Jahrbuch d. deutsch. arch. Inst. Bd. VIII (1893), S. 99 ff. — A. Baumeister, Denkmäler, Bd. III, Taf. 88. — Dubois-Maisonneuve, Introduction à l'étude de vas. ant. Taf 61.

[5]) Mon. dell' Inst. Taf. VI 33 — A. Kalkmann, Jahrbuch d. deutsch. arch. Inst. Bd. X (1895), S. 71, Fig. 11.

[6]) A. Furtwängler, Ägina, Heiligtum der Aphaia, Taf. 104, 105.

[7]) A. Kalkmann, Jahrbuch d. deutsch. arch. Inst., Bd. X (1895), S. 72, Anm. 103. — Vgl. noch Joubin, Bull. Corr. Hellénique, Bd. XVIII (1894), Taf. XVI. — Auch F. Studniczka, Jahreshefte d. öst. arch. Inst., Bd. VI (1903), S. 185, Fig. 107, 108.

[8]) Wiener Vorlegeblätter, 1890/91, Taf. I, 6; II, 1 c. — Löschcke, Bonner Studien, S. 250, Fig. 3. — Museo Gregoriano, Bd. II, 27, 2 c. — A. Furtwängler, Vasensammlung zu Berlin, Nr. 2263.

[9]) Vgl. z. B. Archäologische Zeitung, 1851, Taf. 31, 1, auf beiden Seiten der dargestellten Szene je ein Bogenschütze, von denen der eine kniet, während der andere im Knielauf dargestellt ist.

[10]) Wiener Vorlegeblätter, 1890/91, Taf. VII, 1 a. — Mon. dell' Inst. X. Taf. 53; VIII. Taf. 6. — P. Hartwig, Meisterschalen, Taf 55.

Dieses Schema nähert sich sehr der ganz aufrechten Haltung der Schützen, bei der nur ein Fuß vorgestreckt wird, der Oberkörper aber meistens gerade aufrecht bleibt.[1])

Zum Schlusse dieser Betrachtungen wollen wir noch kurz über zwei besondere Arten des Bogenkampfes, zu Wagen und zu Pferd, sprechen. In der mykenischen Periode muß die erstere Kampfesart schon vielleicht verbreitet gewesen sein, denn wir finden sie auf dem bekannten Goldring aus dem vierten Schachtgrabe[2]), wo der Bogenschütze, neben dem Lenker auf dem Wagen stehend, auf einen Hirsch schießt. Diese Kampfesart hat sich auf Kypros vielleicht unter dem Einflusse des Orientes sowohl in der mykenischen wie auch in der nachmykenischen Zeit verbreitet.[3]) Dagegen scheint es, daß bei Homer die Bogenschützen den Wagen nicht gebrauchten, wie aus den Klagen des Pandaros zu schließen ist, der bedauert, daß er gegen Troja mit dem Bogen als Fußgänger anstatt mit dem Wagen zog. Il. V, 197—205:

ἦ μέν μοι μάλα πολλὰ γέρων αἰχμητὰ Λυκάων
ἐρχομένῳ ἐπέτελλε δόμοις ἔνι ποιητοῖσιν·
ἵπποισίν μ' ἐκέλευε καὶ ἅρμασιν ἐμβεβαῶτα
ἀρχεύειν Τρώεσσι κατὰ κρατερὰς ὑσμίνας·
ἀλλ' ἐγὼ οὐ πιθόμην. ἦ τ' ἂν πολὺ κέρδιον ἦεν
ἵππων φειδόμενος, μή μοι δευοίατο φορβῆς
ἀνδρῶν εἰλομένων, εἰωθότες ἔδμεναι ἄδην.
ὣς λίπον, αὐτὰρ πεζὸς ἐς Ἴλιον εἰλήλουθα,
τόξοισι πίσυνος κτλ.

In der späteren griechischen Kunst kommen Bogenschützen auf Wagen äußerst selten vor. So schießt auf einer schwarzfigurigen Vase in Paris Apollo, auf einem Wagen stehend, seine Pfeile gegen zwei fliehende Personen ab (Niobiden oder Tityos und Ge?); er steht dabei

---

[1]) Vgl. Furtwängler, Jahrbuch d. deutsch. arch. Inst. Bd. III (1888), S. 119, Taf. III, 7. — Die schönste Darstellung dieser Haltung bietet uns der Apollo vom Belvedere, Amelung, a. a. O. Bd. II, Nr. 92, S. 256 ff. — Für diese Haltung auf Vasen vgl. Mon. dell' Inst. I, Taf. 20, 23; II, Taf. 49—50; III, Taf. 50; XI, Taf. 40 u. v. a.

[2]) Furtwängler, Antike Gemmen, Bd. I, Taf. 2, Nr. 8. — Vgl. auch den geschnittenen Stein bei S. Wide und L. Kjelberg, Athenische Mitteilungen, Bd. XX (1895), S. 300 f. Fig. 20, der, in Kalaureia gefunden, wahrscheinlich der mykenischen Periode angehört; auch hier ist ein Bogenschütze auf dem Wagen dargestellt.

[3]) Vgl. Ohnefalsch-Richter, Kyptos, Text S. 66, Fig. 70 (mykenisch). — Murray-Walters, Excavations in Cyprus, Taf. I, aus der Nekropole von Enkomi (spätmykenisch). — Ohnefalsch-Richter, Kypros, Tamassosvase, Text S. 66, Fig. 71 (nachmykenisch); nach E. Schmidt, Knielauf, a. a. O. S. 366, ist dieses Gefäß an die orientalische Kunst anzuschließen. — Kyprisches Vasenbild bei Ohnefalsch-Richter, Kypros, Taf. 158; Perrot et Chipiez, a. a. O. Bd. III, Fig. 527, 528. — Studniczka, Jahrbuch d. deutsch. arch. Inst. Bd. XX (1907), S. 173, Fig. 20.

mit tief gebeugten Beinen, stark über die Brüstung geneigt.[1]) Ein zweites Beispiel ist wohl die Göttin vom sogenannten Westfries des Knidischen Schatzhauses in Delphi,[2]) die, wie R. Heberdey scharfsinnig als erster erkannt hat[3]), im Herabsteigen vom Wagen begriffen, einen Pfeil abschießt. Ebenfalls vom Wagen schießt Herakles auf einer schwarzfigurigen Vase des Britischen Museums seine Pfeile gegen die Giganten ab.[4]) Die Spärlichkeit derartiger Darstellungen berechtigt wohl zu der Annahme, daß diese Kampfart bei den Griechen der klassischen Zeit bekannt, doch nicht so verbreitet war, wie bei anderen Völkern, z. B. den Ägyptern oder Assyrern.

Reitende Bogenschützen werden in der Odyssee gar nicht erwähnt, in der Ilias nur einmal, und zwar in einer anerkannt jungen Partie, der Doloneia,[5]) Il. X, 513—514:

> καρπαλίμως δ' ἵππων ἐπεβήσετο (Diomedes), κόψε δ' Ὀδυσσεύς
> τόξῳ· τοὶ δ' ἐπέτοντο θοὰς ἐπὶ νῆας Ἀχαιῶν.

Es ist nicht mit Sicherheit zu entscheiden, ob der Dichter der Doloneia wirklich reitende Bogenschützen kannte, oder ob der Gebrauch der Pferde bei dem nächtlichen Abenteuer des Diomedes und Odysseus nur der notwendigen Geschwindigkeit wegen geboten schien. Wie dem auch sei, jedenfalls gehören reitende Bogenschützen zu den Seltenheiten in der archaischen Kunst.[6]) Auf einem rottonigen, boiotischen Pithos, wahrscheinlich aus dem Ende des 7. oder Anfange des 6. Jahrhunderts v. Chr.[7]), sehen wir in Relief fünf reitende Bogenschützen dargestellt:[8]) die Reiter sind nackt und tragen den phrygischen ähnliche Mützen auf dem Kopf. In der rechten Hand hält der auf unserer Fig. 84 abgebildete Reiter einen Bogen[9]), dessen oberes Ende am Arm liegt,

[1]) Mon. dell' Inst. II, Taf. 18. Eine ähnliche Darstellung sehen wir auf einem etruskischen Goldring, ehemals in der Sammlung Campana, Müller-Wieseler, 4. Auflage, besorgt von K. Wernicke und B. Graef. Apollo, Taf. XXVI, 5. Es fehlt aber hier neben Apollo der Greif.

[2]) Th. Homolle, Fouilles de Delphes, Bd. IV, Taf. VII—VIII.

[3]) R. Heberdey, Das Schatzhaus der Knidier in Delphi, Athenische Mitteilungen, Bd. XXXIV (1909), S. 159 f., Taf. V, 3. Gegen diese Erklärung Courby, Rev. arch. Bd. XVII (1911), S. 214 f.

[4]) Roscher, Mythologisches Lexikon, Bd. I, Figur auf S. 1655. Vgl. dazu Euripides, Herakles, 177 ff.; Gerhard, A. V. 5.

[5]) P. Cauer, a. a. O. S. 501.

[6]) A. de Ridder, Amphores Beotiennes à reliefs, in Bull. Corr. Hellén. Bd. XXII (1898), S. 462.

[7]) de Ridder, a. a. O. S. 519, Taf. VI.

[8]) Vgl. die genauere Beschreibung bei de Ridder, a. a. O. S. 459.

[9]) Nach dem zielwärts geöffneten unteren Ende des abgebildeten Bogens könnte man an einen zusammengesetzten Bogen denken.

mit der linken Hand lenkt er das Pferd; auf dem Rücken hat er an einem Bande, welches über die linke Schulter und unter der rechten Achsel läuft, einen Köcher umgehängt. Ein anderes Beispiel bietet uns eine chalkidische Vase aus Vulci [1]), auf der ebenfalls zwei reitende Bogenschützen zu sehen sind.

Öfters finden wir reitende Bogenschützen nur unter den Barbarendarstellungen. [2]) Haben wir bei den Bogenschützen zu Wagen auf die östliche Herkunft dieser Sitte hingewiesen, so gilt dies in noch höherem

Fig. 84.

Maße für die Bogenschützen zu Pferd, die, im Osten stark verbreitet und allgemein bekannt, in Griechenland kaum irgendwo heimisch waren. [3])

---

[1]) Gerhard. A. V. 190–191.

[2]) de Ridder. a. a. O. S. 465. — Vgl. dazu Lysias, Κατὰ Ἀλκιβιάδου, II, 6 = 15, 6 ed. C. Scheibe. — Xenoph. Memor. III, 3, 1.

[3]) Reitende Bogenschützen auf den sogenannten »kyprischen« Schalen vgl. Perrot et Chipiez, a. a. O. Bd. III, Fig. 544 (Caere); Fig. 547 Amathus auf Kypros. — Mon. dell' Inst. X, Taf. 33 (Präneste). — Vgl. noch Americ. Journ. Arch. Bd. XII (1908), Taf 14. Jedenfalls soll bemerkt werden, daß die Bogenschützen zu Pferde, die den späteren Griechen als für den Orient charakteristische Truppe erschienen (Plut. Apophtheg. T. Quinct. 3 p. 197 C; Diodor. XIX. 29. 2), doch noch z. B. auf Kreta einheimisch waren, wie es aus Plato Leg. VIII, 834 D. hervorgeht. Vgl. darüber E. Reisch. in Pauly-Wissowas Real-Enzyklopädie, Bd. I, S. 2721.

8. Die Rolle des Bogens in der Agonistik und im Unterricht der Jugend.

Wenn auch der Bogen seit den ältesten Zeiten bekannt war, so nimmt er doch in der Agonistik und in der allgemeinen Gymnastik nicht die Stelle ein, die seiner Bedeutung entsprechen würde. Dies ist um so auffälliger, als, wie wir schon gelegentlich der Antwort des äthiopischen Königs an die Kundschafter des Kambyses bemerkt haben (S. 14), das Spannen oder Bespannen des Bogens zugleich als ein Beweis allgemeiner Leistungsfähigkeit galt (S. 52).[1]

Auch in der Odyssee ist das Bespannen des Bogens ein Zeichen der allgemeinen Kraft. Der erste Punkt beim Wettkampf um Penelopes Hand ist das Bespannen des Bogens des Odysseus. Aber weder Telemachos, noch einer von den Freiern ist imstande, den Bogen zu bespannen. Antinoos sagt ja gleich im Anfange des Wettschießens, daß kein so kräftiger und tüchtiger Mann in der Versammlung sei, wie Odysseus es gewesen, und daß es keine so leichte Aufgabe sein werde, den Bogen zu bespannen (Od. XXI, 90—95). Als Telemachos vergebens den Bogen zu bespannen versucht, sagt er klagend (Od. XXI, 132—133):

οὔ πω χερσὶ πέποιθα
ἀπαμύνασθαι, ὅτε τις πρότερος χαλεπήνῃ.

Die Unfähigkeit, den Bogen zu bespannen, gilt für ihn als Zeichen, daß er noch zu schwach ist, um sich allein zu wehren, wenn ihn jemand beleidigt.

Als auch Leiodes den Bogen zu bespannen sich zu schwach zeigt und den Freiern den Tod durch den Bogen verkündet, sagt ihm Antinoos (Od. XXI, 172—173):

οὐ γάρ τοι σέ γε τοῖον ἐγείνατο πότνια μήτηρ,
οἷόν τε ῥυτῆρα βιοῦ τ' ἔμεναι καὶ ὀιστῶν.

d. h. Leiodes ist im allgemeinen ein schwacher Mann, nur für die Mantik geschaffen, mit den starken Männern kann er sich nicht messen. Die Schmach der Schwäche empfindet Eurymachos noch mehr als die anderen. Nicht das kümmert ihn so sehr, daß er Penelope nicht zur Frau bekommen werde, als der Umstand, daß er sich im Vergleich mit Odysseus so schwach zeigte. Od. XXI, 249—255:

ὢ πόποι, ἦ μοι ἄχος περί τ' αὐτοῦ καὶ περὶ πάντων.
οὔ τι γάμου τοσσοῦτον ὀδύρομαι ἀχνύμενός περ·
εἰσὶ καὶ ἄλλαι πολλαὶ Ἀχαιΐδες, αἱ μὲν ἐν αὐτῇ
ἀμφιάλῳ Ἰθάκῃ, αἱ δ' ἄλλῃσιν πολίεσσιν.
ἀλλ' εἰ δὴ τοσσόνδε βίης ἐπιδευέες εἰμὲν
ἀντιθέου Ὀδυσῆος, ὅ τ' οὐ δυνάμεσθα τανύσσαι
τόξον, ἐλεγχείη δὲ καὶ ἐσσομένοισι πυθέσθαι

---

[1]) In diesem Zusammenhange muß auch nochmals der Aufgabe gedacht werden, die Herakles seinen Söhnen im Skythenlande gab, S. 51 ff.

Die Ausrede, es sei das Fest des Apollo, ermöglicht es den Freiern, das Wettschießen auf den nächsten Tag zu verlegen. Aus Furcht vor Schande wollen sie es anfangs nicht erlauben, daß Odysseus versuche, den Bogen zu bespannen (Od. XXI, 285—286):

.. οἱ δ' ἄρα πάντες ὑπερφιάλως νεμέσησαν
δείσαντες, μὴ τόξον ἐΰξοον ἐντανύσειεν.

Zum Ausdruck kommt diese Furcht, daß ein Fremdling sich stärker zeigen könnte als die Freier, in der Antwort des Eurymachos auf die Forderung Penelopes, man möge dem Odysseus den Bogen in die Hand geben (Od. XXI, 323—329):

ἀλλ' αἰσχυνόμενοι φάτιν ἀνδρῶν ἠδὲ γυναικῶν,
μή ποτέ τις εἴπῃσι κακώτερος ἄλλος Ἀχαιῶν·
ἦ πολὺ χείρονες ἄνδρες ἀμύμονος ἀνδρὸς ἄκοιτιν
μνῶνται, οὐδέ τι τόξον ἐΰξοον ἐντανύουσιν·
ἀλλ' ἄλλός τις πτωχὸς ἀνὴρ ἀλαλήμενος ἐλθὼν
ῥηιδίως ἐτάνυσσε βιόν, διὰ δ' ἧκε σιδήρου.
ὣς ἐρέουσ', ἡμῖν δ' ἂν ἐλέγχεα ταῦτα γένοιτο.

Als Odysseus den Bogen bespannt und geschossen hat, sagt er mit Hohn (Od. XXI, 424—430):

Τηλέμαχ', οὔ σ' ὁ ξεῖνος ἐνὶ μεγάροισιν ἐλέγχει
ἥμενος, οὐδέ τι τοῦ σκοποῦ ἤμβροτον, οὐδέ τι τόξον
δὴν ἔκαμον τανύων· ἔτι μοι μένος ἔμπεδόν ἐστιν,
οὐχ ὥς με μνηστῆρες ἀτιμάζοντες ὄνονται.
νῦν δ' ὥρη καὶ δόρπον Ἀχαιοῖσιν τετυκέσθαι
ἐν φάει, αὐτὰρ ἔπειτα καὶ ἄλλως ἑψιάασθαι
μολπῇ καὶ φόρμιγγι· τὰ γάρ τ' ἀναθήματα δαιτός.

Eine andere, in dieser Hinsicht für uns nicht weniger lehrreiche Geschichte erzählt uns Pausanias von dem Pankratiasten Timanthes aus Kleonä,[1]) von dem in Olympia eine anläßlich eines olympischen Sieges von Myron verfertigte Statue stand.[2]) In späteren Jahren gab er die Athletik auf, trotzdem prüfte er täglich im Bespannen eines großen Bogens, ob seine Kraft noch ungeschwächt sei. Als er aber einmal eine längere Reise unternommen und dabei jene tägliche Übung unterlassen hatte, versuchte er, nach Hause zurückgekehrt, wieder seine Stärke an dem Bogen, doch war er nicht imstande, wie gewöhnlich die Sehne anzubringen. Gekränkt über diesen Kraftverlust, errichtete er einen Holzstoß, zündete ihn an und warf sich in die Flammen. Pausanias bezeichnet seine Handlung als einen Wahnsinn — μανία —

[1]) Pausanias, VI, 8, 4. Dieselbe Geschichte erzählt nach Pausanias s. v. Τιμάνθης auch Suidas. — Vgl. J. H. Krause, a. a. O. Bd. I, S. 600. — L. Grasberger, a. a. O. Bd. III, S. 151 f.

[2]) Über die Zeit seines Sieges vgl. H. Hitzig und H. Bluemner, in Pausaniae edit. Bd. II_2, S. 574, Anm. zu S. 473, 18.

indes, glauben wir, war sie nur ein Ausfluß der schon vorher erwähnten im Altertum verbreiteten Meinung: wer nicht vermochte, den Bogen zu bespannen oder zu spannen, galt als kraftloser Mensch, der sich gegen die Gewalt des Feindes allein nicht wehren könne und auch im allgemeinen wenig leistungsfähig sei.

Regelrechtes Wettschießen kennt Homer. Unter den zu Ehren des verstorbenen Patroklos veranstalteten Wettspielen erscheint auch das Bogenschießen. Die Aufgabe der Schützen war, eine Taube zu treffen, die am Mast mittels eines dünnen Bandes angebunden war.[1]) Auch in der Vergilianischen Nachahmung dieser homerischen Spiele ladet Äneas seine Freunde und Genossen aus Anlaß der Gedächtnisspiele zu Ehren des Anchises zum Wettschießen ein.[2])

In den großen Festspielen des griechischen Festlandes hatte bekanntlich in der geschichtlichen Zeit der Bogen keinen Platz. Apollo hat zwar den Drachen Python mit den Pfeilen getötet und als Erinnerung an diese Tat sind die pythischen Spiele errichtet worden, aber trotzdem war auch bei dem Agon der Pythien dem Bogenschießen keine Stelle eingeräumt worden.[3])

Dennoch muß der Bogen auf den Inseln (Kreta, Keos, Salamis) und an den Orten, wo die Griechen mit bogenschießenden Völkern in Berührung kamen, in stetem Gebrauch gewesen sein. Ob er von den ältesten Zeiten dort immer in demselben Ausmaße Anwendung fand, läßt sich nicht feststellen. Sicher ist jedoch der Aufschwung des Bogenschießens am Ende des 3. und im 2. Jahrhunderte, wie die Inschriften bezeugen.[4]) So war z. B. das Bogenschießen ein Teil der Wettspiele in der Stadt Koressos auf der Insel Keos.[5]) In der betreffenden Inschrift wird zunächst gesagt: Der Unternehmer der Spiele solle einen Gymnasiarchen verpflichten, dessen Aufgabe es sein werde, ποιεῖν λαμπάδα / τῶν νεωτέρων τῆι ἑορτῆι καὶ τἆλλα ἐπιμελεῖσθαι τὰ κατὰ τὸ γυ / μνάσιον, καὶ ἐξάγειν εἰς μελέτην ἀκοντισμοῦ καὶ τοξικῆς καὶ / καταπαλταφεσίας τρὶς τοῦ μηνός.[6]) Des weiteren wird angeordnet, daß der Sieger im Schießen als Siegespreis einen Bogen und Köcher mit Pfeilen im Werte von 15 Drachmen bekommen solle; als zweiter Preis wird ebenfalls ein Bogen, aber im Werte von 7 Drachmen bestimmt.[7])

---

[1]) Il. XXIII, 850—858.

[2]) Verg. Aen. V, 485—528. — Vgl. dazu J. H. Krause, a. a. O. Bd. I, S. 602 f.

[3]) Pausanias, X, 6, 3. — Vgl. die delphischen Inschriften Bull. Corr. Hellénique, Bd. XVII (1893), S. 574; Bd. XVIII (1894), S. 352. — Nur einmal soll nach Apollodor (III, 6, 4, 4) ein Wettschießen stattgefunden haben, bei den mythischen ersten nemeischen Spielen, wobei ein gewisser Parthenopaios den Sieg errungen haben soll.

[4]) A. J. Reinach, in Daremberg et Saglio, Dictionnaire, s. v. sagitta S. 1005.

[5]) IG XII_5 Nr. 647 = Dittenberger, Sylloge, 522.

[6]) Ver. 23—25 nach Dittenberger, Sylloge, 522.

[7]) V. 26—29 nach Dittenberger, Sylloge, 522.

Auch auf der Insel Samos gehörte das Bogenschießen zur Agonistik, wie wir aus einer samischen Inschrift entnehmen können, die einen Ἀσκληπιάδης Δημοκράτου als Sieger im Bogenschießen nennt.[1])

Interessant sind für uns in diesem Zusammenhange zwei Inschriften aus Larissa in Thessalien[2]), die drei Arten von Bogenwettschießen kennen. Die eine der Inschriften erzählt, ein gewisser Ἀλέξανδρος Κλέωνος habe σκοπῷ πεζῶν gesiegt, Ὀνόμαρχος Ἡρακλείδου bloß τόξῳ und endlich Ἀριστομένης Ἀσα[ν]δρίδου wieder σκοπῷ ἱππέων. Danach haben wir also mit drei Arten von Bogenschießen zu tun, nämlich dem Schießen nach dem Ziel vom Pferde herab im Ritt: σκοπῷ ἱππέων[3]), demselben Schießen im Lauf: σκοπῷ πεζῶν und endlich dem gewöhnlichen Schießen, an einem festen Platze stehend: τόξῳ.[4])

Diese Inschriften sprechen nur allgemein von dem Siege. Wir besitzen aber auch Nachrichten, die uns Näheres über die Leistungsfähigkeit der Schützen bringen. Auf einem Stein, der in Olbia gefunden wurde und heute im Museum zu Odessa sich befindet[5]), finden wir eine genaue Angabe über die Schußweite, die während eines Bogenwettschießens erzielt worden ist.

Φημὶ διακοσίας τε καὶ ὀγδοήκοντα ὀργυιάς
Καὶ δύο τοξεῦσαι κλεινὸν Ἀναξαγόραν,
Υἱὸν Δημαγόρεω · Φίλτεω δὲ παῖδα ὀργυιάς .

Wir begnügen uns hier, die Erläuterungen, die E. v. Stern, der Herausgeber dieser Inschrift, gegeben hat, in kurzem zu wiederholen: »Die Stele ist zu Ehren von Olbiaer Bürgern errichtet, die, offenbar während eines Festspieles, beim Wettkampf im Bogenschießen, wie er an verschiedenen Orten bezeugt ist, die besten Resultate erzielten, und der an erster Stelle genannte Anaxagoras, Demagoras Sohn, wird mit seinem Schuß auf die Entfernung von 282 Orgyien = 501 *m* den Preis davongetragen haben.[6]) Das Ergebnis des Wettkampfes wurde der Verewigung für würdig erachtet, ebenso wie auf dem Ok-meidân in Constantinopel auf kleinen Marmorsäulen die Schußresultate früherer Sultane

---

[1]) Dittenberger, Sylloge, 673. — Vgl auch ebenda 672 aus Tralles und 674 ebenfalls aus dieser Stadt.

[2]) Dittenberger, Sylloge, 670 und 671.

[3]) Das Schießen vom Pferde war auf Kreta verbreitet, wie dies von Plato, Leg. VIII, 834 D bezeugt wird: τοξότης δὲ ἀφ' ἵππων Κρῆς οὐκ ἄχρηστος . usw. — Vgl. dazu E. Reisch, in Pauly-Wissowas Realenzyklopädie, Bd. I, S. 2721 f.

[4]) Vgl. Dittenberger, Sylloge, 670, Anm. 6.

[5]) E. v. Stern, Der Pfeilschuß des Olbiopoliten Anaxagoras, Jahreshefte d. öst. arch. Inst. Bd. IV (1901), Beiblatt S. 57 ff.

[6]) Nach Nissen, Griechische und römische Metrologie, Handbuch, J. V. Müller, Bd. I², S. 837: Hultsch, Metrologie, 2. Auflage. Tab. III, S. 689 berechnet die Orgyia auf 1·85 *m*: 282 Orgyien also = 521·7 *m*.

für Mit- und Nachwelt aufgezeichnet wurden.«[1]) Eine andere Nachricht über die Schußweite bringt uns Strabo[2]), indem er erzählt, Mithridates habe von der Ecke des Tempeldaches des ephesischen Artemisions einen Pfeil abgeschossen, der die Strecke eines Stadions etwas überflog.[3])

Unter den Beamten und Funktionären der attischen Ephebie finden wir auf den Steinen an fünfter Stelle immer auch einen τοξότης, Lehrer des Bogenschießens[4]); einmal wird ein solcher namens Neandros an letzter Stelle angeführt; bemerkenswerterweise ist es gerade ein Kreter.[5]) Trotzdem wir aber von Lehrern hören, fand doch der Bogen nicht immer gebührende Schätzung[6]), so daß Plato sich genötigt sah, seinen Mitbürgern das Bogenschießen sehr zu empfehlen.[7]) Mit der Zeit aber hat sich diese Kunst stärker entwickelt, wie aus den vorher erwähnten agonistischen Siegerverzeichnissen, wie auch aus den Inschriften, die Lehrer des Bogenschießens ausdrücklich nennen, hervorgeht. So heißt es in der früher erwähnten Inschrift von Teos, der Lehrer des Bogenschießens solle mit 250 Drachmen bezahlt werden.[8]) Von dem Unterricht im Bogenschießen erzählt die ebenfalls schon genannte Inschrift aus Sestos[9]), und auch Aristoteles hebt diesen Unterrichtsteil der Epheben hervor.[10]) Wie die Übung im Schießen vor sich ging, ersehen wir aus einer Erzählung des Lukianos, wo es heißt[11]), die Anfänger im Bogenschießen (τοῖς τοξεύειν μελετῶσιν) stecken ein Heubündelchen auf eine Stange und schießen aus einer geringen Entfernung. Hat einer das Ziel getroffen, so erheben alle ein Geschrei aus großer Freude, als ob etwas Außergewöhnliches geschehen sei (ἀνέκραγον εὐθὺς ὥς τι μέγα ποιήσαντες). Das sei aber nach Lukianos keine große Leistung im Vergleich mit den Leistungen skythischer oder persischer Schützen, die erstens

[1]) E. v. Stern, a. a. O. S. 58. Vgl. zu den Schußresultaten auf dem Ok-meidân, J. Karabacek, Nachträgliches zu dem Aufsatz von E. v. Stern, Jahreshefte d. öst. arch. Inst. Bd. IV (1901), Beiblatt, S. 61 ff.

[2]) Strabo XIV A. 23 = p, 641 C: τῆς δ' ἀσυλίας τοὺς ὅρους ἀλλαγῆναι συνέβη πολλάκις, Ἀλεξάνδρου μὲν ἐπὶ στάδιον ἐκτείναντος, Μιθριδάτου δὲ τόξευμα ἀφέντος ἀπὸ τῆς γωνίας τοῦ κεράμου καὶ δόξαντος ὑπερβαλέσθαι μικρὰ τὸ στάδιον κτλ.

[3]) Vgl. dazu O. Benndorf, in Forschungen in Ephesos, Bd. I, S. 35.

[4]) Vgl. A. Dumont, Essai sur l'éphébie attique, Paris 1876, Bd. I, S. 192.

[5]) A. Dumont, a. a. O. Bd. II, Taf. I.

[6]) W. Dittenberger, De ephebis atticis, Gottingae 1863. S 55 — J. H. Krause, a. a. O. Bd. I, S. 559.

[7]) Plato, Alk. II, 145 C; Leg. VII, 794 C und VII, 795 B; VII, 813 D; VII, 815 A; VIII, 834 A; Pol. IV, 439 B. In der idealen Konstitution der Atlantis sollte jede von den 60.000 Parzellen, in welche das Reich geteilt wird, acht Soldaten geben, davon zwei Bogenschützen, Kritias, 119 A.

[8]) Vgl. S. 9. — Dittenberger, Sylloge, 523.

[9]) Vgl. S. 9, Anm. 2. — Dittenberger, Or. Graec. inscript. sel. 339.

[10]) Aristoteles, Ath. Polit. 42.

[11]) Lukianos, Hermot. 33. — Vgl. dazu L. Grasberger, a. a. O. Bd. III. S. 156.

im Ritt vom Pferde (αὐτοὶ κινούμενοι ἀφ' ἵππων) und zweitens nach einem Ziel, das in Bewegung ist (τὰ τοξευόμενα κινεῖσθαι ἀξιοῦσιν) schießen. Sie schießen also auf wilde Tiere, manche treffen sogar die Vögel im Fluge. Wenn aber die Schützen die Kraft ihres Schusses an einem festen Ziel versuchen wollen, so nehmen sie entweder einen Schild, der mit frischer Rindshaut überzogen ist (ἀσπίδα ὠμοβοΐνην), oder eine Holzscheibe (ξύλον ἀντίτυπον). Wenn sie eines von diesen Zielen durchschießen, können sie sicher sein, daß der Pfeil auch durch eine Waffenrüstung durchdringen wird (καὶ οὕτω πιστεύουσι κἂν δι' ὅπλων σφίσι χωρῆσαι τοὺς οἰστούς).

In der Kunst besitzen wir nur wenige Darstellungen des Schießens nach einem Ziele. Auf einem Vasenbilde in Neapel haben wir drei Jünglinge gesehen, die ihre Pfeile gegen einen Hahn, der auf einer Säule aufgestellt ist, richten [1]) (Fig. 58).

*

Trotz aller Übungen, Wetten, Schulen und Mahnungen ist bei den Griechen doch immer der Nahkampf, der Kampf mit Schild und Speer, bevorzugt geblieben. Erst den »Romäern« des byzantinischen Reiches blieb es vorbehalten, dem Bogen unter den Waffen die erste Stelle zu verschaffen. Ob die Ursache dieser Bevorzugung des Bogens einem Verfalle der allgemeinen Tapferkeit oder den ständigen Kämpfen mit den Asiaten zuzuschreiben ist, bleibt dahingestellt. Tatsache ist es, daß der Bogen die wichtigste und am meisten geschätzte Waffe im byzantinischen Reiche geworden ist. Aber auch damals muß es Leute gegeben haben, die gegen den Bogen waren und die rühmend der alten Griechen, ihrer persönlichen Tapferkeit im Nahkampfe und mit dem Schilde gedachten, wie die Worte des Prokopios von Cäsarea [2]) in der Einleitung zu seinen »Perserkriegen« bezeugen.

[1]) Real. Mus. Borb. VII, Taf. 41. — Heydemann, Mus. nazion. Nr. 922. — Inghirami, Vas. fittil. Nr. 69. — Vgl. auch die Madrider Vase mit der Darstellung des Bogenwettkampfes zwischen Herakles und Eurytos. Die Hälfte der Zielscheibe (?) liegt als abgeschossen bereits auf der Erde, in der zweiten stecken noch Pfeile. P. Bieńkowski, Jahreshefte d. öst. arch. Inst. III (1900), S. 66, Fig. 6.

[2]) Prokop v. Caes. I, 1.

III. Der Bogen bei den Völkern des Westens.

Der geographischen Vollständigkeit halber schließen wir noch eine rasche Übersicht über die Verwendung des Bogens bei den Völkern des europäischen Westens an. Eine ausführlichere Besprechung erfordern dabei nur die Denkmäler Sardiniens, die uns einige sehr interessante Darstellungen von Bogenschützen liefern. Es sind das die bekannten Bronzestatuetten, die dem 8. Jahrhundert v. Chr. entstammen und Krieger mit Bogen vorführen. Wir begegnen hier zwei Formen von Bogen:

1. Einem einfachen Bogen, etwa mannshoch, gegen die Enden stark gebogen, an dessen einem Ende die Sehne durch Anbinden ständig befestigt ist, während sie an dem anderen mittels einer Öse angebracht wird; [1]

einem Bogen, etwa mannshoch, zielwärts geöffnet, an beiden Enden ebenfalls stark gebogen, an dem die Sehne parallel mit den Bogenenden läuft. [2]

Über das Tragen des Bogens läßt sich kaum etwas Positives sagen; manche von den Kriegern tragen ihn auf der linken Schulter, indem sie ihn zugleich mit der linken Hand unten fassen [3], andere, indem sie ihn allein in der linken Hand vor sich halten. [4]

Wie das Bespannen des Bogens vor sich ging, lernen wir an der Statuette eines Kriegers, der den Bogen mit der Linken ungefähr am oberen Ende faßt und das untere Bogenende gegen den rechten Schenkel zu stemmen im Begriff ist, um zugleich mit der rechten Hand das freie Sehnenende an das untere des Bogens zu befestigen. [5]

Beim Spannen ziehen aber die sardinischen Bogenschützen die Sehne nicht zur rechten Brust oder zum Ohr, wie es bei anderen Völkern

[1] Vgl. Perrot et Chipiez, a. a. O. Bd. IV, S. 67, Fig. 53; S. 72 f., Fig. 63; S. 88, Fig. 87. — Notizie degli scavi, 1878, Taf. VIII, Fig. 25, 26, 27; 1904, S. 233. Fig. 5, 6. — Vgl. auch A. Schaumberg, a. a. O. S. 97.

[2] Notizie degli scavi, 1904, S. 231, Fig. 3, 4.

[3] Notizie degli scavi, 1904, S. 233. Fig. 5 und 6. — Perrot et Chipiez, a. a. O. Bd. IV S. 73. Fig. 63; S. 88, Fig. 87.

[4] Notizie degli scavi, 1904, S. 231, Fig. 3, 4.

[5] Perrot et Chipiez, a. a. O. Bd. IV, S. 67, Fig. 56.

der Fall war, sondern zur linken Brust, ein Verfahren, welches wir sonst nirgends beobachtet haben.[1])

Nebenbei soll noch bemerkt werden, daß einer von den Kriegern den Bogen mit der rechten Hand faßt und dementsprechend die Sehne mit der linken Hand zur rechten Brust zieht.[2])

Trotzdem die Krieger einen oblongen, nach unten scharf sich verjüngenden Köcher[3]) an der rechten Rückenseite tragen[4]), sehen wir auch Bogenschützen dargestellt, die die Pfeile in der Hand halten; doch ist das nur bei denjenigen Kriegern zu beobachten, die zugleich einen Schild vor sich halten; es ist dann stets die linke Hand, die zugleich die Pfeilspitzen und den Schild hält.[5])

Fig. 85.

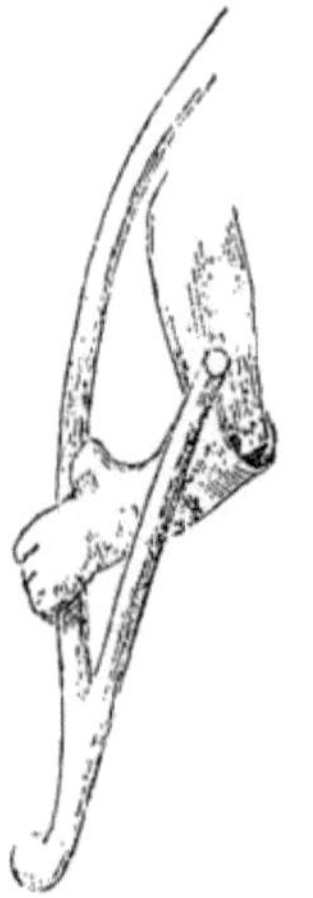

Zuletzt sei hier noch erwähnt, daß die sardinischen Bogenschützen die linke Hand gegen den Anprall der zurückkehrenden Sehne durch einen regelrechten Handschuh zu schützen wußten (Fig. 85). Diese Sitte mag wohl stark verbreitet gewesen sein, weil wir sie fast an allen diesen Bronzestatuetten finden.[6])

In Italien war, wie die Denkmäler beweisen, der Bogen seit den prähistorischen Zeiten ziemlich stark verbreitet[7]); die Etrusker[8]), Umbrer[9]), Lukaner[10]) und andere Italiker bedienten sich dieser Waffe, wahrscheinlich aber nur bis zu den Zeiten, wo die römische Herrschaft der Freiheit dieser Völker ein Ende machte.

Was die Römer anbelangt, so muß festgestellt werden, daß der Bogen im republikanischen Heere als Kriegswaffe nie eine wichtigere Rolle spielte. Schon in der Bewaffnung des servianischen

[1]) Perrot et Chipiez, a. a. O. Bd IV. S. 67, Fig. 55; S. 73, Fig. 64. — Notizie degli scavi, 1878, Taf. VIII. Fig. 25 und 26.

[2]) Notizie degli scavi, 1878. Taf. VIII, Fig. 25.

[3]) Perrot et Chipiez, a. a. O. Bd. IV, S. 97, Fig. 95. — Bullettino arch. Sardo, 1884, Taf. IV, Fig. 3.

[4]) Notizie degli scavi, 1904, S. 233, Fig 6. — Perrot et Chipiez, a. a. O. Bd. IV, S. 88, Fig. 87.

[5]) Perrot et Chipiez, a a. O. Bd. IV, S. 15, Fig. 5; S. 67, Fig. 54.

[6]) Perrot et Chipiez, a. a O. Bd. IV, 97. — Notizie degli scavi, 1904, S. 231 ff.

[7]) Monumenti antichi, Bd XIII (1903), S. 334 f. Zur Entwicklung der Typen der Pfeilspitzen vgl. A. J. Reinach, in Daremberg-Saglio, Dictionnaire s. v. sagitta.

[8]) Vgl. Aen. X, 168. — Mon. dell' Inst. V, Taf. 25; VI, Taf. 30, 77; X, Taf. 5, 31. — Annali, 1850, S. 259. — J Martha, L'art étrusque, Taf. IV.

[9]) Vgl. R. Garrucci, Le monete dell' Italia ant. Roma 1885. Taf. LVI.

[10]) Vgl. R. Garrucci, a. a O Taf. CII. — Vgl. auch die Statuetten der Hippotoxoten, die den Deckel eines Bronzegefäßes schmückten. Mon. dell' Inst. V, Taf. 25 (vgl. dazu Annali, 1851, S. 36 ff.).

Heeres kommt der Bogen nicht mehr vor, während er als Jagdwaffe immer beliebt war.[1]) Erst gegen Beginn der Kaiserzeit kommt er als Kriegswaffe wieder in Gebrauch durch die »sagittarii«, die sich aus Hilfsvölkern zusammensetzten.[2]) Sehr bezeichnend ist auch die Tatsache, daß der Bogen zur Zeit der Kriege der Römer mit den Kelten und Germanen seinen Wert bei den letzteren verloren hatte;[3]) die Ursache davon ist wohl darin zu erblicken, daß den Kern des römischen Heeres die bepanzerten Legionen bildeten, welchen die Pfeile nicht viel schaden konnten.[4]) Wir wollen aber damit nicht sagen, daß er gänzlich verschwunden war; Tacitus in der »Germania« erwähnt zwar nichts von seiner Anwendung, aber das schließt doch die Möglichkeit des Gebrauches nicht aus, und wir besitzen sichere Belege, daß sich die nahe verwandten Völker Galliens zu derselben Zeit des Bogens bedienten.[5])

* *

In Süd- und Mitteleuropa kommen schon in der La Tène-Stufe nur mehr selten Pfeilspitzen vor.[6])

In Skandinavien dagegen oder, besser gesagt, in Nordeuropa herrscht der Bogen in dieser Epoche[7]), sinkt aber auch hier mehr und mehr zur bloßen Jagdwaffe herab.[8])

Die Zeiten der Völkerwanderung brachten der alten Schießwaffe neue und gebührende Ehre. Die höchste Achtung im europäischen Heere wurde ihr aber erst im Mittelalter zuteil, und zwar am meisten und längsten bei den Engländern. Als regelmäßige Kriegswaffe hat sich der uralte Bogen fast bis auf unsere Zeiten in Osteuropa und beinahe bei allen westasiatischen Völkern erhalten.[9])

---

[1]) Suetonius, Domit. 19.

[2]) Vgl. Cichorius, in Pauly-Wissowa, Real-Enzyklopädie s. v. cohors. — R. Cagnat, in Daremberg et Saglio, Dictionnaire s. v. sagittarii.

[3]) O. Schrader, Reallexikon der indogermanischen Altertumskunde, S. 620. — M. Hoernes, Die Urgeschichte des Menschen, S. 142.

[4]) Vgl. O. Schrader, Sprachvergleichung und Urgeschichte, Bd. II, S. 105.

[5]) Caes. De Bell. Gall. I, 46; IV, 33; VII, 31. — Strabo, Geogr. IV, 4. 3. Veget. de re mil. I, 20. — L. Lindenschmit, Handbuch der deutschen Altertumskunde, Braunschweig 1880—1889, S. 155. — M. Jähns, a. a. O. S. 310 f. — A. Demmin, Die Kriegswaffen in ihren geschichtlichen Entwicklungen, Leipzig 1893, S. 99.

[6]) M. Hoernes, Urgeschichte der Menschheit, S. 150. — M. Hoernes, Natur- und Urgeschichte des Menschen, Bd. II, S. 275

[7]) O. Montelius, a. a. O. S. 104. — M. Hoernes, Natur- und Urgeschichte des Menschen, Bd. II, S. 276.

[8]) C. Weichold, Altnordisches Leben, Berlin 1856, S. 205.

[9]) Im russischen Heere wurde er noch am Anfange des 19. Jahrhunderts gebraucht. Vgl. D. N. Anuczin, a. a. O S. 355

Verzeichnis der Abbildungen.

Fig. 1. Nach F. v. Luschan, Zeitschrift für Ethnologie, Bd. XXV, Verhandlungen, S. 266, Fig. 1.

Nach einer Photographie von Prof. W. M. Flinders Petrie.

3. Nach G. Wilkinson, Manners and Customs, Bd. I^{2}, Fig. 32.

4. Nach G. Wilkinson, a. a. O. Bd. I^{2}, Fig. 33.

5. Nach E. Morse, Bulletin of the Essex Institute, Bd. XVII (1885), Fig. 8, 9.

6. Nach G. Wilkinson, a. a. O. Bd. I^{2}, Fig. 35.

7. Nach G. Wilkinson, a. a. O. Bd, I^{2}, Fig. 59.

8. Nach H. Balfour, Jour. of the Anthrop. Institute, Bd. XXVI (1897), Taf. X, 8, 9.

9. Nach J. de Morgan, Recherches sur les Origines de l'Égypte, Bd. I, Fig. 183, 185, 189, 190, 196, 199, 201.

10. Nach W. M. Flinders Petrie, Tanis II, Taf. XXXIX, Nr. 8—16, 20.

11. Nach W. Boeheim, Handbuch der Waffenkunde, Fig. 474.

12. Nach W. Boeheim, a. a. O. Fig. 475.

13. Nach M. Jähns, Entwicklungsgeschichte, Taf. XXXVI, Fig. 13.

14. Nach J. de Morgan, Mémoires de la Mission scient. en Perse, Bd. I, Fig. 361.

15. Nach v. Luschan, Zeitschrift für Ethnologie, Bd. XXV, Verhandlungen, S. 267, Fig. 2—5.

16. Nach G. Rawlinson, The five great monarchies, Bd. I^{4}, Fig. auf S. 450.

17. Nach G. Rawlinson, a. a. O. Bd. I^{4}, Fig. auf S. 450.

18. Nach G. Rawlinson, a. a. O. Bd. I^{4}, Fig. auf S. 450 oben.

19. Nach G. Rawlinson, a. a. O. Bd. I^{4}, Fig. auf S. 455.

20. Nach E. Morse, a. a. O. Fig. 23, 24.

21. Nach G. Rawlinson, a. a. O. Bd. I^{4}, Fig. auf S. 456.

22. Nach G. Rawlinson, a. a. O. Bd. I^{4}, Fig. auf S. 454.

23 Nach v. Luschan, Festschrift für O. Benndorf, Taf. X.

24. Nach einer Photographie von Prof. P. von Bieńkowski.

25. Nach M. Jähns, a. a. O. Taf. XXXV, Fig. 12.

26. Nach Flandin et Coste, Voyage en Perse, Bd. III, Taf. 164.

27. Nach Flandin et Coste, a. a. O. Bd. I, Taf. 12.

28. Nach G. Rawlinson, a. a. O. Bd. II^{4}, Fig. auf S. 314.

Fig. 29. Nach J. de Morgan, a. a. O. Fig. 264—267.
» 30. Nach J. de Morgan, a. a. O. Fig. 268—269.
31. Nach Monumenti dell' Instituto, III, Taf. 51.
32. Nach Bliss and Macalister, Excavations, Taf. 76, Nr. 23.
33. (a, b, c, d) nach Bliss and Macalister, a. a. O. Taf. 79, Nr. 1—2, 11—12.
34. Nach Bliss and Macalister, a. a. O. Taf. 77, Nr. 3.
35. Nach W. Max Müller, Asien und Europa, Fig. auf S. 304.
36. Nach J. de Morgan, Mission en Perse, Bd. I, Fig. 107.
37. Nach Kondakoff, Tolstoi, Reinach, Antiquités de la Russie mér. Fig. 150.
38. Nach Kondakoff, Tolstoi, Reinach, a. a. O. Fig. 262.
39. Nach Kondakoff, Tolstoi, Reinach, a. a. O. Fig. 379.
40. Nach Kondakoff, Tolstoi, Reinach, a. a. O. Fig. 373.
41. Nach Antiquités du Bosphore Cimmérien, Taf. XXVII, Nr. 20.
42. Nach Antiquités du Bosphore Cimmérien, Taf. XXVII, Nr. 11.
43. Nach Annual of the British school at Athens, Bd. VII, S. 44, Fig. 13.
44. Nach Milani, Studi e Materiali, Bd. I, S. 193, Fig. 24.
45. Nach Ausonia, Bd. III, Fig. auf S. 290.
46. Nach Monumenti antichi, Bd. VII, Fig. 38 a.
47. Nach Ausonia, Bd. III, Fig. auf S. 283.
48. Nach A. J. Evans, The prehistoric tombs at Knossos, Fig. 28.
49. Nach Archäologische Zeitung, 1885, Taf. VIII, Nr. 1.
50. Nach Archäologische Zeitung, 1885, Taf. VIII, Nr. 1.
51. Nach Gerhard, Auserl. Vasenbilder, Taf. 70, Nr. 4.
52. Nach Archäologische Zeitung, 1881, Taf. XII, Nr. 1.
53. Nach Monumenti dell' Instituto, XI, Taf. 40.
54. Nach W. Klein, Die griechischen Vasen mit Lieblingsinschriften, Fig. 27
55. Nach Lenormant et de Witte, Élite céramogr. Taf. 46.
56. Nach Lenormant et de Witte, Élite céramogr. Tafel 57.
57. Nach Museo Borbonico, Bd. VII, Taf. 41.
58. Nach Kondakoff, Tolstoi, Reinach, a. a. O. Fig. 261.
59. Nach A. Furtwängler, Aegina, Textband, Fig. 250.
60. Nach Daremberg et Saglio, Dictionnaire, Bd. I, S. 389, Fig. 472.
61. Nach Daremberg et Saglio, a. a. O. Bd. I, S. 389, Fig. 473.
62. Nach Wiener Vorlegeblätter, Serie D, Taf. IX.
63. Nach E. Morse, a. a. O. Bd. XVII, Fig. 1—2.
64. Nach de Ridder, Catalogue Vas. Bibl. nat. Bd. II, Fig. 71.
65. Nach E. Morse, a. a. O. Bd. XVII, Fig. 49—51.
66. Nach A. S. Murray, Desings from greek Vases, Taf. I, Nr. 3.
67. Nach Χρ. Τσούντας, Διμήνιον, πιν. 42 oben.
68. Nach Perrot et Chipiez, Histoire de l'art., Bd. VI, S. 116, Fig. 2.
69. Nach H. Schliemann, Tiryns, S. 196, Nr. 108—110.
70. Nach Athenische Mitteilungen, Bd. XXIV, Taf. XV, Nr. 6—9.

Fig. 71. Nach H. Schmidt, Schliemanns Sammlung trojanischer Altertümer, S. 249. Nr. 6165.
72. Nach H. Schmidt. a. a. O. S. 256, Nr. 6450, 6451.
73. Nach H. Schmidt. a. a. O. S. 260, Nr. 6534. 6538.
74. Nach Bosanquet, Excavations at Philakopi, Taf. XXXVIII, Nr. 6.
75. Nach Olympia, Bronzen, Taf. 64, Nr. 1093.
76. Nach Reichel, Homerische Waffen, II. Aufl., Fig. 64.
77. Nach Wiener Vorlegeblätter, Serie III, Taf. IV.
78. Nach Wiener Vorlegeblätter, Serie V, Taf. VII, Nr. 3.
79. Nach Wiener Vorlegeblätter, Serie VII, Taf. VIa.
80. Nach Wiener Vorlegeblätter, 1890/91, Taf. IV (Oinochoe des Nikosthenes).
81. Nach Kondakoff, Tolstoi, Reinach, a. a. O. Fig. 263.
82. Nach Arndt-Amelung, Einzelverkauf, Nr. 623.
83. Nach A. S. Murray, a. a. O., Taf. IV, 15.
84. Nach Bulletin de correspond. Hellénique, Bd. XXII, S. 463. Fig. 8.
85. Nach Perrot et Chipiez, a. a. O. Bd. IV, S. 97. Fig. 96.

Register.

(B. = Bogen; P. = Pfeilspitzen.)

Alfred Hölder, k. u. k. Hof- und Universitäts-Buchhandler Buchhändler der Kaiserl. Akademie der Wissenschaften in Wien.

SONDERSCHRIFTEN DES ÖSTERREICHISCHEN ARCHÄOLOGISCHEN INSTITUTES IN WIEN.

Band I. **Kleinasiatische Münzen.** Von *F. Imhoof-Blumer*. Band I. Mit 9 Tafeln in Lichtdruck Geb. *K* 42.— M. 36.—

II. **Ara Pacis Augustae.** Von *Eugen Petersen*. Mit Zeichnungen von *George Niemann*. 8 Lichtdrucktafeln in besonderem Bande und 60 Abbildungen im Texte. Geb. *K* 28.— = M. 24.—

III. **Kleinasiatische Münzen.** Von *F. Imhoof-Blumer*. Band II. Mit 11 Tafeln in Lichtdruck. Geb. *K* 42.— = M. 36.—

IV. **Codex Escurialensis.** Ein Skizzenbuch aus der Werkstatt *Domenico Ghirlandaios*. Unter Mitwirkung von *Christian Hülsen* und *Adolf Michaelis* herausgegeben von *Hermann Egger*. 137 Autotypien in besonderem Bande, 3 Lichtdrucke und 70 Autotypien im Texte. Geb. *K* 45 — = M. 38.—

V. **Römische Militärgrabsteine der Donauländer.** Von *Harald Hofmann*. Mit 64 Abbildungen im Texte. Geb. *K* 7.— M. 6 —

VI. **Urkunden dramatischer Aufführungen in Athen.** Mit einem Beitrage von *Georg Kaibel*. Herausgegeben von *Adolf Wilhelm*. Mit 68 Abbildungen im Texte. Geb. *K* 18.80 = M. 16.—

VII. **Beiträge zur griechischen Inschriftenkunde.** Mit einem Anhange über die öffentliche Aufzeichnung von Urkunden. Von *Adolf Wilhelm*. Mit 89 Abbildungen im Texte. Geb. *K* 42.— = M. 35.—

KAISERLICHE AKADEMIE DER WISSENSCHAFTEN.

SCHRIFTEN DER BALKANKOMMISSION.

ANTIQUARISCHE ABTEILUNG.

Band I. **Die Lika in römischer Zeit.** Von *Carl Patsch*. Geb. *K* 6.— M 5.—

II. **Römische Villa bei Pola.** Von *Hans Schwalb*, k. u. k. Hauptmann im Geniestabe. Mit 15 farbigen Tafeln und 8 Abbildungen im Texte. Geb. *K* 18.— M. 15.—

III. **Das Sandschak Berat in Albanien.** Von *Carl Patsch*. Mit 180 Abbildungen und einer farbigen geographischen Karte. Geb. *K* 18.— M. 15.—

IV. **Antike Denkmäler in Bulgarien.** Unter Mitwirkung von *E. Bormann, V. Dobruský, H. Egger, H. Hartl †, V. Hoffiller, J. Oehler, K. Škorpil, A. Stein, J. Zingerle* bearbeitet von *Ernst Kalinka*. Mit 1 Karte und 162 Abbildungen. Geb. *K* 24 — = M. 20.—

V. **Zur Geschichte und Topographie von Narona.** Von *Carl Patsch*. Mit 3 Tafeln und 66 Abbildungen im Texte. Geb. *K* 10.— = M. 8.60

HERAUSGEGEBEN VOM ÖSTERREICHISCHEN ARCHÄOLOGISCHEN INSTITUT.

Archaische Marmor-Skulpturen im Akropolis-Museum in Athen. Von *Hans Schrader*. Mit 1 Heliogravüre und 76 Abbildungen in Kupferätzung. Zur Grazer Philologenversammlung 1909. *K* 12.— = M. 10.—

Die Darstellungen der Gallier in der hellenistischen Kunst. Von *P. Bieńkowski*. Mit 9 Tafeln und 175 Abbildungen im Texte. Geb. *K* 40.— = M. 34.—

De simulacris barbararum gentium apud Romanos. Corporis Barbarorum prodromus. Adjuvante academia litterarum Cracoviensi edidit *P. Bieńkowski*. *K* 12.— = M. 10.—